Los Oradores De 1869: Aparisi Y Guijarro, Ayala, Cánovas Del Castillo, Castelar, Echegaray, Figueras, Manterola, Martos, Moret, Olózaga, Pí Y Margall, Posada Herrera, Prim, Rios Rosas, Rivero, Ruiz Zorrilla, Sagasta, Serrano Y Otros ......

Francisco Cañamaque y Jiminez

LOS ORADORES

DE 1869

OBRAS DEL MISMO AUTOR.

Recuerdos de Filipinas........	2 tomos.
El Derecho moderno............................	1 "
El Prisionero de Estella..........................	2 "
Miscelánea histórica, política y literaria.............	1 "
Los Oradores de 1869..........................	1 "

TRADUCIDAS DEL FRANCÉS.

Los Soldados de la Revolucion (de Michelet).........	1 "
Las Mujeres de la Revolucion (de Michelet).........	1 "
Los Provinciales (de Pascal)......................	1 "

LOS ORADORES

DE 1869

APARISI Y GUIJARRO, AYALA, CÁNOVAS DEL CASTILLO,
CASTELAR, ECHEGARAY, FIGUERAS, MANTEROLA,
MARTOS, MORET, OLÓZAGA, PÍ Y MARGALL,
POSADA HERRERA, PRIM, RIOS ROSAS,
RIVERO, RUIZ ZORRILLA, SAGASTA,
SERRANO Y OTROS,

por

FRANCISCO CAÑAMAQUE

MADRID
ADMINISTRACION
LIBRERÍA DE LOS SRES. SIMON Y OSLER
18 — Infantas — 18
1879

MADRID, 1879.—IMPRENTA DE M. G. HERNANDEZ,
SAN MIGUEL, 23, BAJO.

Tengo la manía incorregible de dedicar á álguien mis pobres libros. El presente, por consecuencia, no ha de ser ménos que sus hermanos.

Pero, ¿á quién se lo dedico?... A las Córtes. Parece lo más lógico y como que se cae de su peso.

Asáltame, sin embargo, una duda.

Las Córtes las constituyen el Senado y el Congreso reunidos. ¿A qué lado me inclino? Lo echaré á la suerte para evitarme preferencias enojosas.

... Tócale al Congreso.

A él, pues, se lo dedico, y en su representacion al digno Presidente

DON ADELARDO LOPEZ DE AYALA.

FRANCISCO CAÑAMAQUE.

PIDO LA PALABRA.

Mucho he vacilado ántes de poner á este libro el título con que aparece.

De primera intencion escribí en la cuartilla este otro, más atrevido y expresivo: *Los Oradores de la Revolucion*. Pero la palabra revolucion parecióme inexacta por su amplitud histórica, y la taché incompasivo prometiéndome tomar justa revancha en su esencia.

Dí tortura al pensamiento buscando el nombre con que habia de bautizar mi trabajo, y los cuatro números de un año inolvidable disiparon mi perplejidad: 1869.—"Ya está aquí, exclamé poco ménos que alegre; ya encontré lo que deseaba:—Los Oradores de 1869.—Este título no crispará los nérvios de ningun político gomoso (los hay que parecen hechos de bandolina), y corresponde con más propiedad á la galería de bustos y perfiles parlamentarios sacada exclusivamente de aquellas Córtes inmortales.”

Tiempo há que acariciaba yo la idea de emprender un estudio, más profundo y extenso que el presente, de nuestra oratoria parlamentaria, la primera, sin duda, del mundo. En algunos de mis libros llegué ha anunciarle con este nombre:—*Los Oradores Españoles*,—debiendo comprender desde las Córtes de Cádiz hasta nuestros dias. Empero sobre ser asunto de dificilísimo desempeño, requiere tres cosas de las cuales vengo careciendo con pertinaz constancia: humor, tiempo y dinero. Quizá otro escritor más afortunado é idóneo, yo mismo si hallo editor que se arriesgue cuando libre mi voluntad se decida, realice dicho trabajo, por hacer todavía en esta patria tan fecunda en brillantes y elocuentísimos oradores.

No pudiendo, por consiguiente, abarcar los grandes oradores de casi un siglo, he reducido mi pretension á los grandes y pequeños de un sólo año. ¡Pero qué año! El más activo, el más tempestuoso, el más sábio de nuestra historia constitucional y parlamentaria. Como las Córtes de 1869 ha habido pocas en el mundo. España no tiene ningunas. La Asamblea legislativa francesa, aquella que produjo á Mirabeau, á Barnave, á Gregoire, á Robespierre y á tantos otros, cede en elocuencia y sabiduría á nuestras Constituyentes de la Revolucion. En 1869 la tribuna española quedó proclamada la primera de los pueblos modernos. Sólo tiene rivales en la griega y la romana.

Llamadas todas las escuelas y todos los partidos á aquel debate supremo, aparecieron los oradores en número y calidad tales, que asombra aún y maravilla. Si uno hablaba bien, otro hablaba mejor; si éste era más profundo, aquél era más brillante; si Castelar y Moret seducian con su poesía, Pí y Cánovas cautivaban con su saber; y rejuveneciéndose lo viejo al estímulo de lo nuevo, y lo nuevo templándose al contacto de lo viejo, competian en arte y elocuencia Martos, Rios Rosas, Manterola, Sagasta, Rivero, Olózaga, Figueras, Ayala, Monescillo, Echegaray. Y al lado de éstos y como siguiendo sus pasos, jóvenes de provecho que no conseguirán ménos que conservar el prestigio de nuestra tribuna.

Ahora bien; ¿no es sensible que, trascurridos ya diez años, carezcamos, sin embargo, de un libro donde, á vuelta de alguna ironía de buena ley, se determinen las condiciones oratorias de hombres tan eminentes; donde la condensacion de sus aptitudes supla la brevedad del espacio destinado á cada uno de ellos? ¿No es hora de reunirlos en un sólo cuadro, trazar su fisonomía, dibujar su palabra, copiar de ésta lo que le sea más característico y darlo al público como testimonio de admiracion y á manera de esbozo de la grande obra que está por empezar?

Tal es el objeto de estas páginas, que doy á la imprenta sin la vanidad de haber escrito una obra clásica. Me contento con que parezcan bien intencionadas y oportunas. Sin descuidar su forma (los cuerpos defectuosos son los más necesitados de galas y atavíos), el fondo de mi trabajo, su esencia, su sustancia, en verdad fué lo que más mereció la preferente solicitud de mis esmeros. A este fin lo he sacrificado todo: amistad, pasion política, pretensiones literarias quizá provechosas conveniencias personales.

Para nadie ni por nadie he escrito Los Oradores de 1869. Mi ambicion es más honda: lo he escrito por todos y para todos. Quiero que sea un libro neutral en cuanto esto es posible aquí donde el veneno de la política nada respeta y lo más impenetrable inficiona. Al juzgar la palabra de nuestros oradores, hícelo guiado por espíritu de escrupulosa imparcialidad, dejando á cada cuál lo suyo y dando á todos lo que de derecho les pertenece. Al apreciar su política bajo mi propio criterio acerca de los negocios públicos, he procurado tildar lo que considero tildable desde mi punto de vista personalísimo, haciendo caso omiso de toda afeccion de partido, entre otras razones por la sencilla y concluyente de que en estos momentos no pertenezco á ninguno.

Público es que soy liberal, que tengo culto fervoroso, profundo, por el espíritu imperecedero de la Revolucion de Setiembre; de aquella Revolucion que vive y vivirá porque está en las leyes, en las costumbres, en los hombres, en cuanto vemos y nos rodea. Fecunda como las inundaciones del Nilo, toda la tierra española está empapada de su esencia. Los mismos que la condenan no pueden ménos de rendirse ante la realidad de frutos y florecimientos que sin ella no existirian. Todo lo que hay es hijo de la Revolucion. Borradla de la historia, y hasta lo más alto viene al suelo.

Los Oradores de 1869 es una fase de ella, la más pura y brillante. ¡Lástima que me toque—á mí que ni siquiera soy ó académico ó diputado—reunir en libro tan modesto glorias, aciertos y errores tan notorios!

Es verdad que el asunto de que es objeto ha sido siempre mi fuerte, mi especialidad, como suele decirse; que por esto mismo tenia (y tengo aún) muchos y muy buenos materiales en cartera; que he resistido á pié firme cientos de discursos, algunos peores que un tabardillo; que nada me han contado por haberlo yo visto y oido; que no perdí una sola de las sesiones de las Córtes de 1869 y casi ninguna de las posteriores; pero á pesar de todo, ¡si supieras, lector, cuán difícil es hinchar un perro!

El estilo grave parecióme árido, no para mí, sí para la generalidad de las personas que gusta perdidamente del claro-oscuro, de lo epigramático alternando con lo solemne, lo sério con lo risueño.—"Si me presento estirado, rebuscon y erudito, me dije, pocos me leerán.

Si, por el contrario, consigo una sonrisa en medio de lo más dramático, quizá me lean muchos."—Consulté con un maestro, dióme la razon, y los bustos y perfiles de esta galería han salido como Vds. verán: entre alegres y formales.

¡El editor y yo pedimos á la caprichosa fortuna haber acertado!

Todos los grandes oradores que habia en España el 69, aquí se encuentran en la primera parte de este libro. Faltan solamente cuatro que no eran entónces diputados, y de cuya ausencia me lamento como ellos mismos: don Nicolás Salmeron, tribuno y catedrático insigne; D. Cándido Nocedal, habilísimo y elocuente parlamentario; Pidal, de palabra brillante y apóstrofes ciceronianos; Alonso Martinez, el hombre más hinchado, más egoista, más quisquilloso, más estéril, más inútil, más cómicamente sério de la política española.

Lo único que arguye á mi conciencia de juez, es que varios de los oradores que figuran en la segunda parte, como Ulloa, Romero Ortiz, Montero Rios, Navarro Rodrigo, Monescillo, Moreno Nieto, Gabriel Rodriguez y algun otro, no hayan podido entrar en la primera. Cúlpese á las condiciones materiales de la obra, de modo alguno á mi deseo: que bien hubiera querido yo darles el realce que se merecen.

Y con esto no retengo un punto más la impaciencia de los lectores, poco propicios á explicaciones y disculpas ante la promesa de un juicio crítico que tiene su poquito de dulce y su mucho de amargo.

Conque así, prepárense Vds.: que hay muertes, heridas graves, heridas leves, contusiones, carreras, sustos, desmayos... ¡un 10 de Abril!

FRANCISCO CAÑAMAQUE.

Setiembre de 1879.

PRIMERA PARTE.

BUSTOS PARLAMENTARIOS.

APARISI Y GUIJARRO.

No faltará quien crea que empiezo mal porque empiezo por un carlista. Tampoco estoy libre de que me arguya un constituyente del 69 que Aparisi no tomó asiento en aquellas Córtes.

A lo primero contesto que D. Antonio era lo mejor de lo mejor, la flor de la flor, la nata de la nata. ¡Que no fueran todos como el ilustre diputado valenciano! Otro gallo nos cantara, la pólvora venderíase más barata, los trabucos andarian más escasos y el nivel moral de los neos más alto, si como Aparisi hubiera muchos!

A lo segundo digo que es verdad; pero fué electo diputado para las Constituyentes—por Vizcaya si mal no recuerdo—y no tendria perdon de Dios si hablara—como lo haré—de Manterola, y pasase en silencio una de las figuras más dignas, más nobles, más interesantes de la España contemporánea.

Dejadme, pues, que yo sé lo que me hago, ó lo que es lo mismo, yo sabré cómo he de salir del berengenal oratorio en que me he metido.

D. Antonio Aparisi y Guijarro...

¡Vaya un hombre! Valía por mil de los suyos y era más demócrata que muchos que yo conozco. Su historia es la historia de un hombre de bien, su conducta, la de un santo cercado de demonios; su alma, pura y tierna; su corazon dulce y cariñoso; su pensamiento espejo donde se reflejaban con sus más bellos colores las grandezas de lo pasado en lucha abierta con las grandezas de lo presente. Tenia creencias y sentimientos; aquéllas católicas, éstos liberales. Y como su fervoroso catolicismo era incompatible con la libertad moderna, de ahí el choque constante y contradictorio de su espíritu, la hermosa y peregrina batalla que libró hasta morir, los sacudimientos de su fé en pugna con los arrebatos de su corazon.

No conozco orador más desigual, más desordenado, más libre; pero tampoco he oido ni leido nada más bello, más encantador, más castizo. Era un prodigio de imaginacion, un tesoro de sentimiento, un archivo inacabable de seductoras antiguallas.

La vez primera que habló en el Congreso hízolo bajo los peores auspicios. Otro que Aparisi hubiera naufragado.

Un representante del país, progresista por más señas, siguiendo la manía de los antiguos progresistas censuraba acremente y no sé con qué motivo—los verdaderos progresistas hallan siempre ocasion para hablar mal de los curas—la conducta de los obispos españoles. El novel diputado no pudo contenerse.

—Pido la palabra para una alusion personal.

—Ignoraba—contestó el interrumpido orador—que en esta Cámara hubiese obispos.

Una explosion de risas estalló en todos los bancos. El comienzo parlamentario de Aparisi habria reducido á cualquiera á perpétuo silencio. Aparisi se recogió modestamente en el descalabro de su inexperiencia, agitóse en uno de los extremecimientos nerviosos tan comunes en su constitucion física, y esperó, entre tímido y burlado, la vénia del señor presidente.

Se levanta, y habla.

A las primeras palabras, pronunciadas á modo de sermon, la Cámara permanece fria, impasible, indiferente; pero á los pocos momentos, posesionado ya de sí mismo, dueño de su habitual serenidad, dominando al auditorio, elevándose á la altura de su rica imaginacion y arrojando por la boca párrafos de pureza clásica, de corte castizo, de poesía seductora, cautiva la atencion del auditorio que reconoce en él, á pesar de lo descompuesto de su persona y de su poco artística figura, uno de los primeros oradores de nuestra tribuna.

Aquel dia se reveló, por tan extraña manera, el génio de Aparisi y Guijarro. Despues todos fueron triunfos. Y no triunfos conseguidos de un público benévolo, de una Asamblea amiga, de ánimos dispuestos al aplauso. No. Aparisi triunfaba de enemigos irreconciliables, de adversarios resueltos, de compañeros que le escuchaban con la sonrisa de la incredulidad en los lábios. ¡Tan grande es el poder de la elocuencia cuando la elocuencia es hija de un corazon puro y un propósito recto!

Daba, sin embargo, risa en medio del profundo respeto que inspirara, el aspecto de Aparisi cuando al calor de la polémica su alma se enardecia y desbordábase su palabra.

Nervioso, terriblemente nervioso, cual si opuestas corrientes eléctricas sacudieran su sér; moviéndose sin cesar en el angosto espacio de su banco; accionando en visible desórden como si fuera víctima de una pesadilla; sin dejar un sólo momento el ámplio pañuelo con que secaba el sudor de su ancha y hermosa frente; agitado, inquieto, fuera de sí; los brazos en continuo y chocante batallar hasta el punto de que parecia imposible tanta resistencia, tejido muscular tan robusto; todo esto, unido al candor político de Aparisi, á su original manera de expresarse, á las contradicciones infantiles de la quimera que perseguia, causaban en el espectador la risa mejor intencionada y la admiracion más sincera y profunda.

Y es que Aparisi no era un hombre político, un hombre de partido, un hombre como los demás. Era el Jeremías de la Jerusalen del tradicionalismo, el cantor de lo que fué, el ave que vive en las ruinas de lo que cayó; era el alma pura que, en sus místicos delirios, no comprendia la existencia de las sociedades sin un Papa y un rey; era el soñador que queria resucitar á los impulsos de su fé los primitivos tiempos patriarcales.

Por eso era escuchado con tanto recogimiento. Aquellos representantes, que no vivian otra vida que la de las intrigas, las murmuraciones y las crísis; aquellos diputados, escépticos y burlones como hijos del siglo, más atentos al rumor de un cambio ministerial que á las grandes especulaciones de la política, acomodábanse en los bancos con visible respeto cuando Aparisi hablaba. Al levantarse de su asiento el Berryer español mirábanse unos á otros los diputados y se sonreian. Sonrisa que venia á decir:—«Vamos á oir al bueno de D. Antonio; es un niño hermoso enamorado de una vieja fea y contrahecha.»

El niño era aplaudido, y la vieja contrahecha, con tales galas y atavíos la presentaba Aparisi, que más de una vez pasó fugazmente á la vista del público como doncella hermosa llena de hechizos y primores. Entónces daban ganas de ser carlista, de abrazar á Aparisi y declararse soldado de la nueva pacífica cruzada.

Pero pasada la momentánea alucinacion, los esplendores de aquella riquísima fantasía, los prodigiosos efectos de aquella retórica dulce y viril, enérgica y conmovedora; disueltos los brillantes colores de aquella oratoria florida y entusiasta, en la terrible aridez de la realidad no quedaba más que una cosa: la persona de Aparisi con su candor, sus sueños, sus contradiciones, sus errores, su singularidad, su extravagancia, su gran palabra, su noble corazon, su llanto jeremiaco.

Su estilo, así cuando hablaba como cuando escribia, tenia algo de bíblico, es decir, era sencillo y profundo. No contribuyó poco á educar su naturaleza la lectura de la Biblia, que jamás olvidó. Ni una sola noche retirábase á dormir sin ántes haber leido algunos pasajes del famoso libro. Constituia su encanto predilecto. Cuando su familia le creia en brazos del sueño, Aparisi estaba más que nunca engolfado en su lectura religiosa. Apoyada su inquieta cabeza en la nerviosa mano, puestas las indispensables gafas, fijos los ojos en el papel y en Dios y en la otra vida el pensamiento, Aparisi no se acordaba de Morfeo hasta que Morfeo, haciéndose superior al misticismo de su vasallo, le arrancaba de la silla para dejarle caer en el lecho.

De aquí su corte bíblico, su prosa bíblica, su poesía bíblica, su política bíblica; es decir, de aquí su imposible, su aspereza, su incorruptibilidad; de aquí estas frases felices que parecen robadas á la Biblia:

«Si un tirano golpea con su cetro de hierro mi »cabeza, ó si hundís, verdugos, el puñal en mi pe»cho desarmado, á aquél y á vosotros diré: sabed, des»dichados, que habeis de morir....»

«Recia cosa debe ser para los grandes criminales »que el mundo laurea, caer de repente, y desnudos, y »temblando, entre las manos de Dios vivo....»

Aparisi conocia la historia de España como la conocen muy pocos; su ilustracion era grande. A lo mejor empezaba á citar cosas, hechos y personajes, todo para probar que ántes habia más libertad que ahora y que el mejor de los gobiernos es un rey absoluto, y tan bien lo hacia, barajaba y componia, que el auditorio entraba en ganas de pedir á grito pelado el rey de Aparisi, los ministros de Aparisi y la política de Aparisi.—«El mal está, díjole un dia cierto diputado unionista, en que el rey de Vd. no existe, sus ministros son una fantasía y su política un idilio. Créame, Sr. D. Antonio, prosiguió el unionista, todos estariamos con Vd. si Vd. no quisiera un imposible. ¿Dónde está el rey que Vd. nos pinta tan bellamente? ¿Dónde tales ministros? ¿Dónde política semejante?»—Aparisi inclinó la cabeza, estremecióse de una sacudida nerviosa, signo de lo violento de su situacion, y nada repuso.

¡Ah! ¡Quizá se hubiera hecho alguna vez la misma pregunta aquella conciencia honrada, y nada se habria contestado; quizá supiera Aparisi, mejor que nadie, que anhelaba un imposible; quizá fué voluntario y á sabiendas al sacrificio!

Yo lo creo desde luego. Aparisi conocia que estaba fuera de la realidad de la vida y de las cosas en los tiempos modernos, conocia que predicaba en el desierto. Voy á probarlo con sólo copiar algunas palabras suyas, algunos de los deseos de su exagerado sentimiento, algunas de sus frases más celebradas y felices.

En el primer discurso que pronunció en el Congreso con motivo del incidente de que hago mencion más arriba, expresábase así:

«Digo desde ahora para siempre que yo no tengo »pretensiones, que yo no tengo obligacion de ser ora»dor; pero tengo obligacion de ser hombre de bien; y »si todo se corrompe, la de permanecer incorruptible; »y si todo se doblega ante el poder ó el capricho de »un hombre ó muchos hombres, la de permanecer »en pié, inquebrantable y entero.»

Calculen Vds. ahora si era posible un hombre inquebrantable y entero en uno de los períodos históricos más desdichados de nuestra pátria, cuando los moderados se vendian—con raras excepciones—en almoneda pública, y los unionistas tenian encendida una vela al diablo y otra á San Miguel; cuando los neos iban á besar las llagas de Sor Patrocinio y el anillo del P. Claret para conseguir por este medio, es decir, piadosamente, algunas prebendas y credenciales, y los progresistas, siempre los mismos, no se cansaban de hacer el oso.

«Recibí la diputacion, que se vino á mi casa, »como se recibe á un huésped noble, pero importuno »y molesto.»

Vamos, ¿no es esto estar loco, rematadamente loco?

«Nada quiero de nadie, ni rey ni pueblo, fuera »de la justicia que se nos debe á todos.»

¿Se van Vds. convenciendo?

«Yo podré ser el tiempo pasado; pero quiero el »régimen verdaderamente representativo, entendedlo »bien, no el sistema parlamentario, que es corruptor »y francés; porque yo quiero la verdad en todo y la »justicia para todos; porque no gusto ni de despotis»mo disfrazado, ni de repúblicas vergonzantes.»

¡Pobre D. Antonio! Queria un cangrejo blanco.

Y es el caso que Aparisi era, sin saberlo, liberal; más que liberal, demócrata; más que demócrata, republicano. Presten Vds. atencion á lo que sigue, que tiene miga:

«Yo amo la libertad, pero la libertad verdadera, »que tan necesaria es al espíritu como lo es al cuer»po el aire que se respira; mas la quiero católica, es»pañola y hasta vestida la quiero con los galanos ata»víos de nuestra tierra, no con los de una dama ó »meretriz extranjera.»

¿Lo ven Vds.? Ya la echó á peder, es decir, ya pidió otro imposible... *Libertad católica*... Como si dijéramos, pares y nones, blanco y negro, Voltaire y Bossuet. Esto es lo que se llama querer atar moscas por el rabo.

«Yo no quiero un tirano, ménos quiero mil: ¡fé »de mis padres quiero yo, patria de mis abuelos, in»dependencia y libertad!»

¡Bien!

«De hombres honrados y de pueblos sobrios y »virtuosos se hacen pueblos libres; pero de hombres »ó pueblos á quienes domina el libertinaje del espíri»tu ó el apetito desenfrenado de goces materiales—ha»ced las Constituciones que querais—no hareis más »que pueblos turbulentos ó esclavos.»

¡Muy bien!

«Hoy el dinero lo hace todo; hace al elector, »hace al diputado, hace al aristócrata; hoy lo puede »todo, es casi una divinidad, en cuyas aras no he de »quemar jamás incienso.»

¡Bravo, magnífico!

«Humilde y pobre, sólo me siento bien hallado »entre los pobres y los humildes.»

Ya se declaró demócrata.

¿«Por qué no he de decirlo? Si fuera posible que »un hombre escogiera diversa patria de aquella en »que nació, sobre todo llamándose esta patria Espa»ña; si eso fuera posible y me viera forzado á elegir »patria distinta de la amadísima en que ví la luz, yo »eligiera un rincon oscuro de Suiza.»

Ya se declaró republicano.

Pero vamos á cuentas; ¿no es un dolor que Aparisi

equivocara el lugar de su asiento, y en lugar de sentarse al lado de Olózaga y Rivero lo hiciera entre los fariseos del catolicismo, en cuyo fondo se destacaba como esplendente luz en la oscuridad de tenebrosa noche? Porque esas palabras, esos apóstrofes, esos anhelos, no son ciertamente carlistas; son hijos de un espíritu ámplio, cohibido, ahogado por la fé. Así hablan y sienten los apóstoles del progreso, las almas que no conciben á Dios en la mísera estrechez de un dogma, sino en los espacios infinitos del universo; ese es el lenguaje del derecho moderno, la aspiracion de los tiempos contemporáneos, el bello ideal de las naciones libres: nada sin la justicia, libertad para todos, amor á la patria: el mérito sobre los pergaminos, el derecho de todos sobre el despotismo de uno, la razon sobre la intolerancia.

Sí, el gran orador queria esto, practicaba esto, perseguia esto; pero lo queria con un rey absoluto, lo practicaba sin que le imitasen, lo perseguia en nombre de la fé y del Papa; creia honradamente, considerando á los demás por sí, atribuyéndoles el mismo molde, dándoles idénticas cualidades, pensamiento igual, que la conciencia humana cabe dentro del catolicismo y la sociedad moderna dentro de la monarquía tradicional. ¡Error profundo de aquel hombre de bien, de aquel entendimiento tan claro, perspícuo y generoso!

En ninguno de sus magníficos discursos he visto nada que se oponga abiertamente á la libertad. Casi siempre tiene su palabra un sabor democrático que seduce, una humildad que fascina, arranques y generalidades propias de un tribuno. Define la institucion del Pontificado, y dice lo siguiente, que cualquier demócrata puede aceptar como suyo sin grandes escrúpulos:

«En aquellos tiempos de hierro, oscuros y tem»pestuosos, en aquellos tiempos en que sobre la haz »de Europa habia mil déspotas con la espada en la »mano, el Pontificado sólo con su inmenso poder »pudo salvar la civilizacion, pudo salvar la libertad; »el Pontificado, que si no fuera institucion divina »seria la institucion más admirable que pudiera con»cebir el entendimiento de los hombres; institucion »que eleva al plebeyo, al hijo del pastor, á una altu»ra superior á todos los tronos de la tierra, como »para desmostrar al mundo que la virtud y la ciencia »reunidas están muy por encima de las riquezas, de »las espadas y de las coronas.»

Ya lo he dicho. El estilo oratorio de Aparisi no era siempre igual, revelándose en sus formas el orador forense más que el parlamentario, sin embargo de que no habló una sola vez en el Congreso que no lo hiciera convenientemente y de antemano preparado. Gustábale producir efecto y que se encomiara su palabra en lo que tenia de castiza y galana. A reunir Aparisi las formas exteriores que deben acompañar á un gran orador, sus discursos se hubieran oido con más agrado; pero de figura vulgar, de voz poco simpática, de maneras nada distinguidas; fantástico, desordenado, inquieto; sencillo á las veces hasta la llaneza, elocuente otras hasta lo sublime, franco y natural siempre, de su oratoria puede decirse lo que de la de Moreno Nieto decimos cuantos hemos tenido el placer de oirle: éste habla... como

Moreno Nieto; aquél hablaba... como Aparisi y Guijarro. Ni uno ni otro tienen semejanza con orador alguno. Son originales; ni han copiado ni pueden ser copiados.

En dos distintas ocasiones pudo Aparisi ser ministro de Gracia y Justicia. Se le instó, se le rogó, se le suplicó con encarecimiento. Todo fué inútil. Estaba perdidamente enamorado de un imposible: queria cotufas en el golfo.

Hondo y tristísimo desengaño amargó los últimos dias de este hombre de bien. El rey que soñara existia en carne y hueso; pero sin aquellas dotes de carácter, sin aquellas prendas de corazon, sin aquel entendimiento puro y generoso que Aparisi deseara. Aconsejó, insinuó, *reprendió* á D. Cárlos.. D. Cárlos fué incorregible. Una escena de familia ocurrida en París—ya me entienden los carlistas que están en el secreto—acabó de postrar su ánimo abatido, de aniquilar sus muertas ilusiones. Convencióse de que *era imposible*. Cuando Aparisi murió no era ya carlista.

Muerto el ilustre jurisconsulto y orador valenciano; muerto el último abencerraje del viejo y honrado tradicionalismo, los neos, esos fariseos terror de la civilizacion y ruina de las empresas de ferro-carriles ocuparon su puesto. La intriga sucedió al mérito, el dolo á la buena fé, las supercherías á las convicciones. El carlismo trocóse en merienda de neos.

Aparisi era hombre prudente, prudentísimo; tanto, que en una ocasion, en pleno Congreso, como cierto diputado pronunciara, dirigida á él, alguna palabra indiscreta rayana de la injuria, el orador católico contestóle con esta elocuentísima frase:—«No me doy por ofendido; porque cuando viene una ofensa hácia mí, levanto un poco mi corazon y pasa por debajo de él sin rozarle siquiera.»

Pues bien; este hombre tan prudente, preguntado un dia qué diferencia hay entre un absolutista y un neo, respondió brevemente:—«La que hay entre mí y Nocedal.»

En resúmen: fué Aparisi un orador notable, aunque con antiparras; un académico como hay pocos; un hablista consumado; un político soñador; un hombre de bien á carta cabal.

Y por todo esto, que no abunda mucho—algun pesimista argüirá que ni mucho ni poco,—por todo esto, digo, cuantas veces entro en el salon de conferencias y me pongo á mirar—que soy yo algo miron,—los retratos que hay en los medallones, lamento la ausencia del de Aparisi. Están, en cambio, los retratos de Gomez Becerra, en su tiempo llamado Gomez *Berrea*; del duque de Rivas, que fué un gran poeta y un pésimo orador; de San Miguel, buen literato, pero hablador molesto y vulgar; y de algunos otros que, supuesto son los medallones para los primeros espadas de la tribuna, huelgan allí como en mi casa holgara, porque no soy aficionado á los toros, el retrato de Lagartijo ó de Frascuelo.

Vamos á ver, ¿por qué no está allí el retrato de Aparisi? ¿Por qué no se repara esta injusticia?

AYALA.

Frente ancha, tersa, espaciosa; ojos negros, serenos, grandes; bigote poblado, enorme, retorcido; pera larga, espesa, cuidada; melena artística, aceitosa, poética; rostro ovalado, lleno, severo; cabeza imponente, bella, escultural. Ducazcal lo ha dicho en una frase apasionada:—*el leon más hermoso del Congreso.*

Por nada ni en ocasion alguna vereis descompuesto el aspecto simpático y enérgicamente varonil de D. Adelardo Lopez de Ayala. Siempre está lo mismo, lo mismo fué siempre, morirá lo mismo. Ha hecho, sin duda, un estudio de la estética de su persona, y convencido de que así está bien, de que así llama la atencion de ellas y de nosotros, de que así debe ser un gran poeta y un digno presidente, aunque la moda cambia á toda hora sus caprichos Ayala se dice para la suya:—«ni Dios pasó de la cruz ni yo de mi pera, mi bigote y mi melena.»

Ese era cuando escribió *El hombre de Estado*, cuando redactaba *El Padre Cobos*, cuando fué á Canarias por los generales desterrados, cuando escribió el Manifiesto de Cádiz en Setiembre del 68, cuando se presentó audaz en la enemiga tienda de campaña del noble Novaliches, cuando fué ministro de Ultramar con Prim, cuando lo ha sido con Cánovas, cuando ha hablado, enamorando al público con su bella palabra, desde la presidencia del Congreso. Su físico fué siempre el mismo que es hoy, aunque, lo digo con disculpable envidia, jamás estuvo tan lleno, tan redondo, en una palabra, tan gordo como está ahora.

Es hermoso como la revolucion que le debe su primera inmortal palabra; enérgico como los acentos de aquella jornada memorable; gallardo como las ilusiones de aquella promesa entusiasta; perezoso como el sol de la ansiada primavera; enamorado como Cupido.

Abrid, abrid si quereis un abismo entre 1868 y 1874; lamentad como lo hago yo la pérdida de hombre tan valioso, de palabra tan pura y castiza, de corazon tan bravo y decidido. Haced lo que gusteis; jamás olvidará la revolucion su concurso, la tribuna su elocuencia, el teatro sus obras inmortales.

Ayala es político por la fatalidad, porque aquí, en esta patria mia tan atrasada, la literatura es la vigilia del estómago, la miseria, el hambre, lo desconocido, la muerte. Sed literatos, y todos los azotes de la pobreza serán con vosotros. Componed versos, muchos y buenos; tantos como Lope de Vega y tan buenos como los de Calderon: os comerán con su siniestra adversidad los rigores de las Musas. Escribid libros, muchos y buenos; tantos como Fernandez y Gonzalez y tan buenos como los de Víctor Hugò: os roerá la polilla que se apodera de ellos en los escaparates de las librerías. Ser literato es ser suicida. Mucho bombo, muchos aplausos, muchas lisonjas; pero el estómago desfallecido, los zapatos rotos, la petaca vacía, el casero entablando demanda de desahucio.

Ayala vió claro, y aunque su vida es modesta y come hoy el mismo còcido que comiera ayer, se dijo para sus adentros:

Una cosa es la poesía
Y el garbanzo es otra cosa.

Hízole político la defensa de *El Padre Cobos.*

¿Sabeis cómo defendió al célebre periódico? Pues habia sido denunciado por unos versos suyos. Ayala apela á un recurso verdaderamente dramático. Pone en prosa lo que habia dicho en verso, lo da á otros periódicos, y éstos lo publican sin que el fiscal cayera en la cuenta.—«¿Qué se quiere castigar—dice ante el jurado,—la gravedad de esos versos? Pues aquí están estos periódicos que han dicho lo mismo en llana y corriente prosa sin que el fiscal los haya denunciado. ¡Ah! lo que hay aquí es que Escosura quiere matar á *El Padre Cobos*, y *El Padre Cobos* no morirá.»—El público aplaudió, los jueces palidecieron ante la treta de Ayala, *El Padre Cobos* fué absuelto, y su defensor celebrado por el recurso ingeniosísimo á que apelara para demostrar que los versos no eran penables.

Obtuvo una credencial de diputado unionista, y con una elocuencia que cautivó desde los primeros momentos á la Cámara arremete contra la ley de imprenta de Nocedal; la hiere, la malpara, la descoyunta, y pronuncia frases tan magníficas como estas:—«Cuando la imprenta vive libre, la calumnia es nula; cuando se encuentra comprimida, la calumnia es terrible. ¡Triste suerte la del Gobierno que nadie acusa en público, pero todos acusan en secreto!»

Fué tal el efecto que produjo su primer discurso, que un periódico de entónces, 1857, decia:

«El Sr. Ayala es un verdadero atleta parlamentario. Su palabra, que resonaba por primera vez en el Congreso, produjo un inmenso efecto moral en el ministerio, en la mayoría y en el público que asistia á las tribunas. Tal y tan honda fué, en nuestro concepto, la impresion que ocasionó su discurso, que si el ministerio, sin peligro de su propia existencia y sin producir una gran perturbacion en los negocios públicos, se hubiese encontrado en libertad de retirar en el acto la ley, tal vez lo habria hecho.»

¡Ah, D. Adelardo! ¡Quién hubiera creido entónces que despues, en 1878, habia Vd. de aceptar la ley de imprenta de Cánovas y Romero Robledo! ¡Que habia de formar parte de un ministerio, en 1874, que suprimió de un arranque todos los periódicos democráticos de España!... Francamente, eso no se lo perdono yo, que soy periodista; no se lo perdona la consecuencia, que es exigente; no se lo perdona la razon, que es lógica, invariable, inflexible.

Ayala no es un orador abundante; carece de facilidad, no tiene aquella soltura de palabra que caracteriza á los grandes oradores y á los grandes parlanchines. Es duro, tardo, premioso. Parece que cada palabra le cuesta un esfuerzo profundo, que se violenta demasiado, que su estómago trabaja más que el pulmon. Su voz es ronca, honda oscura, si me permitís la palabra. Su accion, sin los grandes movimientos tribunicios, es severa, estudiada, quizá un si es no es dramática. Su aspecto es sério sin pecar de ridículo; grave sin ser afectado; solemne sin ser campanudo. Su diccion de lo más puro, de lo más correcto, de lo más castizo, de lo más bello, de lo más irreprochable que ha resonado en la tribuna parlamentaria.

Oidle un momento, daos este placer.

Discutíase en las Constituyentes la forma de gobierno. Ayala habia hablado poco hasta aquel dia; ántes de entrar en materia quiso explicar su silencio. Hé aquí el párrafo en que lo anuncia:

«Permitidme una digresion, con la protesta de que será la única. Mucho temo que los que recuerden el dilatado silencio en que he permanecido por mucho tiempo, al ver que ahora por primera vez me levanto á pedir la palabra con objeto de intervenir en la cuestion más solemne, en la cuestion de más graves consecuencias que jamás ha presenciado el pueblo español, uniendo estos dos hechos, me suponga cierta inmodestia, tan ajena de mi carácter, que sólo imaginada me perturba, y el sólo temor de que podais sospecharla constituye la mayor de las contrariedades que en este momento me rodean. Yo os suplico que no me hagais semejante injusticia; y para poder entrar á cumplir mi breve programa sin la rémora, sin la molestia, sin la inquietud que en mí produce esta sospecha, recordaré por qué he callado y diré por qué hablo, ya que tan crítica es mi situacion que tengo que explicar á la vez la palabra y el silencio.»

Vamos, ¿no es esto verdaderamente hermoso? ¡Qué ternura, qué amplitud, qué correccion, qué giros tan admirables, qué final tan armonioso y redondo!

Aquel mismo dia, en este mismo discurso, Ayala no pudo, no supo contenerse, y fué apasionado, quizá injusto con el pueblo de Cádiz, con las masas republicanas de la histórica ciudad. Importándole poco dejar el ministerio, creyendo que la verdad es ántes que el disimulo de la propia egoista conveniencia, áspero hasta la intransigencia, resuelto hasta la tenacidad, ni los consejos de Serrano ni las miradas conciliadoras de Prim hicieron torcer su propósito. Entendia que el pueblo, traido y llevado por la minoría republicana, era á la sazon tan arrogante como pasivo fué é indiferente en los dias aciagos de desventura; y apasionándose en extremo pintaba así la partida de los generales desterrados y la actitud de los gaditanos.

«Llegó el momento del embarque, señores; aún me parece que estoy viendo alejarse de los muros de Cádiz al vapor *Vulcano*, que era el encargado de conducirlos al destierro. Allí estaba la protesta de la libertad contra la reaccion; allí estaba el pacto de los partidos liberales; allí estaba la esperanza, la libertad: yo veia que todo esto se iba alejando, y parecia que el mar se lo tragaba, y me encontraba sólo en la playa, sólo y con el más profundo silencio... Pero no; no era tan grande este silencio: allá, allá á lo léjos, dentro de la ciudad, resonaban á intérvalos frenéticos aplausos y grandes gritos; pero no hay que alarmarse, señores, eran gritos y aplausos con que manifestaba su regocijo en la plaza de toros la muchedumbre republicana.»

La minoría republicana protesta; Orense pide la palabra, la piden Figueras y Rubio; Paul y Angulo grita, escandaliza, patea, quiere comerse á Ayala; las exclamaciones ensordecen el espacio, todas las voces apagan la del orador; Topete acciona, Serrano se lamenta, Prim se calla. Rivero quiere restablecer el órden y el órden no se restablece; la confusion aumenta, crece el ruido, cámbianse durísimos apóstrofes...

Ayala, sereno y mudo, espera que la calma se haga para continuar sus disparos de bala rasa.

«Decia, señores, que pocos dias ántes de estos sucesos, la autoridad militar (y es un detalle histórico muy importante) tuvo la autoridad militar de Cádiz que tomar algunas precauciones. El motivo de puro pueril se convierte en altamente significativo. Trabajaban en competencia dos toreros: los partidarios del uno y del otro se encontraban en tal estado de excitacion, que todo el mundo temió un choque y halló muy prudentes las precauciones que para evitarlo se habian tomado. Ni la presencia de los generales, ni el momento del embarque, ni la alianza ya pública de todos los partidos liberales, mediante la cual se encontraban en el vapor lo mismo el conde de Reus que el duque de la Torre; lo mismo los que iban á ser desterrados que los que gemian en el destierro, ninguna de estas circunstancias, con ser todas tan ocasionadas á mover la ira, movió á aquel pueblo, hoy republicano, á dar la más leve muestra de sentimiento. Y en efecto, no hubo necesidad de tomar ninguna precaucion militar, absolutamente ninguna... (*profunda agitacion*): lo mucho que escuecen estas palabras prueban su verdad, y á todos importa reconocerla.»

Calculen Vds. el efecto político de este discurso, con diccion tan admirable dicho como con sobra de impremeditacion lanzado. Ayala no podia seguir un momento más en el banco azul; las conveniencias del momento lo prohibian, altas razones lo mandaban. Ayala salió del ministerio. Fué el primer unionista que no quiso disimular más; era revolucionario hasta cierto punto; rebasado este punto volvia á ser el que fué. Cánovas le dedicó cuatro guiños, alguna frase de admiracion, y Ayala, ásperamente ingénuo, poco diplomático, alistóse como primer voluntario en el partido conservador del porvenir. Todavía cedió alguna vez; pero su alma estaba en otra parte, era monárquico á macha martillo.

Echóse á dormir—Ayala es hombre que duerme mucho—y esperó los sucesos sin impaciencias. Dedicóse á su bigote, á su pera, á su salud y á sus versos. Indolente como nadie, perezoso como ninguno, nunca está mejor que cuando no hace nada. Su Dios es la holganza, su culto el *dolce far niente*, sus sacerdotes los amigos que le dan conversacion.

Viene la Restauracion, y Ayala es su primer ministro de Ultramar. Volvió, pues, á ser ministro; pero no pudo, como en 1868, poner su firma en un decreto inmortal; no pudo dar otro decreto como aquel de la Revolucion que declaraba la libertad del vientre en Cuba. Su primer acto en 1868 grabado está en el corazon de muchas madres, en la gratitud de muchos negros infelices, en las páginas de oro de la historia. ¡En 1874 nada hizo!...

El Congreso de 1876, retirado á Llanes Posada Herrera, lo elige su presidente. Al tomar posesion de este sitial altísimo, el más alto á que puede aspirar un ciudadano, pronunció un discurso notable. No sé qué admirar más en él, si la galanura, la correccion ó el vigor de los tonos. Escuchad este párrafo, modelo de armonía, que arrancó aplausos unánimes de toda la Cámara. No es posible hablar mejor, tan gallardamente.

«No á impulsos de rutinaria modestia, sino movido de profundo convencimiento, yo me detendria gustoso á manifestaros cuán inferior me juzgo al sitio en que me encuentro; pero á falta de otras cualidades, tengo la de comprender con mucha claridad y sentir con grande vehemencia la dignidad y el prestigio del alto puesto con que me habeis honrado, y creo que una vez colocado en este sitio por vosotros, no me es lícito detenerme á demostrar la escasez de mis merecimientos, la injusticia de vuestros votos, y debo pasar de largo sobre este asunto, aventurándome á parecer soberbio de puro comedido y respetuoso.»

Ese es el literato, el hablista, el verdadero académico.

Como presidente del Congreso—la verdad debe decirse siempre—todos creimos, hasta sus amigos, que íbamos á tener un presidente en verso, de drama, de décimas y quintillas. Nos hemos equivocado. Ha salido un presidente en prosa. La calidad de la prosa ya la conoceis. Imparcialidad, buen golpe de vista, tolerancia, todo lo tiene. Alguna vez, contemplando su artística cabeza desde la tribuna, mirando su aspecto severo y reposado, su continente grave y circunspecto, ocurrióseme esta duda peregrina: «¿Si será Apolo presidiendo á las Musas?...» La vision pasó pronto. Miré á la izquierda, ví á Gaviña, tropezaron mis ojos con un D. Pedro La Casa, entró Pavía, y la realidad fué conmigo... Estaba soñando: Ayala presidia el Congreso de los Diputados.

Ayala ha tenido la fortuna, por todo extremo envidiable, de ser el primero en saludar en el Congreso la representacion de nuestros hermanos de Cuba. ¿Cómo lo hizo? Vais á oirlo, escuchad...

«Bien venidos sean, señores diputados, á intervenir con sus hermanos de la Península en todos los negocios de la monarquía, los representantes de la gran Antilla. La madre patria los recibe con los brazos abiertos, que hace ya largo tiempo que tenia acordado el derecho de que ahora se posesionan; consignado está en la Constitucion vigente; guerra fratricida impidió su ejercicio; la paz lo facilita; y pues han nacido con la paz, bien venidos sean á ayudarnos á consolidarla, á armonizar todos los intereses, á crear nuevos vínculos y á persuadir á todos que la sangre vertida no nos divide, porque toda ha brotado del mismo corazon, y ántes nos une y estrecha con los lazos del comun dolor que nos inspira.»

El autor de *El tanto por ciento* tiene, cuando quiere, ática sal que acaba de completar su presidencia. Un diputado, me parece que Turull, habló un dia de víboras, y Ayala, sin moverse de su sitio, aplastólas con un chiste. Otro dia se habla de encinas y bellotas; un diputado pide la palabra para una alusion personal, y Ayala, en medio de unánime carcajada, deshace la nunca vista alusion con esta brevísima respuesta:—«Señor diputado, en esta Cámara no hay encinas ni bellotas.»

Ignoro si Ayala es hombre de una sólida y profunda ilustracion política. Inclínome á creer que no, porque su pereza no le habrá permitido estudiar, ni sus versos meterse en filosofías. Y como sus discursos son pocos y en ninguno campea la erudicion, me parece que acierto diciendo que su talento natural es grande, su perspicuidad notable, su intuicion profunda, su estilo como ninguno, su ilustracion mediana. Es un poeta inmortalizado por su obras dramáticas, un orador sobresaliente y de palabra purísima. Quizá sus discursos, como los de Demóstenes, huelan al aceite de la lámpara; quizá los cuidadosos esmeros de su reputacion los ha pulido y preparado como el guerrero limpia y prepara ántes del combate sus armas. Pero como yo no sé más sino que cada vez que nos suelta un discurso nos dá un buen rato; como yo no veo más que lo bello, como no me llamo Arrieta que le trata tú por tú, consigno lo que sé y no aventuro lo que ignoro.

Para concluir: Ayala es un gran orador, si bien algo dramático, acaso por sus relaciones teatrales, por su amor á las tablas; su voz es, ya lo he dicho, un poquillo oscura; su enunciacion, tarda y premiosa; su aspecto en la tribuna, grave y digno; su palabra, pura, galana y correcta cual no otra.

Pero me gusta más cuando hace versos y se presenta, siendo presidente del Congreso, á recibir mis aplausos y los aplausos de todos en el escenario del teatro Español por su obra *Consuelo*, que cuando se mete á político. Y no porque lo haga mal como político, sino porque me acuerdo de 1868 y el alma se me cae á los piés. Si todos hicieran lo mismo—me digo,—si todos imitasen su conducta,

¡Qué espantosa soledad!

CÁNOVAS DEL CASTILLO.

Es orador, político, literato, tres veces académico, historiador, poeta, jurisconsulto, diplomático, periodista, geógrafo, artillero, aljamiado, mónstruo, malagueño, conservador liberal, liberal conservador y bizco.

Todo eso es, en breves palabras expuesto, mi paisano D. Antonio Cánovas del Castillo. Para ser la novena maravilla no le falta más que morir obispo, confesor, vírgen y mártir.

No creais, sin embargo, que su presencia revela nada de lo que es. El pícaro lo disimula mucho, da un chasco á cualquiera. Parece un hombre vulgar si lo contemplais sin saber quién es, como se mira al transeunte que pasa por la calle. No tiene la melena de Danton, la fisonomía arrogante de Mirabeau, la estatura de Mendizabal, la frente iluminada de Castelar, la nariz revolucionaria de Voltaire, la fealdad de Alcalá Galiano, el aspecto severo de Salmeron, el atolondramiento estudiado de Bismark, la mirada eléctrica de Rios Rosas, la viveza de Sagasta, la atraccion de Ruiz Zorrilla, los lábios epicúreos de Martinez de la Rosa, la voz de sirena de Martos, el talle elegante y aristocrático de Abarzuza. Nada de esto tiene; pero vale tanto como ellos, mucho más que algunos de ellos.

He dicho que parece un hombre vulgar si lo contemplais sin prevencion. Pues bien; parece lo que no es. Tambien pareció liberal y progresista en 1854, y todo el mundo se equivocó.

Viste tan mal la levita, que semeja escribano de juzgado que corre á llevar autos. El talle en él es un mito. No conserva otra cosa que el sitio. Cálase los lentes con desgarbo, guiña que es una compasion, tuerce la boca, hace mil gestos y contorsiones, se abre la raya á un lado y afeita su rollizo cogote ni más ni ménos que un chulo. He oido decir que no fuma... ¡Si será mónstruo!

Pero si no fuma, escupe... Escupe palabras y teorías que no hay más que pedir, apóstrofes magníficos, citas irrefutables, sofismas disfrazados de argumentos, argumentos contundentes, bellezas literarias, giros oratorios de primer órden, razones de pié de banco, disparos certerísimos, admirables, infalibles, que le acreditan de buen artillero. De modo que, si no fuma, en cambio escupe como no escupo yo, que fumo, como no escupen los más tenaces fumadores.

Hace versos, y tan malos, que unos que tuve la desgracia de leer, inspirados nada ménos que en la pasion y muerte de Nuestro Señor Jesucristo, me produjeron tres sentimientos distintos: rabia, mal humor y lástima. ¡Eran la pasion y muerte del estro, de la inspiracion, de la armonía, del metro y del buen gusto!

Y no se arrepiente. Despues de estos hizo otros, aunque en honor de la verdad debo decir que son peores. Vamos, son más malos que los de Barrantes, que es comparacion. Lean Vds. unos *Ensayos literarios* que se venden al peso todos los años en la féria de Atocha, repásenlos con cierto retintin, y si no tengo razon me comprometo á pagar un perro chico por cada tomo.

Pero nó; seré justo, quiero ser justo, debo serlo. De los dos tomos se pueden sacar algunos discursos que bastan para hacer la reputacion de un literato. Porque Cánovas es un castizo escritor, un escritor de punta, un académico que no va á la calle de Valverde á fumar, toser, bostezar y otras espiritualidades tan propias de las gloriosas ruinas que limpian, fijan y dan explendor, á su modo, á la lengua de Cervantes; no es tampoco de los que emplean *cinco meses* en luminosas murmuraciones para decidir que tranvía debe escribirse así, esto es, con v sencilla y no doble como habian dado en escribirlo los demagogos del idioma. Ménos es de los que pasan noches y noches á la nominilla de la Academia—que los académicos, además de limpiar, fijar y dar explendor cobran un tantico por cada sesion—si *beafteck* se debe escribir con *k* ó sin ella. No señor, Cánovas no es de esos; Cánovas es de los que, sin k ó con k se comen el ***beafteck*** y disputa concluida.

Tiene como literato la manía incorregible de hacer versos, y como historiador la de hablar mal de la casa de Austria. Todos sus amigos han recibido el encargo de buscarle y comprar para su biblioteca cuanto de la casa de Austria vean, oigan ó entiendan. El mismo general Vega Inglan—¡ya ven Vds., un general!—le mandó há tiempo desde las Baleares algunos documentos raros y curiosos que á la casa de Austria se referian. Como buen bibliófilo, Cánovas los aceptó enternecido, y Dios sabe las cosas que tendrá escritas á estas fechas en gloria y honor de las reales personas que tan escrupulosamente historió y pretende seguir historiando.

Pero debo declarar que no lo ha hecho mal del todo. Lo que no declaro yo ni declarará ningun cristiano en vista de las vueltas que ha dado el mundo, es que esté satisfecho de sus ocios como historiador. ¡Quién le habia de decir que la casa de Austria seria con él y acaso contra él!

Así ocupando el tiempo, es decir, cultivando las letras y medrando en la política, Cánovas, por diversos caminos y con una actividad poco andaluza, ha prosperado como ninguno. Primero fué progresista y auditor de guerra en el ejército insurrecto de 1854, cuyo manifiesto escribió; despues unionista; más tarde casi moderado; luego, en 1868, revolucionario en espíritu; á poco amadeista tapado, y últimamente alfonsino por todo lo alto. Ha seguido todas las banderas de la monarquía constitucional y parlamentaria, como para hacer su carrera ha ido subiendo peldaño por peldaño la trabajosa escalera del poder. Está hecho á prueba de cambios y laboriosidad, de distingos y talento.

No quiero hablar á Vds. de los famosos consejos de guerra verbales ni de otras faltillas que hay en su historia política, como el fusilamiento de los artilleros del 22 de Junio de 1866 siendo él ministro.

Corramos un velo que cubra aquellos tiempos desdichados.

Viene la revolucion de 1868, y como Cánovas valia ya mucho Sagasta lo trajo de diputado, y Prim y Rivero quisieron meterle de cabeza en la comision de Constitucion para comprometerlo en la grande obra. Rivero le persuadió, y Cánovas acepta patrióticamente. Pero quedaba el rabo por desollar. Todo el mundo sabe el ódio cariñosísimo que mútuamente se profesaban los dos Antonios de Málaga: Rios Rosas y Cánovas. Rios Rosas queria mandar en la provincia, y Cánovas tambien. Aquél recelaba del talentazo de éste, éste no sucumbia ante el carácter áspero, dominante y avasallador de aquél. Rivero tuvo que elegir, y se quedó con Rios Rosas. Primer disgusto de Cánovas, que, libre de todo compromiso, combatió el proyecto de Constitucion con una prudencia, con una mesura, con unas formas admirables: dijo que aquello era *una obra infeliz y elevar á ley la anarquía*. A lo cual le contestó Rios Rosas dulcemente:—«*Esas calificaciones, sobre ser amargas, sobre no ser prudentes, son injustas, son inicuas, nacen de un falso criterio, son de todo punto gratuitas, carecen absolutamente de fundamento y son falsas. ¿Qué deberá decirse del autor de esas calificaciones?*»—En suma, faltó poco para que le llamasen Canovillas en plenas Córtes.

Pasado este chubasco, del que Cánovas se defendió dignamente, vá y combate el sufragio universal. ¡El sufragio universal, llamado más tarde por él, en 1876, en perentorio auxilio de la Restauracion!

Dan por terminadas sus tareas aquellas Córtes inmortales, y en las siguientes ordinarias Cánovas empieza á hacer tales guiños á la novísima legalidad, que coje á uno de los suyos,—dos veces suyo porque tambien es bizco—á Elduayen, y lo presta para ministro de D. Amadeo. Nadie hubo que no celebrara, que no aplaudiera este rasgo de patriotismo de Cánovas. Su conversion era valiosísima; nos traia el contingente conservador, tan necesario, tan indispensable, tan útil para la vida de todas las instituciones políticas, llámense como quieran. Pero ¡oh, dolor! El marqués de Sardoal le birla el distrito de Cieza, y Cánovas, sin diputacion ya, naturalmente, se hizo alfonsino sin reservas. Púsose enfrente de la revolucion y de su trono, de sus hombres y de su política, y ni la parte que le ofreció Pavía en el botin del 3 de Enero, ni otros halagos que me callo torcieron su voluntad. Queria ser, lo fué, lo es, y lo será, el primer hombre de la Restauracion.

Y ahora empieza lo *monstruoso*.

Interrumpido el estado legal del país, como nos dijo en las Córtes de 1876 á las primeras de cambio, proclama la existencia de una Constitucion que no era la de 1869 ni la de 1845; una Constitucion suya, exclusivamente suya, malagueña y bizca. Proclama la Constitucion *interna*. ¿Lo han entendido Vds.?

Pues yo tampoco. Y principia á lanzar teorías y más teorías por aquella boca, convence á la mayoría, pelea con Sardoal, dirige reproches á D. Emilio, viene á las manos con el brillante tomista Pidal y Mon, le dice á Sagasta *más eres tú*, y esta es la hora en que Cánovas no ha dejado de hacer teorías, alguna buena, varias ridículas, casi todas hijas del orgullo y la necesidad. Divide los partidos en legales é ilegales por el siguiente peregrino procedimiento:

—¿Piensas como yo?

—Sí, mónstruo aljamiado.

—Pues eres legal.

Nómina, periódico, marqués, conde, duque, clase conservadora, importancia, credenciales, un verdadero festin.

—¿Piensas como yo?

—No, señor.

—Pues eres ilegal.

—Pero si pago contribucion...

—Eres ilegal.

—Si puedo ser soldado...

—Ilegal.

—Que soy moro de paz, hombre pacífico...

—Ilegal.

Y España, víctima de esta graciosa teoría de Cánovas, encuéntrase dividida por el primer ministro de la restauracion en legal é ilegal. Nada, á lo Calomarde: purificados é impurificados.

¡Majadero que tú eres, Antonio *panliberalismo*! ¿No comprendes, tú que tanto talento tienes, que tan bien conoces la historia propia y la historia agena, que en ocasiones has demostrado ser un verdadero estadista, que sabes al dedillo la causa de todas las revoluciones y descontentos, no comprendes, digo, que cerrar la puerta al derecho es abrirla á la rebeldía? ¡Soberbio! Dulcificar, mimar, atraer, limar asperezas, olvidar agravios, perdonar ofensas, esa, esa es la obra de los que en tu caso se hallan. Y ya que tu política, lo escribo con gusto, no ha sido vengativa, ni cruel, ni perseguidora; ya que supiste dejar á cada cual en su casa obrando en esto como no obrará nunca ninguna restauracion, ¿por qué no has hecho lo demás? ¿Crees, quizá, en la eficacia del vacío?

Pero prosigo mi empeño y déjome de aconsejar. ¡Bonito es el mozo para recibir consejos!

A Cánovas le ahogan dos cosas: la soberbia y el talento. Por salirse con la suya, nada más que por salirse con la suya y hacer rabiar á Romero Ortiz, se le pone en la cabeza que las Córtes, elegidas cuando no habia otra legalidad que el Código de 1869, debian durar legalmente cinco años con arreglo á la Constitucion de 1876, esto es, á una ley posterior al nombramiento y reunion de aquéllas, y dicho y hecho, vá y le dan la razon. ¡Soberbia! Otro dia se empeña en que la causa del órden exige la vida del triste y criminal Oliva, y Oliva sucumbe á pesar de altísimas insinuaciones. ¡Soberbia! Otro dia se levanta de mal humor, mira de reojo á Elduayen, y ¡zás! de un plumazo más seco que las esperanzas de los constitucionales arroja al ingenioso ingeniero del Gobierno civil de Madrid. ¡Soberbia!

Sin embargo, ¡çuán titánico ha sido su trabajo! Otro que él no habria hecho ni la milésima parte.

Encargóse de la presidencia del Consejo de ministros cuando en el país no habia nada, absolutamente nada más que polvo y escombros. El polvo de una catástrofe, los escombros de un derrumbamiento. La catástrofe de Setiembre de 1868, el derrumbamiento de Diciembre de 1874. Los carlistas le estorbaban más que nada. Se mete entre ellos y los divide: á un lado Cabrera, á otro Dorregaray. Le estorban luego los moderados. Los divide igualmente: á un lado Toreno y Barzanallana, á otro Cheste y Moyano. El partido constitucional le hace cosquillas. Divídelo tambien: á un lado Sagasta y Ulloa, á otro Santa Cruz y Alonso Martinez. La democracia permanece entera en los rigores de la adversidad. La perturba: Castelar tiene un asiento en el Congreso, Sardoal otro; Ruiz Zorrilla, víctima de un arranque pueril, yacia de antemano en el extranjero, estaba desterrado.

¿Le queda algo por hacer? Sí, la paz en la Península y en Cuba. Pues ahí está Martinez Campos. La paz se hace en todo el territorio español. ¡Bendita sea la paz!

¿Queda algo todavía? Sí, le queda un entretenimiento: divertirse con los constitucionales. ¡Y se divierte como hay Dios! Les da diputaciones, senadurías, promesas, bombo, mucho bombo, alguna que otra credencial, razones, esperanzas, todo, todo lo necesario para embarcarlos. Se embarcan, y empieza el mareo, la trastienda, el sí, el no, el veremos, no es tiempo aún, robustecerse, unirse, definirse, arrepentirse, convertirse, contarse, purificarse, disciplinarse, prepararse, alinearse, declararse, y todos los acabados en *arse*, como no hay que impacientarse, apaciguarse, moderarse y fastidiarse.

Pero para llegar á todo esto, ¡qué prodigio de palabra! ¡Qué tesoro de recursos! ¡Qué caudal de inteligencia! ¡Qué habilidad parlamentaria! ¡Qué fuerza de dialéctica! ¡Qué ingeniosa sofistería! ¡Qué broma tan divertida! ¡Qué política tan preñada de peligros! Ha jugado con fuego, y el fuego concluye por convertirse en ceniza. Lo que no ha querido comprender es que debajo de esa ceniza hay rescoldo. Cuando ménos lo piense el rescoldo constitucional echará chispas. Despues de la crísis de Marzo se han notado algunos síntomas.

Menos los constitucionales, á quienes trata como arquitecto á maestro de obra que le ayuda á conservar un edificio, todos han sufrido más que aquéllos la soberbia de su carácter, los ímpetus de sus genialidades, las imposiciones de sus caprichos, las exigencias de su absorbente personalidad.

Como buen artillero, en diciendo «quien manda manda y cartuchera en el cañon,» hasta Fabié se echa á temblar, es decir, la pura encarnacion de la filosofía liberal-conservadora ó conservadora-liberal, por más que no es ni lo uno, ni lo otro, ni esotro: ni liberal, ni conservadora, ni filosofía.

Cánovas es hombre que se vá siempre al bulto, á no ser que el bulto se llame Martinez Campos. En este caso el ilustre malagueño emplea toda su trastienda, que es mucha; todo su talento, que es grande; toda su habilidad, que es consumada, y el bulto se viene á él. Lo coge, lo mira desdeñosamente, le dá vueltas, juega con él, lo pone en un fanal ó lo arroja por la ventana del desprestigio, y guiñando y torciendo la boca se eleva inconmensurablemente sobre el nivel conservador diciendo *urbi et orbi*:—«Aquí no hay más bulto que yo.»

Así es, en efecto. Su bulto abulta tanto que todo lo llena. Congreso, Senado, presidencia, ministerios, prensa adicta que le proclama mónstruo, oposiciones que le proclaman génio. Todo lo llena con su poderosa personalidad. El dice modestamente:—¡*Yo*!— Las oposiciones gritan rabiosas:—¡*El*!—Tiene todas las aptitudes de un enciclopedista á la moderna. ¿Hay que sustituir á Salaverría porque está enfermo? Pues Cánovas se encarga interinamente de la cartera de Hacienda y confunde á Angulo y á Barzanallana menor con sus sumas, restas, multiplicaciones y divisiones. ¿Hay que hablar del estado de la guerra civil cuando vino la restauracion? Pues Cánovas pide la palabra ó se la toma, coge los ejércitos, distribuye los generales, explica las operaciones, dá batallas, toma trincheras, se cubre de gloria en Lacar y Lorca, y Saturnino Estéban Collantes se pasma asombrado de las hazañas de su presidente. ¿Hay que perorar un poco en defensa de la ley constitutiva del ejército? Pues ahí está Cánovas que lo hace que no hay más que pedir, y el buen Cevallos se levanta en pleno Senado y le dice al marqués de la Habana:—«Ya ve usted si yo hago bien no haciendo nada; Cánovas es un gran artillero.»—¿Hay que dejar la presidencia para escribir un discurso académico sobre la literatura aljamiada? Pues ahí está Cánovas que resucita los apuntes de su tio D. Serafin Estévanez Calderon, vá á la Academia, los lee haciendo guiños y morisquetas, convence al marqués de San Gregorio, electriza á Marianito Catalina, conmueve al ingeniero de montes D. Agustin Pascual, y Perez de Guzman, que aunque no es académico como éstos ha tenido la fortuno de oirle, sale corriendo y dice:—«Nada, caballeros, está visto: es un mónstruo aljamiado.»

Cánovas es un gran orador. Excluyendo á Castelar, hoy dia no tiene más que dos rivales: Salmeron y Martos. No abunda en Cánovas la poesía, ni las imágenes, ni las grandes figuras retóricas; pero es bastante correcto, enérgico, rápido, puro, castizo. Se estaria hablando una semana seguida sobre cualquier asunto, por ejemplo, sobre la langosta, y si su propósito era negar su existencia el auditorio acabaria por confesar, á despecho de Mariscal y de Salido, que, en efecto, no hay más langosta que ellos. Lo mismo defiende el contra que el pró; lo mismo dice hoy que un rey puede pecar, como afirma mañana que es impecable. Pero habla muy bien. Su voz es clara, robusta, penetrante, hermosa. Es una lástima que tenga el vicio de bajarla en los finales, porque la transicion es brusca, fea y de mal gusto. No es ménos sensible su manía *digo* y *repito*, que tanto abunda en sus discursos. *Dije* y *digo*; *aprobé* y *apruebo*; *censuré* y *censuro*; *manifesté* y *manifiesto*; *declaré* y *declaro*, y no se cansa de esta machaconería, de este estribillo molesto y chocante. Fíjense Vds. en el *digo* y *repito* el primer dia que suelte el pico, y digan si no dan ganas de contestar como el personaje de la comedia:—«¡*Reflauta* que ya lo he oido!»

No tiene lo que se llama la exterioridad, los modos, los ademanes, la compostura de un gran orador. Al concluir los períodos hace cinco ó seis subidas de hombros, como si tuviera entre camisa y espalda un bicho que le picase; se vuelve á los suyos con ceño de Júpiter, y su mano acaricia los quevedos para que no se caigan de su sitio. En los de más efecto, cuando se incomoda ó Sagasta le mira con mirada entre irónica y sarcástica, suele concluir dando como una media vuelta, los faldones de la levita flotan por el espacio y parece que va á dar principio á una pieza de baile. Tampoco escasea los golpes sobre el pupitre, como si el pupitre, benévolo y silencioso, tuviera la culpa de que le quieran desalojar del poder los oradores de la oposicion.—No, hombre, no; no dé Vd. esos porrazos, que para ser enérgico en la palabra y en los conceptos no hay necesidad de castigar la madera que se tiene delante, ni de ponerse las manos hinchadas como botas.

Pero lo que á mí me hace más gracia en Cánovas del Castillo, lo que desde el primer dia hubo de chocarme, lo que merece algunas palabras de reprension, es la costumbre, fea y poco elegante, de meterse una mano en el bolsillo del chaleco. Observadlo y vereis cómo tengo razon.

En los momentos más supremos, cuando trata de un asunto grave y el párrafo le ha salido armonioso y redondito; cuando amigos y adversarios le prestan religiosa atencion, mi hombre mete una mano, la izquierda generalmente, en el bolsillo del chaleco, y despues de contonearse, arreglar los quevedos y llamarse á sí mismo mónstruo, continúa fiero y arrogante su peroracion... Pero, hombre, saque Vd. esa mano de ahí. ¿No vé Vd. que no está bien? Sea usted elegante una vez siquiera. ¿Es que quiere decir: «aquí me los meto á todos?» Bueno, porque ya sabemos hasta dónde llega su soberbia; pero quite Vd. esa mano del chaleco y metásela en otra parte.—Despues de todo—héme dicho muchas veces—para que una mano tan medrada como la de Cánovas quepa en el bolsillo de su chaleco, ¿qué tal será el bolsillo? Debe ser una alforja ó poco ménos.

Cuando quiere—y quiere siempre—sabe ser irónico, gracioso, epigramático, punzante, venenosillo. ¿Quién ignora que, privadamente, es uno de los hombres más chistosos, ocurrentes y decidores? Su defecto consiste en que á una gracia, á un equívoco, á una frase, lo sacrifica todo: amistad, conveniencias, discrecion, todo. Un dia quiso hacer un chiste, y lo hizo terrible:—*El ciego que canta y el lazarillo que pide.*—Quiso há poco hacer una frase, y la hizo depresiva:—*¿Tan mal le ha ido de villano que quiere ser caballero?*

Sus sales como orador son otras; son cultas, oportunas, irreprochables. Pero cuando se propone herir, hiere; cuando se propone ridiculizar, ridiculiza; cuando se propone hacer sangre, la hace. Y metiendo entre col y col una lechuguita; manejando la palabra á su placer; ágil, vivo, enérgico; apoderándose de los detalles de la discusion; elevando los asuntos á gran altura; haciendo cada inciso que extravía sin extraviarse él; dando á cada cosa su palabra y á cada palabra el acento claro y preciso de su hermosa voz; inventando teorías por un quítame allá esas pajas, teorías que las más de las veces no valen un pepino; dueño siempre de sí; superior á casi todos los que le oyen; malagueño y artillero, su nombre como orador es grande y sus aptitudes varias y notables.

Le gusta discutir con Castelar porque Castelar le cubre de flores, y Cánovas, como buen andaluz, tiene pasion por las flores. No le gusta discutir con Sagasta, porque Sagasta, que es muy cuco, le busca, le acorrala, le reduce, le estrecha, le ahoga devolviéndole al cuerpo todas sus teorías y acaba por presentar como negro lo que el mónstruo dijo ser blanco. Con Martos riñe, se atufa, rabia, grita, pelea, saca el Cristo, se dá á todos los demonios, echa por aquella boca todas las amenazas habidas y por haber.

El mérito principal que para mí, como para todos los hijos del trabajo y las contrariedades, tiene Cánovas del Castillo, es que de la nada, de una escuela, se ha elevado por sus propios méritos á la altura de los grandes hombres. Pobre y desconocido, todo lo que es, todo lo que vale, todo lo que significa se lo debe á sí mismo. Aprovechado desde jóven, no ha perdido ripio. Ha aprovechado hasta las *locuras* de Martinez Campos. No es su historia, como la de otros políticos, una historia de destierros y persecuciones. Solamente en 1867 marchó desterrado á Palencia, pero sin rigor, y nada más algunas horas estuvo detenido en el Gobierno civil de Madrid en Diciembre de 1874, donde fué tratado á cuerpo de rey por Moreno Benitez que, conocedor del juego, comprendió que no trascurriria mucho tiempo sin ser su correligionario en lo fundamental.

En resúmen; Cánovas vale mucho y es uno de los primeros oradores de la Europa contemporánea. A él le debemos, entre otras cosas, la desesperacion de los constitucionales, el nacimiento de los centralistas, un hipódromo, una Constitucion más, la unidad constitucional del país y cierta expansiva libertad para el libro.

¡Lástima que no hiciera lo mismo con la prensa, á la que tan despiadadamente trató! ¡Hijo desnaturalizado y desagradecido!... ¡Mónstruo!

CASTELAR.

Señoras y señores: Triste, muy triste; desventajosa, muy desventajosa es mi situacion en este momento.

¡Ah, señoras y señores! Puesta la mano sobre el corazon; trémula al sacudimiento de la perplejidad la pluma, el espíritu incierto; estática la idea como si el peso de mi propósito la agobiara con su inmensa pesadumbre; triste y acongojado el sentimiento; inmóviles los ojos como en presencia de la terrible vision de lo imposible; agitado el cerebro por el choque estruendoso de la duda; de la duda, señoras y señores, más horrible que el frio inviolable de la muerte, más espantosa que las asperezas de la realidad, más destructora que el Etna encendido; pensativo como las grandes creaciones del misticismo; melancólico como los pálidos matices del cielo al caer el velo misterioso de la tarde; estremecido, convulso, presa de amarguísima incertidumbre, quisiera tener el pincel inmortal de los grandes artistas de la historia, de Rafael, de Miguel Angel, de Velazquez, de Murillo, para trazar en este mísero papel el retrato del más grande de los oradores, del más elocuente de los tribunos, de aquel cuya fama se extiende por los espacios de la humanidad como se extiende la luz del sol por los espacios del cosmos.

¡Emilio! ¡Castelar! ¡Sr. D. Emilio Castelar! ¡Excelentísimo Sr. D. Emilio Castelar y Ripoll, venga acá en mi auxilio la democrática persona de V. E.! Quiero decirle cosas bellas, lindísimas, primorosas, dignas de su fama, y no sé por dónde empezar ni qué hacer. Por lo mismo que es Vd. un magnífico orador, por lo mismo que su palabra tiene pocos lunares ó ninguno, por lo mismo que la elocuencia parece habitar en Vd. como habita la perla en la concha, por eso mismo el busto de Vd. es el más laborioso, el más difícil, el más peliagudo (metafísicamente hablando) de todos los bustos de este libro.

Deseara pintar á Vd. como Vd. es, y me da miedo; miedo por lo árduo de la empresa, miedo por el daño que puedan hacer en su epidermis las espinas sin entrañas de la realidad. Como orador está Vd. seguro, acorazado, blindado. Es Vd. impenetrable. Pero como político, como un hombre de gobierno, como ministro tenemos que hablar, aunque no despacio porque Vd. lo hace muy deprisa y muy bien, y yo me defiendo como puedo.

¿Para qué quiere Vd. mucha caballería, mucha

infantería, mucha artillería, mucha guardia civil, muchos carabineros, muchos ingenieros, y quizá, andando el tiempo, muchos *húsares*? ¿Para qué? ¿Para convertir la nacion en un campamento? ¿Para asustar á los federales? ¿Para defenderse de la extrema derecha de la política española?... Si es para lo primero, protesto en nombre de la paz, de los contribuyentes, de las madres y de las novias; si es para lo segundo, conformes de toda conformidad. Por ahí debimos empezar en 1868, á esa tabla debió Vd. asirse la aciaga noche, la noche triste y memorable del 3 de Enero.

Ahora bien; yo acepto, yo aplaudo, yo oigo con gusto sus revanchas conservadoras, su desquite de órden y legalidad. Eso está muy bien, retebien; pero no abuse Vd. de lo uno como abusó de lo otro, porque además de ser estemporáneo los curiosos y observadores pueden decir, con más ó ménos justicia, que un hombre de su talento, de su ilustracion, de sus conocimientos históricos, no debió combatir, triturar, pulverizar con la fuerza incomparable de su elocuencia poderosa lo mismo que hoy predica, ensalza y quiere: órden arriba y abajo, leyes liberales y democráticas aplicadas con un criterio prudentemente conservador; ejército permanente; servicio general y obligatorio; clero pagado; mimos y dulces para las clases conservadoras; algun palito que otro á todo el que se desmande; en una palabra, lo mismo que querian Celleruelo, Ramos Calderon, Fiol y yo cuando éramos radicales en 1870, 71, 72 y principio del 73.

Le hablo á Vd. así, con esta franqueza, porque como no me hallo afiliado á ningun grupito ni por mi mente pasa la idea de ofender á nadie, estoy libre de que me dé Vd. un pasaporte como el que extendió á Pedregal para que viajara libre y seguramente por los fértiles campos de la democracia. Como Vd. lo oye, D. Emilio. Soy libre, absolutamente libre; como el pájaro en los aires, como el pececillo en el agua, como la idea en el pensamiento. Hasta hoy—en buena hora lo diga—no estoy con D. Manuel, ni con D. Nicolás, ni con D. Francisco, ni con D. Estanislao, ni con D. Cristino, ni con D. Práxedes, ni con nadie. Estoy conmigo mismo. Allá en los aposentos de mi cabeza tengo mi composicion de lugar, y como entiendo que, por haberlo hecho todos muy mal, la Magdalena no está para tafetanes en algun tiempo, en mi casa me quedo y con mi pan me lo como. Tengamos calma, veamos lo que esto da de sí, y con el favor de los constitucionales y el de los mismos conservadores todo se arreglará.

Pues como decia—perdone el lector si me he distraido—yo creo que Castelar está en lo firme, pero muy en lo firme haciendo política conservadora, si bien entiendo que hace mal, pero muy mal extremando las cosas hasta el punto que todos vemos, olvidando antiguas armonías que debieran trocarse en benévolas consideraciones, ahondando ódios que debieran desaparecer ante la comun desgracia.

Tampoco debe Castelar retroceder todos los dias, porque á tales conclusiones pudiera llegar que el cambio no valiese la pena. Dado que las formas—de todas clases y en todas las esferas—no afectan á la esencia de las cosas, no vayamos por una vanidad pueril á dar la razon á Cánovas y sus feligreses. Seamos políticos ántes que vanos y declamadores. Busquemos la libertad, la hermosa libertad, hija del cielo, don de los dioses como la llama Ciceron, y abracémonos á ella donde quiera que esté.

Y ahora, escrito este desahoguillo, presentaré al gran orador, al jigante de la palabra, al coloso de la tribuna. No con las galas que le son propias, porque fuera empeño inútil y sobre inútil pueril; no con los brillantísimos colores de sus imágenes radiantes y esplendorosas. No; lo presentaré á Vds. como pueda, mejor que pueda, porque la empresa, por lo alta, merece un esfuerzo..

Se levanta el telon.

Las tribunas están llenas, cuajadas, macizas. La pública, amparo generòso de todos los cesantes, sitio obligado de todos los forasteros, balcon por donde se asoman á ver si ha venido el ministro ó el diputado todos los pretendientes, está de bote en bote. Su aspecto es el de la impaciencia, su respiracion sofocada, su aliento encendido.—«¡Qué tunda va á llevar el ministerio!..»—La de ex-diputados y ex-senadores, refugio de todos los infortunios y asilo de todas las derrotas, cosas que fueron, no admite uno más. Si entra uno más, se ahogan... La de diplomáticos no consiente otro curioso. Arrojad un alfiler sobre aquella masa de carne, y correis el riesgo de que se clave en la calva resplandeciente de algun inglés lácio, frio y estirado... La de periodistas, enjambre de abejas que van allí á dejar la miel de sus libaciones, semeja asamblea de estudiantes que espera alegre y bulliciosa la hora de la cátedra, el momento de aprender. Son el porvenir, la luz que brillará con fulgurantes destellos en la plenitud del cercano dia. Cada cual lleva, como billete de funcion extrordinaria, la credencial de su noble oficio. Ni uno más cabe. Se asfixian.—«Hoy oficia D. Emilio de pontifical, dicen entre irónicos y alegres; hoy sobran lápiz y papel, y faltan ojos y oidos...» La de señoras parece tocador de la hermosura, jardin de las flores, cielo en cuyos espacios se confunden todos los aromas y toman matiz todos los colores. Se estrechan, se aprisionan, se estrujan, se pisan, se empaquetan. Muchas sudan y se despintan; pero ninguna se vá, ninguna se sale, ninguna recoge el moño caido ó el bucle suelto. Si es trance de morir, mueren; si es cosa de gritar, gritan, chillan, se abanican y aplauden...

Suena la metálica voz de la estridente campanilla... Oleaje general, sacudida profunda, mar de fondo... Primero aparecen los porteros; despues, los maceros; entre los maceros, el presidente; detrás del presidente, los secretarios; luego, en confuso tropel, los diputados.

¿Y Castelar? No está; pero estará. Viene el último para que todos se fijen en él. Trae papeles, muchos papeles. Su abrochada levita le dá aspecto elegante. Mira á todas partes y de todas partes le miran. Bajo el poblado bigote, por los aristocráticos quevedos, sale una sonrisa de excusable vanidad.—«¡Ese es, ese es!» exclaman muchos á un tiempo.—Castelar no lo oye; pero se lo dicen los acentos del murmullo, el ruido de los apartes, las chispas de fuego de la enrarecida atmósfera.

Sube severo y pausado, mirando y remirando, los alfombrados escalones que conducen á la presidencia

El presidente le vé venir, y se rie.—«Ya sé á lo que subes, dícese interiormente; subes para que te vean mejor, para que no te confundan, para que nadie dude. ¡Vanidosillo!»—Castelar permanece allí dos minutos, pronuncia afectadamente algunas palabras, atusa el enorme mostacho, mira de nuevo, habla, vuelve á mirar, acepta un caramelo, echa otra miradita, y bajando y subiendo á la presidencia, y saliendo y entrando en el salon espera impaciente la hora. Antes de que ésta llegue, como su precaucion es grande ha tenido buen cuidado de ir á su banco, á la izquierda, en lo más alto, y dejar en él los molestos papeles. Ya no cabe duda: aquel es Castelar y aquel su asiento... ¡Dios mio, que empiece pronto!

En tal situacion todo lo que se diga, todo lo que se pregunte antójasele al público ocioso, ridículo, malo, fuera de sazon, molesto y de mal tono. No está allí más que para oir á Castelar. Hable quien hablare el público se reprocha no tener algo á mano. Castelar lo sabe y se estremece, se ensancha, se esponja, se trasparenta, se desmaya, se muere de gusto.

Un portero sube hasta él—hasta su asiento, que hasta él no quiere que suba nadie—y deja sobre el banco descomunal bandeja con cuatro vasos de agua de naranja ó de limon.

¡Ya falta poco!... Por fin dice el presidente sonando la campanilla de los apuros y arrellanándose en el sillon para estar más cómodo:—«El Sr. Castelar tiene la palabra.»

Como revuelto mar agita un momento sus olas para quedar en calma despues, así el auditorio se mueve y respira para toda la tarde cayendo luego en el silencio más religioso, en la calma más inalterable, en la atencion más profunda.

Ahora bien; ¿cómo describo yo la palabra de Castelar? Imposible, absolutamente imposible. Id á la historia, antigua y moderna, sagrada y profana; tomad á Solon, á Pericles, á Temístocles, á Alejandro, á Demóstenes, á Sócrates, á Platon, á Aristóteles, á Escipion, á Marco Aurelio, á Bruto, á César, á Fabio Máximo, á Ciceron, á Caton, á Tácito, á Séneca, á Moisés, á Santo Tomás, á San Agustin; tomadlos así, como los tomo yo, sin órden ni concierto; apresurad el paso y venid más acá; cojed á los árabes, á los cristianos, á los protestantes, á los católicos, á los enciclopedistas, á los revolucionarios; pedid en vuestro auxilio los colores de Rafael y de Murillo, la inspiracion de Homero, de Virgilio, de Horacio, de Dante, de Petrarca, de Goethe, de Shakespeare, de Víctor Hugo, de Espronceda; reunid todos los Papas y todos los reyes; pedid al arte sus encantos y á la poesía sus maravillas; revolved las fantasías de la imaginacion y las afirmaciones de la filosofía; encarnad en una sola palabra la energía de Demóstenes, los apóstrofes de Ciceron, los arranques de Mirabeau, la poesía de Lopez, la diccion de Ayala, el vigor de Cánovas, el relámpago de Rios Rosas, la facilidad de Moret, la pureza de Martos; tomad, pedid, cojed, reunid todo eso; confundidlo, barajadlo, extraviaos si quereis, soñad; pero hacedlo bien, con arte, con esplendor, con raudales de elocuencia, con prodigios de retórica, con asombros de armonía, y tendreis al primer orador del mundo, á Emilio Castelar.

¡Y qué bien lo dice! El mismo está enamorado de

su palabra. A veces no puede contener el orgullo que nace del efecto que produce instantáneamente su palabra, y las situaciones más sérias las echa á perder. Un dia trazó en las Constituyentes de 1869 el cuadro pavoroso de Maximiliano fusilado, de Carlota demente. La Cámara estaba estupefacta, asombrada, atónita. Le parecia ver la realidad, creia tener allí, en el hemiciclo, el cuerpo yerto y ensangrentado del uno, la imágen triste y desdichada de la otra... Concluye el orador su párrafo; los diputados aplauden.... ¡Castelar se rie!...—Eso no está bien, D. Emilio, eso no lo hacen más que los malos cómicos. Sea usted actor hasta lo último, deje Vd. esa risita para cuando esté de conversacion con sus amigos.

La voz de Castelar, que en la prosa de la vida tiene un metal femenino que choca, en la tribuna es clara, robusta, armoniosa, igual. Sin embargo, alguna vez sus admiradores le hemos oido más de un gallo despiadado y sin entrañas. Entónces dice—como lo escuché de sus labios en el Circo de Price en 1869—que está constipado... Su figura es simpática, proporcionada, agradable. Unas pulgadas más de estatura es lo único que le falta. Si las tuviera seria un orador completo, es decir, tendria tódas aquellas exterioridades que en un perfecto orador deben concurrir. Noto que va echando abdómen á última hora, y en verdad, en verdad te digo, Emilio, que por ese camino serás un orador, de puro gordo, hinchado.

Ya lo he dicho. Castelar es el primer orador del mundo; pero no es el mejor orador parlamentario. Cánovas, Martos, Figueras, Sagasta, le aventajan bastante. Castelar no es el hombre de los pormenores, de los detalles, de los incidentes; es generalizador por excelencia, amante de las grandes síntesis. Como parlamentario casi siempre es cogido, vencido, superado por sus adversarios. Es el hermoso ruiseñor que, embebido en su canto, olvida los perdigones del implacable cazador. A lo mejor es víctima de una terrible perdigonada, y por más trinos que da y más arpegios que hace ni Anglada le saca los perdigones del cuerpo.

Tiene el ilustre tribuno palabras favoritas, frases que le enamoran, conclusiones que le fascinan. Leed con atencion todos sus discursos, y si en todos ellos hable de lo que hablare, no dá mil vueltas y rodeos para decir este final:—«Cómo se muere por la libertad y por la pátria»—dejo que corteis la melena de su ex-correligionario Aniano Gomez. ¿Y la palabra *absolutamente*? Tanto la prodiga, abunda tanto en sus oraciones, tan sin ton ni son la emplea muchas veces, que dan ganas de replicarle:—«Bien, hombre, bien; quedamos *absolutamente* enterados y no sea Vd. tan *absolutamente absoluto.*»

Ya sé yo que él extrema muchas cosas y abusa de muchas frases de efecto por su amor sin límite al aplauso. ¡Ah! en este respecto es hombre al agua. A un aplauso lo sacrifica todo, sin embargo de que de 1873 á la fecha escasea cuanto puede, y hace bien, el halago sin tino ni medida que oíamos ántes en todos sus discursos. Pero á pesar de los pesares, cuando lleva media hora de hablar y los aplausos no parecen, echa mano de los recursos inagotables de su fascinadora elocuencia, y quiera que no quiera el público junta las manos y aplaude. ¡Ya está satisfecho! Toma un sorbo de agua, acaricia y extiende su bigote, saca los blancos puños de la finísima camisa, dirige una mirada á las tribunas, pone sus manos sobre el banco que tiene delante, prepara la voz para que no le haga traicion, y prosigue el camino sembrado de flores de sus inacabables triunfos oratorios. Yo protesto de que los ingleses le llamen el *O'Connell español*, y nuestros vecinos traspirenáicos el *Gambeta español*. No, y mil veces no. Castelar es mejor orador que lo fué O'Connell y lo es Gambeta; Castelar no tiene superior y ménos igual; Castelar, si os tomais—como yo me lo he tomado—el trabajo, ciertamente curioso, de compararlo con Ciceron y con Demóstenes, los oradores más grandes que hay en la historia, resulta todavía más elocuente que ellos.

Un dia oí decir á D. Nicolás María Rivero en las Constituyentes del 69, que lo más bello que ha producido la palabra humana es el discurso *por la Embajada* de Demóstenes. No; lo más bello que ha producido la palabra humana es el discurso de Castelar en defensa de la libertad de cultos. No hay nada como eso, ni más enérgico, ni más brillante, ni más oportuno, ni más poético, ni más contundente, ni más sublime. Aquel dia, el dia que oí á Castelar su memorable discurso, ví, escuché, me conmoví ante lo sublime. Ni las catilinarias de Ciceron ni las filípicas de Demóstenes habian realizado en mi pensamiento la idea de lo sublime de la palabra. Hasta entónces habia dudado, desde entónces creo. Lo verdaderamente sublime de la palabra existe: ahí está, léase el discurso que, por excepcion, pongo al final de este retrato. ¿Pero á qué dejarlo para luego? Ahora mismo van Vds. á conocer su conclusion, su magnífica, su soberbia, su inimitable conclusion.

¿No se desvanecerá Vd., eh, D. Emilio?... Sólo en esta inteligencia lo copio. Vaya, allá vá.

«Grande es Dios en el Sinaí; el trueno le precede, el rayo le acompaña, la luz le envuelve, la tierra tiembla, los montes se desgajan; pero hay un Dios más grande, más grande todavía, que no es el magestuoso Dios del Sinaí, sino el humilde Dios del Calvario, clavado en una cruz, herido, yerto, coronado de espinas, con la hiel en los lábios, y, sin embargo, diciendo:—«¡Padre mio, perdónalos, perdona á mis verdugos, perdona á mis perseguidores, porque no saben lo que se hacen!»—Grande es la religion del poder, pero es más grande la religion del amor; grande es la religion de la justicia implacable, pero es más grande la religion del perdon misericordioso; y yo, en nombre de esta religion; yo, en nombre del Evangelio, vengo aquí á pediros que escribais al frente de vuestro Código fundamental la libertad religiosa, es decir, libertad, fraternidad, igualdad entre todos los hombres.»

Vamos, ¿qué dicen Vds. despues de respirar y aplaudir? ¿Hay algo mejor que esto, igual á esto, parecido á esto?

Pues bien; yo no comprendo que un hombre que habla así, tan bien, aspire á ser Presidente, es decir, á no hablar. Porque, una de dos: ó no habla, en cuyo caso revienta, ó habla con desprestigio de la institucion. La disyuntiva es terrible, atroz, inevitable. ¿No habla Castelar, no suelta el pico? Pues enferma, palidece, le dan vahidos, calambres, la boca se le hace agua, cae en el lecho con fiebre de palabra, con indigestion de palabra, y nada, lo dicho, revienta como un cohete. ¿Habla el señor Presidente, hoy con un pretesto, mañana con otro, al abrirse una zanja, al inaugurarse una tienda, al celebrarse un bautizo? Pues los griegos, los romanos, los grandes pintores, los grandes místicos, el Renacimiento, las joyas del arte, el espacio infinito, el cosmos, la humanidad acongojada y otras bellezas por el estilo darán en tierra con el señor Presidente y, lo que es peor aún, con la señora Presidencia.

De modo que no sé para qué quiere Castelar que las cosas cambien. ¿Para que los diputados gallegos le den otro disgusto como el del 3 de Enero? ¿Para colocar á Zavala, Turon, Jovellar, Sanchez Bregua, Martinez Campos y demás demócratas? ¿Para nombrar obispos? ¿Para verse y desearse á fin de que parezca un collar empeñado en no parecer? ¿Para darle un mando á Pavía?.... ¿Para qué, hombre, para qué anhela Vd. las alturas?....

No sé para qué las quiere, lo que sí sé es que está muy desesperanzado. Un dia fué á visitarle uno de sus muchos admiradores.

—Vaya, vaya, D. Emilio.... ¡Si supiera Vd. qué ganas tengo de que mandemos! Por supuesto, que me nombrará Vd. gobernador de.... el dia que sea Presidente.

—¡Ay, amigo queridísimo! Como no lo sea en otro planeta....

SESION DEL 12 DE DE ABRIL DE 1869.

RECTIFICACION DE CASTELAR Á SU DISCURSO EN DEFENSA DE LA LIBERTAD DE CULTOS.

SEÑORES DIPUTADOS: Inmensa desgracia para mí, pero mayor desgracia todavía para las Córtes, verme forzado por deberes de mi cargo, por deberes de cortesía, á ocupar casi todas las tardes, con tra mi voluntad, contra mi deseo, la atencion de esta Cámara. Yo espero que las Córtes me perdonarán si lo hago en fuerza de las razones que á ello me obligan, y que no atribuirán de ninguna suerte tanto y tan largo y tan continuado discurso á intemperancia mia en usar de la palabra. Prometo solemnemente no volver á usarla en el debate de la totalidad.

Decia mi ilustre amigo el Sr. Rios Rosas en la última sesion, con la autoridad que le da su palabra, su talento, su alta elocuencia, su íntegro carácter, decíame que dudaba si tenia derecho á darme consejos. Yo creo que S. S. lo tiene siempre: como orador lo tiene para dárselos á un principiante; como hombre de Estado lo tiene para dárselos al que no aspira á serlo, ni tiene estos títulos; como hombre de experiencia lo tiene para dárselos al que entra por vez primera en este sitio. Yo los recibo, y puedo decir que el dia en que el Sr. Rios Rosas me aconsejó que no tratara á la Iglesia católica con cierta aspereza, yo dudaba si habia obrado bien, yo dudaba si habia procedido bien, yo dudaba si habia sido justo ó injusto, si habia sido cruel, y sobre todo, si habia sido prudente.

¿Qué dije yo, señores, qué dije yo entónces? Yo no ataqué ninguna creencia, yo no ataqué el culto, yo no ataqué el dogma. Yo dije que la Iglesia católica, organizada como vosotros la organizais, organizada como un poder del Estado, no puede ménos de traernos grandes perturbaciones y grandes conflictos, porque la Iglesia católica con su ideal de autoridad, con su ideal de infalibilidad, con la ambicion que tiene de extender estas ideas sobre todos los pueblos, no puede ménos de ser en el organismo de los Estados libres causa de una gran perturbacion, causa de una grande y constante amenaza para todos los derechos.

Señores, si alguna duda pudiérais tener, si algun remordimiento pudiera asaltarnos, ¿no se ha levantado el Sr. Manterola con la autoridad que le da su ciencia, con la autoridad que le dan sus virtudes, con la autoridad que le da su alta representacion en la Iglesia, con la autoridad que le da la altísima representacion que tiene en este sitio, no se ha levantado á decirnos en breves, en sencillas, en elocuentísimas palabras, cuál es el criterio en la Iglesia sobre el derecho de la soberanía nacional, sobre la tolerancia ó intolerancia religiosa, sobre el porvenir de las naciones? Si en todo su discurso no habeis encontrado lo que yo decia, si no habeis hallado que reprueba el derecho, que reprueba la conciencia y que reprueba la filosofía moderna, yo digo que no he dicho nada, yo digo que todos vosotros teneis razon; pero su discurso, absolutamente todo su discurso, no ha sido más que una completa confirmacion de mis palabras; cuanto yo decia, lo ha demostrado el Sr. Manterola. Pues qué, ¿no nos ha dicho que el dogma de la soberanía nacional, expresado en términos tan modestos por la comision, no es admisible puesto que él no reconoce más dogma que la soberanía de la Iglesia? Y ¿no habeis visto ya que despues de tantos y tan grandes cataclismos, que despues de las guerras de las investiduras, que despues de las guerras religiosas, que despues del advenimiento de tantos Estados láicos, que despues de tantos Concordatos en que la Iglesia ha tenido que aceptar la existencia civil de muchas religiones, aún se acuerda, aún no ha podido desprenderse de su antiguo criterio, del criterio de Gregorio VII y de Inocencio III, y aún cree que todos los poderes civiles son una usurpacion de su poder soberano?

Señores, nadie como yo ha aplaudido la presencia en este sitio del Sr. Manterola, la presencia en este sitio del ilustre Obispo de Jaen, la presencia en este sitio del ilustre Cardenal de Santiago. Yo creia, yo creo, que esta Cámara no seria la expresion del país si á esta Cámara no hubieran venido los que guardan todavía el sagrado depósito de nuestras antiguas creencias, y los que aún dirigen la moral de nuestras familias. Yo los trato con mucho respeto, yo los miro con gran veneracion por sus talentos, por su edad, por el alto ministerio que representan. Consagrado desde edad temprana al cultivo de las ideas abstractas ó de las ideas puras, en medio de una sociedad entregada, en verdad, muchas veces al culto de la materia, en medio de una sociedad muy aficionada á la letra de cambio, en esta especie de indiferentismo en que ha caido un poco el espíritu, la idea, admito, sí, admito algo de infinito, algo de divino, si es que ha de vivir el mundo incorruptible en medio del gran progreso de la historia, en medio de nuestro siglo.

Pero, señores, digo más: hago una concesion mayor todavía á los señores que se sientan en aquel banco (*señalando al de los prelados*): les hago una concesion que no me duele hacerles, que debo hacerles, porque es verdad. A medida que viene la libertad, se aflojan los lazos materiales; á medida que los lazos materiales se aflojan, se aprietan los lazos morales. Así es necesario, para que una sociedad libre pueda vivir, es absolutamente indispensable, que tenga grandes lazos morales, que tenga grandes lazos de ideas, que tenga derechos, que tenga deberes, deberes impuestos, no por la autoridad civil, no por los ejércitos, sino por su propia razon, por su propia conciencia. Por eso, señores, yo no he visto, cuando he ido á los pueblos esclavos, no he visto nunca practicar la fiesta del domingo: yo no la he visto practicada en España, yo no la he visto practicada jamás en París.

El domingo en los pueblos esclavos es una saturnal. En cambio, yo he visto el domingo celebrado con una severidad extraordinaria, con una severidad de costumbres que asombra, en los dos únicos pueblos libres que he visitado en mi larga peregrinacion por Europa, en Suiza y en Inglaterra. ¿Y de qué depende esto? Yo sé de lo que depende: depende de que allí hay lazos de costumbres, lazos de inteligencia, lazos de costumbres y de inteligencia que no existen donde la religion se impone por la fuerza á la voluntad, á la conciencia por medio de leyes artificiales y mecánicas. Así me decia un príncipe ruso en Ginebra que habia más libertad en San Petersburgo que en Nueva-York; y preguntándole yo el por qué, me contestaba: "por una razon muy sencilla, porque yo soy muy aficionado á la música y en San Petersburgo puedo tocar el violin en domingo, mientras que no puedo tocarlo en Nueva-York." Hé aquí cómo la separacion de la Iglesia y el Estado, cómo la libertad de cultos, cómo la libertad religiosa engendra este gran principio, la aceptacion voluntaria de la religion ó de la metafísica, ó de la moral que cada individuo tenga en su conciencia. Ya sabe el señor Manterola lo que San Pablo dijo: *Nihil tan voluntarium quam religio.*

Nada hay tan voluntario como la religion. El gran Tertuliano, en su carta á Escápulo, decia tambien: *Non est religionis cogere religionem.*

No es propio de la religion obligar por fuerza, cohibir para que se ejerza la religion. ¿Y qué ha estado pidiendo durante toda esta tarde el Sr. Manterola? ¿Qué ha estado exigiendo durante todo su largo discurso á los señores de la comision? Ha estado pidiendo, ha estado exigiendo que no se pueda ser español, que no se pueda tener el título de español, que no se puedan ejercer derechos civiles, que no se pueda aspirar á las altas magistraturas políticas del país sino llevando impresa por fuerza sobre la carne la marca de una religion forzosamente impuesta, no de una religion aceptada por la razon y por la conciencia.

Por consiguiente, el Sr. Manterola en todo su discurso no ha hecho más que pedir lo que pedian los antigüos paganos, que no comprendian, que no comprendieron jamás esta gran idea la de separacion de la Iglesia y del Estado; lo que pedian los antiguos paganos, que consistia en que el rey fuera al mismo tiempo Papa, ó lo que es igual, que el Pontífice sea al mismo tiempo en alguna parte y en alguna medida rey de España.

Se ha concluido para siempre el dogma de la proteccion de las Iglesias por el Estado. El Estado no tiene religion, no la puede tener, no la debe tener. El Estado no confiesa, el Estado no comulga, el Estado no se muere. Yo quisiera que el Sr. Manterola tuviese la bondad de decirme en qué sitio del valle de Josafat va á estar el dia del juicio el alma del Estado que se llama España.

Andaba un dia un gran poeta aleman allá por el polo, y era una de esas inmensas noches polares en que las auroras de color de rosa se reflejan sobre el hielo. El espectáculo era magnífico, era inmenso. Hallábase á su lado un misionero, y como una ballena se moviese, le decia el misionero: "mirad, ante este grande y extraordinario espectáculo hasta la ballena se conmueve y alaba á Dios." Un poco más léjos hallábase un naturalista, y el aleman le dijo: "vosotros, los naturalistas, soleis suprimir la accion divina en vuestra ciencia; pues hé aquí que este misionero me ha dicho que cuando ese gran espectáculo se ofreció á nuestra vista por la naturaleza, hasta la ballena se movia y alababa á Dios." El naturalista contestó al poeta aleman: "no es eso; es que hay ciertas ratas azules que se meten en el cuerpo de la ballena, y al fijarse en ciertos puntos del sistema nervioso, la molestan y la obligan á que se conmueva, porque ese animal tan grande y que tiene tantas arrobas de aceite, no tiene, sin embargo, ni un átomo de sentimiento religioso." Pues bien; exactamente lo mismo puede decirse del Estado. Ese animal tan grande no tiene ni siquiera un átomo de sentimiento religioso.

Y si no, ¿en nombre de qué condenaba el Sr. Manterola, al finalizar su discurso, los grandes errores, los grandes excesos, causa tal vez de su perdicion, que en materia religiosa cometieron los revolucionarios franceses?

No crea el Sr. Manterola que nosotros estamos aquí para defender los errores de nuestros mismos amigos: como no nos creemos infalibles, no nos creemos impecables, ni depositarios de la verdad; como no creemos tener las reglas eternas de la moral y del derecho, cuando nuestros amigos se equivocan, condenamos sus equivocaciones; cuando yerran los que nos han precedido en la defensa de la idea republicana, decimos que han errado; porque nosotros no tenemos desde hace diez y nueve siglos el espíritu humano amortizado en nuestras manos.

Pues bien, señores diputados, Barnave, que comprendia mejor que otros de los suyos la revolucion francesa, decia: "Pido en nombre de la libertad, pido en nombre de la conciencia, que se revoque el edicto de los reyes que arrojaba á los jesuitas." La Cámara no quiso acceder; y aquella hubiera sido, si no medida mucho más prudente, más sábia, más progresiva, que la medida de exigir al clero el juramento civil, que trajo tantas complicaciones y tantas desgracias sobre la revolucion francesa. En nombre del principio que el Sr. Manterola ha sostenido esta tarde de que el Estado puede y debe imponer una religion, Enrique VIII pudo en un dia cambiar la religion católica por la protestante; como Teodosio, por una especie de golpe de Estado semejante al de 18 de Brumario, pudo cambiar en el Senado romano la religion pagana por la religion católica; como más tarde la Convencion francesa tuvo la debilidad de aceptar por un momento el culto de la diosa Razon; como más tarde Robespierre proclamó el dogma del Sér Supremo, diciendo que todos debian creer en Dios para ser ciudadanos franceses, lo cual era una reaccion inmensa, reaccion tan grande como la que más tarde realizó Napoleon I, cuando despues de haber dudado si restauraria el protestantismo ó restauraria el catolicismo, se decidió por restaurar el catolicismo solamente porque era una religion autoritaria, solamente porque hacia esclavos á los hombres, solamente porque hacia del Papa y de Carlo-Magno una especie de dioses.

Por consecuencia, el Sr. Manterola no tenia razon, absolutamente ninguna razon, al exigir, en nombre del catolicismo, en nombre del cristianismo, en nombre de una idea moral, en nombre de una idea religiosa, fuerza coercitiva, apoyo coercitivo al Estado. Esto seria un gran retroceso, porque, señores, ó creemos en la religion porque así nos lo dicta nuestra conciencia, ó no creemos en la religion porque tambien la conciencia nos lo dicta así. Si creemos en la religion porque nos lo dicta nuestra conciencia, es inútil, completamente inútil la proteccion del Estado. Si no creemos en la religion porque nuestra conciencia nos lo dicta, en vano es que el Estado nos imponga la creencia; no llegará hasta el fondo de nuestro sér, no llegará al fondo de nuestro espíritu: y como la religion, despues de todo, no es tanto una relacion social como una relacion del hombre con Dios, podreis engañar con la religion impuesta por el Estado á los demás hombres, pero no engañareis jamás á Dios, á Dios, que escudriña con su mirada el abismo de la conciencia.

Pero, señores, hay en la historia dos ideas que no se han realizado nunca: hay en la sociedad dos ideas que nunca se han realizado: la idea de una nacion y la idea de una religion para todos. Yo he tomado este apunte, porque me ha admirado mucho la seguridad con que el Sr. Manterola decia que el catolicismo progresaba en Inglaterra, que el catolicismo progresaba en los Estados-Unidos, que el catolicismo progresaba en Oriente.

Señores, el catolicismo no progresa en Inglaterra. Lo que allí sucede es que los liberales, esos liberales tenidos siempre por réprobos y hereges en la escuela de S. S., reconocen el derecho que tiene el campesino católico, que tiene el pobre irlandés á no pagar de su bolsillo una religion en que no cree su conciencia. Esto ha sucedido y sucede en Inglaterra.

En cuanto á los Estados-Unidos, diré que allí hay 34 ó 35 millones de habitantes: de estos 34 ó 35 millones de habitantes hay 31 millones de protestantes y cuatro millones de católicos, si es que llega; y estos cuatro millones se cuentan naturalmente, porque allí hay muchos europeos, y porque aquella nacion ha anexionado la Luisiana, Nueva-Tejas, la California y, en fin, una porcion de territorios cuyos habitantes son de orígen católico.

Pero, señores, lo que más me maravilla es que, despues de estas reflexiones, el Sr. Manterola dijera que el catolicismo se extiende tambien por el Oriente. ¡Ah, señores! Haced esta ligera reflexion conmigo: no ha sido posible, lo ha intentado César, lo ha intentado Alejandro, lo ha intentado Carlo-Magno, lo ha intentado Cárlos V, lo ha intentado Napoleon; no ha sido posible constituir una sola nacion: la idea de variedad y de autonomía de los pueblos ha vencido á todos los conquistadores: y tampoco ha sido posible crear una sola religion: la idea de la libertad de conciencia ha vencido á los Pontífices.

Cuatro razas fundamentales hay en Europa: la raza latina, la raza germánica, la raza griega y la raza slava.

Pues bien; en la raza latina, su amor á la unidad, su amor á la disciplina y á la organizacion se ve por el catolicismo: en la raza germánica, su amor á la conciencia y al derecho personal, su amor á la libertad del individuo se ve por el protestantismo: en la raza griega, se nota todavía lo que se notaba en los antiguos tiempos, el predominio de la idea metafísica sobre la idea moral; y en la raza slava, que está preparando una gran invasion en Europa, segun sus sueños, se ve lo que ha sucedido en los imperios autoritarios, lo que sucedió en Asia y en la Roma imperial, una religion autocrática. Por consiguiente, no ha sido posible, de ninguna suerte, encajar á todos los pueblos modernos en la idea de la unidad religiosa.

¿Y en Oriente? Señores, yo traeré mañana al Sr. Manterola, á quien despues de haber combatido como enemigo abrazaré como hermano, en prueba de que practicamos aquí los principios evangélicos; yo le traeré mañana un libro de la Sociedad Oriental de Francia, en que hay un estado del progreso del catolicismo en Oriente, y allí se convencerá S. S. de lo que afirmo. En la historia antigua, en el antiguo Oriente hay dos razas fundamentales: la raza indo-europea y la raza semítica.

La raza europea ha sido la raza pagana que ha creado los ídolos, la raza civil que ha creado la filosofía y el derecho semítico: la raza semítica es la que crea todas las grandes religiones, que todavía son la base de la conciencia moral del género humano: Mahoma, Moisés, Cristo, puede decirse que abrazan completamente toda la esfera religiosa moderna en sus diversas manifestaciones.

Pues bien: ¿cuál es el carácter de la raza indo-europea que ha creado á Grecia, Roma y Germania? El predominio de la idea de particularidad y de individualidad sobre la idea de unidad. ¿Cuál es el carácter de la raza semítica que ha creado las tres grandes religiones, el mahometismo, el judaismo y el cristianismo? El predominio de la idea de unidad sobre la idea de variedad. Pues todavía existe eso: así es que los cristianos de la raza semítica adoran á Dios, y apenas se acuerdan de la segunda y tercera persona de la Santísima Trinidad, mientras que los cristianos de la raza indo-europea adoran á la Vírgen y á los santos, y apenas se acuerdan de Dios. ¿Por qué? Porque la metafísica no puede destruir lo que está en el organismo y en las leyes fatales de la naturaleza.

Señores, entremos ahora en algunas de las particularidades del discurso del Sr. Manterola.

El Sr. Manterola decia: "¿Cuándo han tratado mal, en qué tiempo han tratado mal los católicos y la Iglesia católica á los judíos?" Y al decir esto se dirigia á mí, como reconviniéndome, y añadia: "esto lo dice el Sr. Castelar, que es catedrático de Historia."

Es verdad que lo soy, y lo tengo á mucha honra: y por consiguiente, cuando se trata de historia, es una cosa bastante difícil el tratar con un catedrático que tiene ciertas nociones muy frescas, como para mí seria muy difícil el tratar de teología con persona tan altamente caracterizada como el Sr. Manterola. Pues bien, cabalmente en los apuntes de hoy para la explicacion de mi cátedra tenia el siguiente: "En la escritura de fundacion del monasterio de San Cosme y San Damian, que lleva la fecha de 978, hay un inventario que los frailes hicieron de la manera siguiente: primero ponian "varios objetos;" y luego ponen "50 yeguas" y despues "30 moros y 20 moras:" es decir, que ponian sus 50 yeguas ántes que sus 30 moros y sus 20 moras esclavas. De suerte que para aquellos sacerdotes de la libertad, de la igualdad y de la fraternidad, eran ántes sus bestias de carga que sus criados, que sus esclavos; lo mismo, exactamente lo mismo que para los antiguos griegos y para los antiguos romanos.

Señores, sobre esto de la unidad religiosa hay en España una preocupacion de la cual me quejo, como me quejaba el otro dia de la preocupacion monárquica. Nada más fácil que á ojo de buen cubero decir las cosas. España es una nacion eminentemente monárquica; y se recoge esa idea y cunde y se repite por todas partes hasta el fin de los siglos: España es una nacion intolerante en materias religiosas, y se sigue esto repitiendo, y ya hemos convenido todos en ello.

Pues bien: yo le digo á S. S. que hay épocas, muchas épocas en nuestra historia de la Edad Media en que España no ha sido nunca, absolutamente nunca, una nacion tan intolerante como el Sr. Manterola supone. Pues qué, ¿hay, por ventura, en el mundo nada más ilustre, nada más grande, nada más digno de la corona material y moral que lleva, nada que en el país esté tan venerado, como el nombre ilustre del inmortal Fernando III, de Fernando III el Santo? ¿Hay algo? ¿Conoce el Sr. Manterola algun rey que pueda ponerse á su lado? Pues mientras su hijo conquistaba á Murcia, él conquistaba Sevilla y Córdoba. ¿Y qué hacia, Sr. Manterola, con los moros vencidos? Les daba el fuero de los jueces, les permitia tener sus mezquitas, les dejaba sus jueces propios, les dejaba su legislacion propia. Hacia más: cuando era robado un cristiano, al cristiano se devolvia lo mismo que se le robaba; pero cuando era robado un moro, al moro se le devolvia doble. Esto tiene que estudiarlo el Sr. Manterola en las grandes leyes, en los grandes fueros, en esa gran tradicion de la legislacion mudéjar, tradicion que nosotros podríamos aplicar ahora mismo á las religiones de los diversos cultos el dia que estableciésemos la libertad religiosa y diéramos la prueba de que, como dijo Madame Stael, en España lo antiguo es la libertad, lo moderno el despotismo. Hay, señores, una gran tendencia en la escuela neo-católica á convertir la religion en lo que decian los antiguos: los antiguos decian que la religion sólo servia para amedrentar á los pueblos; por eso decia el patricio romano: *Religio est metus*: la religion quiere decir miedo.

Yo podria decir á los que hablan así de la religion aquello que dice la Biblia: "*Congnovit bos posesorem suum, et asinus præsepe domini sui, et Israel non cognovit, et populus meus non intelexit,*" que quiere dicir que el buey conoce su amo, el asno su pesebre y los neo-católicos no conocen á su Dios.

La intolerancia religiosa comenzó en el siglo XIV, continuó en el siglo XV por el predominio que quisieron tomar los reyes sobre la Iglesia; se empezó, digo, una gran persecucion contra los judíos; y cuando esta persecucion se empezó fué cuando San Vicente Ferrer predicó contra los judíos, atribuyéndoles una fábula que nos ha citado hoy el Sr. Manterola y que ya el P. Feijóo refutó hace mucho tiempo: la dichosa fábula del niño, que se atribuye á todas las religiones perseguidas, segun lo atestigua Tácito y los antiguos historiadores paganos. Se dijo que un niño habia sido asesinado y que habian bebido su sangre, atribuyéndose este hecho á los judíos, y entónces fué cuando, despues de haber oido á San Vicente Ferrer, degollaron á muchos judíos de Toledo, que habian hecho de la judería de la gran ciudad el bazar más hermoso de toda la Europa occidental. Y para esto no ha tenido una sola palabra de condenacion, sino ántes bien de escusa, el Sr. Manterola, en nombre de Aquél que habia dicho: "Perdónalos, porque no saben lo que se hacen."

Lo detestaba, ha dicho el Sr. Manterola, y lo detesta: pues entónces debe S. S. detestar toda la historia de la intolerancia religiosa en que, siquier sea duro decirlo, tanta parte, tan principal parte le cabe á la Iglesia. Porque sabe muy bien el Manterola, y esta tarde lo ha indicado, que la Iglesia se defendia de esta gran mancha de sangre, que debia olerle tan mal como le olía aquella célebre sangre á lady Macbeth, diciendo: "nosotros no matábamos al reo; lo entregábamos al brazo civil." Pues esto es lo mismo que si el asesino dijera: "yo no he matado, quien ha matado es este puñal." ¡La Inquisicion, señores, la Inquisicion era el puñal de la Iglesia!

Pues qué, Sres. Diputados, ¿no está completamente averiguado que la Iglesia perseguia por perseguir? ¿Quiere el Sr. Manterola que yo le cite la encíclica de Inocencio III, y mañana se la traeré, porque no pensaba yo que hoy se tratase de librar á la Iglesia del dictado de intolerante, en cuya encíclica se condenaba á eterna esclavitud á los judíos? ¿Quiere que le traiga la carta de San Pio V, Papa Santo, el cual, escribiendo á Felipe II, le decia "que era necesario buscar á toda costa un asesino para matar á Isabel de Inglaterra, con lo cual se prestaria un gran servicio á Dios y al Estado?"

Me preguntaba el Sr Manterola si yo habia estado en Roma. Sí, he estado en Roma; he visto sus ruinas, he contemplado sus 300 cúpulas, he asistido á las ceremonias de la Semana Santa, he mirado las grandes Sibilas de Miguel Angel, que parecen repetir, no ya bendiciones, sino eternas maldiciones sobre aquella ciudad; he visto la puesta del sol tras la basílica de San Pedro, me he arrobado en el éxtasis que inspiran las artes con su eterna irradiacion, he querido encontrar en sus cenizas un átomo de fé religiosa, y sólo he encontrado el desengaño y la duda.

Sí, he estado en Roma y he visto lo siguiente, señores diputados; y aquí podria invocar la autoridad del Sr. Posada Herrera, embajador revolucionario de la nacion española, que tantas y tan extraordinarias distinciones ha merecido al Papa, hasta el punto de haberle formado su pintoresca Guardia noble.

Hay, señores, en Roma un sitio que es lo que se llama sala régia, en cuyo punto está la gran capilla Sixtina, inmortalizada por Miguel Angel, y la capilla Paulina, donde se celebran los misterios del Jueves Santo, donde se pone el monumento, y en el fondo está el sitio por donde se entra á las habitaciones particulares de Su Santidad. Pues esa sala se halla pintada, si no me engaño, aunque tengo muy buena memoria, por el célebre historiador de la pintura en Italia, por Vasari, que era un gran historiador, pero un mediano artista.

Pues bien; este gran historiador habia pintado aquello á gusto de los Papas, y habia pintado, entre otras cosas, la falsa donacion de Constantino, porque en la historia eclesiástica hay muchas falsedades, las falsas decretales, el falso voto de Santiago, por el cual hemos estado pagando tantos siglos un tributo que no debiamos, y que si lo pidiéramos ahora á la Iglesia con todos sus intereses, no habria en toda la nacion española bastante para pagarnos aquello que indebidamente le hemos dado.

Pues bien, señores diputados: en aquel salon se encuentran varias cosas, entre otras, D. Fernando el Católico, y esto con mucha justicia; pero hay un fresco en el cual está un emisario del rey de Francia presentándole al Papa la cabeza de Coligny; hay un fresco donde están, enmedio de apoteosis, enmedio de ángeles, los verdugos, los asesinos de la noche de San Bartolomé; de suerte que la Iglesia, no solamente acepta aquello, no solamente en la capilla Sixtina ha llamado admirable á la noche de San Bartolomé, sino que despues la ha inmortalizado junto á los frescos de Miguel Angel, arrojando esta eterna heregía á la razon, á la justicia y á la historia.

Nos decia el Sr. Manterola: "Pues qué, ¿qué teneis que decir de la Iglesia, qué teneis que decir de esa grande institucion, cuando ella os ha amamantado á sus pechos, cuando ella ha creado las universidades?" Es verdad; yo no trato nunca, absolutamente nunca, de ser injusto con mis enemigos.

Cuando la Europa entera se descomponia, cuando el feudalismo reinaba, cuando el mundo era un caos, entonces (pues qué, ¿vive tanto tiempo una institucion sin servir para algo al progreso?) ciertamente, indudablemente, las teorías de la Iglesia refrenaron á los poderosos, combatieron á los fuertes, levantaron el espíritu de los débiles y extendieron rayos de luz, rayos benéficos, sobre todas las tierras de Europa, porque era el único elemento intelectual y espiritual que habia en el caos de la barbárie. Por eso se fundaron las universidades.

Pero ¡ah, Sr. Manterola! ¡Ah, señores diputados! Me dirijo á la Cámara: comparad las universidades que permanecieron fieles, muy fieles, á la idea tradicional despues del siglo XVI, con las universidades que se separaron de esta idea en los siglos XVI, XVII y XVIII.

Pues qué, ¿puede comparar el Sr. Manterola nuestra magnífica Universidad de Salamanca, puede compararla hoy con la Universidad de Oxford, con la de Cambridge ó con la de Heidelberg? No. ¿Por qué aquellas universidades, como el Sr. Manterola me dice y afirma, son más ilustres, son más grandes, han seguido los progresos del espíritu humano y han engendrado las unas á los grandes filósofos, las otras á los grandes naturalistas? No es porque hayan tenido más razon, más inteligencia que nosotros, sino porque no han tenido sobre su cuello la infame coyunda de la Inquisicion, que quemó hasta el tuétano de nuestros huesos y hasta la médula de nuestra inteligencia.

El Sr. Manterola se levanta y dice: "¿qué teneis que decir de Descartes, de Mallbranche, de Orígenes y de Tertuliano?"

Descartes no pudo escribir en Francia, tuvo que escribir en Holanda. ¿Por qué en Francia no pudo escribir? Porque allí habia catolicismo y monarquía, en tanto que en Holanda habia libertad de conciencia y república. Mallbranche fué casi tachado de panteista por su idea platónica de los cuerpos y las ideas en Dios. ¿Y por qué me cita el Sr. Manterola á Tertuliano? ¿No sabe que Tertuliano murió en el molinismo? ¿A qué me cita S. S. tambien á Orígenes? ¿No sabe que Orígenes ha sido rechazado por la Iglesia? ¿Y por qué? ¿Por negar á Dios? No, por negar el dogma del infierno y el dogma del diablo.

Decia el Sr. Manterola: "La filosofía de Hegel ha muerto en Alemania." Este es el error, no de la Iglesia católica, sino de la Iglesia en sus relaciones con la ciencia y la política. Yo hablo de la Iglesia en su aspecto civil, en su aspecto social.

De lo relativo al dogma hablo con todo respeto, con el gran respeto que todas las instituciones históricas me merecen; hablo de la Iglesia en su conducta política, en sus relaciones con la ciencia moderna. Pues bien; yo digo una cosa: si la filosofía de Hegel ha muerto en Alemania, señores diputados, ¿sabeis dónde ha ido á refugiarse? Pues ha ido á refugiarse en Italia, donde tiene sus grandes maestros; en Florencia, donde está Ferrari; en Nápoles, donde está Vera. ¿Y sabe S. S. por qué sucede eso? Porque Italia, opresa durante mucho tiempo; la Italia, que ha visto á su Papa oponerse completamente á su unidad é independencia; la Italia, que ha visto arrebatar niños como Mortara, levantar patíbulos como los que se levantaron para Monti y Togneti, cada dia se va separando de la Iglesia y se va echando en brazos de la ciencia y de la razon humana. Y aquí viene la teoría que el Sr. Manterola no comprende de los derechos ilegislables, por lo cual atacaba con toda cortesía á mi amigo el Sr. Figueras; y como quiera que mi amigo el Sr. Figueras no puede contestar por estar un poco enfermo de la garganta, debo decir en su nombre al Sr. Manterola que casualmente, si á alguna cosa se puede llamar derechos divinos, es á los derechos fundamentales humanos, ilegislables.

¿Y sabe S. S. por qué? Porque despues de todo, si en nombre de la religion decís lo que yo creo, que la música de los mundos, que la mecánica celeste es una de las demostraciones de la existencia de Dios, de que el universo está organizado por una inteligencia superior, suprema; los derechos individuales, las leyes de nuestra naturaleza, las leyes de nuestra organizacion, las leyes de nuestra voluntad, las leyes de nuestra conciencia, las leyes de nuestro espíritu, son otra mecánica celeste no ménos grande, y muestran que la mano de Dios ha tocado á la frente de este pobre sér humano y lo ha hecho á Dios semejante.

Despues de todo, como hay algo que no se puede olvidar, como hay algo en el aire que se respira, en la tierra en que se nace, en el sol que se recibe en la frente, algo de aquellas instituciones en que hemos vivido, el Sr. Manterola, al hablar de las Provincias Vascongadas, al hablar de aquella república con esa emocion extraordinaria que yo he compartido con S. S., porque yo celebro que allí se conserve esa gran democracia histórica para desmentir á los que creen que nuestra patria no puede llegar á ser una gran república, y una gran república federativa; al hablar de aquel árbol cuyas hojas los soldados de la revolucion francesa trocaban en escarapelas (buena prueba de que si puede haber disidencias entre los reyes no puede haberlas entre los pueblos), de aquel árbol que desde Ginebra saludaba Rousseau como el más antiguo testimonio de la libertad en el mundo. Al hablarnos de todo esto el Sr. Manterola, se ha conmovido, me ha conmovido á mí, ha conmovido elocuentemente á toda la Cámara, ¿y por qué, señores diputados? Porque esta era la única centella de libertad que habia en su elocuentísimo discurso. Así decia el Sr. Manterola que era aquella una república modelo, porque se respetaba el domicilio: pues yo le pido al Sr. Manterola que nos ayude á formar la república modelo, la república divina, aquella en que se respete el asilo de Dios, el asilo de la conciencia humana.

Ahora bien, señores; nos decia el Sr. Manterola que los judíos no se llevaron nada de España, absolutamente nada; que los judíos lo más que sabian hacer eran babuchas, que los judíos no brillaban en ciencias, no brillaban en artes, que los judíos no nos han quitado nada. Yo, al vuelo, voy á citar unos cuantos nombres europeos de hombres que brillan en el mundo y que hubieran brillado en España sin la expulsion de los judíos.

Spinoza: podreis participar ó no de sus ideas, pero no podeis negar que Spinoza es quizas el filósofo mas alto de toda la filosofía moderna; pues Spinoza, si no fué engendrado en España, fué en gendrado por progenitores españoles, y á causa de la expulsion de los judíos fué parido lejos de España, y la intolerancia nos arrebató esa gloria.

Y sin remontarnos á tiempos remotos, ¿no se gloría hoy la Inglaterra con el ilustre nombre de Disraely, enemigo nuestro en política, enemigo del gran movimiento moderno; tory, conservador reaccionario, aunque ya quisiera yo que muchos progresistas de aquí fueran como los conservadores ingleses? Pues Disraely es un judío, pero de orígen español; Disraely es un gran novelista, un grande orador, un grande hombre de Estado, una gloria que debia reivindicar hoy la nacion española.

Pues qué, señores diputados, ¿no os acordais del nombre más ilustre de Italia, del nombre de Manin? Dije el otro dia que Garibaldi era muy grande, pero que al fin era un soldado: Manin es un hombre civil, el tipo de los hombres civiles que nosotros hoy tanto necesitamos, y que tendremos, si no estamos destinados á perder la libertad: Manin, sólo, aislado, fundó una república bajo las bombas del Austria, proclamó la libertad, sostuvo la independencia de la patria, del arte y de tantas ideas sublimes, y la sostuvo interponiendo su pecho entre el poder del Austria y la indefensa Italia. ¿Y quién era ese hombre cuyas cenizas ha conservado París, y cuyas exequias tomaron las proporciones de una perturbacion del órden público en París, porque habia necesidad de impedir que fueran sus admiradores, los liberales de todos los países, á suspirar en aquellos restos sagrados (porque no hay ya fronteras en el mundo, todos los amantes de la libertad se confunden en el derecho), quién era, digo, aquel hombre que hoy descansa, no donde descansan los antiguos dux, sino en el pórtico de la más ilustre, de la más sublime basílica oriental, de la basílica de San Márcos? Allí descansa Manin. ¿Y qué era Manin? Descendiente de judíos. ¿Y qué eran esos judíos? Judíos españoles.

De suerte que al quitarnos á los judíos nos habeis quitado infinidad de nombres que hubieran sido una gloria para la patria.

Señores diputados, yo no sólo fuí á Roma, sino que tambien uí á Liorna: me encontré con que Liorna era una de las más ilustres ciudades de Italia: no es una ciudad artística ciertamente, no es una ciudad científica, pero es una ciudad mercantil é industrial de primer órden. Inmediatamente me dijeron que lo único que habia que ver allí era la sinagoga; fuí allá, y me encontré con una magnífica sinagoga de mármol blanco, en cuyas paredes se leen nombres como García, Rodriguez, Ruiz, etc. Al ver esto, acerquéme al guía y le dije: "nombres de mi país, nombres de mi patria;" á lo cual me contestó: "nosotros todavía enseñamos el hebreo en la hermosa lengua española; todavía tenemos escuelas de español, todavía enseñamos á traducir las primeras páginas de la Biblia en lengua española, porque no hemos podido olvidar, no hemos olvidado nunca, despues de más de tres siglos de injusticia, que allí están, que en aquella tierra están los huesos de nuestros padres." Y habia una inscripcion, y esta inscripcion decia que la habian visitado reyes españoles, creo que eran Cárlos IV y María Luisa, y habian ido allí y no se habian conmovido y no habian visto la causa de nuestra desgracia, y no habian visto los nombres españoles allí esculpidos. Los Médicis, más tolerantes; los Médicis, más filósofos; los Médicis, más previsores y más ilustrados, recogieron lo que el absolutismo de España arrojaba de su seno, y los restos, los resíduos de la nacion española los aprovecharon para alimentar su gran ciudad, su gran puerto, y el faro que le alumbra arde todavía vivificado por el espíritu de la libertad religiosa.

Señores diputados, me decia el Sr. Manterola (y ahora me siento) que renunciaba á todas sus creencias, que renunciaba á todas sus ideas si los judíos volvian á juntarse y volvian á levantar el templo de Jerusalen. Pues qué, ¿cree el Sr. Manterola en el dogma terrible de que los hijos son responsables de las culpas de sus padres? ¿Cree el Sr. Manterola que los judíos de hoy son los que mataron á Cristo? Pues yo no lo creo; yo soy más cristiano que todo eso.

Grande es Dios en el Sinaí; el trueno le precede, el rayo le acompaña, la luz le envuelve, la tierra tiembla, los montes se desgajan; pero hay un Dios más grande, más grande todavía, que no es el magestuoso Dios de Sinaí, sino el humilde Dios del Calvario, clavado en una cruz, herido, yerto, coronado de espinas con la hiel en los lábios, y sin embargo, diciendo: "¡Padre mio, perdónalos, perdona á mis verdugos, perdona á mis perseguidores, porque no saben lo que se hacen!" Grande es la religion del poder, pero es más grande la religion del amor; grande es la religion de la justicia implacable, pero es más grande la religion del perdon misericordioso; y yo, en nombre de esta religion; yo, en nombre del Evangelio, vengo aquí á pediros que escribais al frente de vuestro Código fundamental la libertad religiosa, es decir, libertad, fraternidad, igualdad entre todos los hombres. (*Frenéticos y prolongados aplausos. Individuos de todos los lados de la Cámara se acercan á Castelar dándole calurosas muestras de felicitacion.*)

ECHEGARAY.

Era la tarde del 5 de Mayo de 1869.

Las Córtes, fatigadas ya por el choque formidable de tantas opuestas ideas y tantos eminentes oradores; rendidas como viajero que ha caminado deprisa salvando bosques, llanuras y montañas, y en cuyo rostro se marcan las huellas de grandes peligros superados, de grandes amarguras pasadas, de grandes crísis vencidas, pero de aliento aún para proseguir hasta el fin la áspera y gloriosa jornada; las Córtes, digo, discutian el artículo 21 del proyecto constitucional.

Habian llenado ya con su acento el espacio oradores como Pí, como Cánovas, como Rios Rosas, como Mártos, como Montero Rios, como Castelar, como

Manterola, como Figueras, como Monescillo, como Olózaga, como Moret, como tantos otros parlamentarios elocuentes, ora defendiendo, ora atacando la obra magna de la revolucion, su Código fundamental.

Un diputado como de cuarenta años, de espalda tan cargada que parece tener joroba; flaco, pálido, demacrado; de irregular y calva cabeza cuya forma no acertaria á describir; de ojos pequeños y azules que arrojan, rompiendo el cristal de su dorada armadura, rayos de vivísima luz; suelto, ágil, desembarazado en sus movimientos, empieza á defender en medio del silencio y la indiferencia de la Cámara el artículo 21 del proyecto constitucional, la libertad de cultos. Pocos saben quién es, cómo se llama, cuánto vale.

El asunto, agotado en anteriores luminosos debates, parece ofrecer pocas ventajas al desconocido y audaz orador. El orador habla. A los cinco minutos las Córtes le oyen con gusto mezclado de sorpresa; despues, le aplauden; luego, le admiran; más tarde, cuando concluye, le cubren de felicitaciones y enhorabuenas. Ya saben lo que es y cómo se llama: es un gran orador, se llama Echegaray.

Tal fué el principio parlamentario de este otro *mónstruo*, el cual, aunque no tiene nada de artillero ni de bizco, es más mónstruo de lo que muchos creen.

Parece un pobre enfermo, y disfruta de cabal salud; parece tímido, y es osado; parece un cualquiera, y es un sabio; parece que no puede echar la palabra del cuerpo, y habla de perlas; parece frio, y es ardiente; parece creerlo todo, tener grandes tragaderas, y no cree en nada ni en nadie; parece pura prosa, y hace buenos dramas en verso en los cuales todo el mundo muere, el apuntador sale mal herido y el público se desmaya; parece que no es capaz de atreverse con una mosca, y al mismo Zuavo le mete una estocada que lo parte; parece uno de tantos, y es uno de los primeros matemáticos de España; parece un empleado de tres mil reales con descuento, y es un ingeniero que cuando dirige un túnel lo hace como es debido, á diferencia de Elduayen á quien le resultan gemelos de teatro; parece una segunda edicion del casto José, y tiene una de las mujeres más hermosas que se pasean por Madrid.

Lo habreis visto cien veces en el Ateneo echándose al cuerpo de un tiron la *Revista de ambos mundos*, devorando los libros del escaparate de Fé, bajando la calle de Alcalá con un hermoso niño de la mano, subiendo la de la Montera embozado en su capa de vueltas encarnada y azul, en el salon de conferencias del Congreso charlando con el Dr. Peralta ó en disputa con Pidal y Mon. Y nada os habrá dicho su fisonomía, nada su porte, ménos aún su bigote de guardia civil.

Tampoco inspiró nada á los constituyentes del 69 cuando pasaba junto á ellos en aquellos dias de fiebre memorable y patriótica. Pero habló, y su triunfo fué completo. Oidle. Sostiene que el pensamiento encerrado en moldes teológicos, ó se ahoga, ó en ellos muere por asfixia, ó los rompe y estalla, y añade:

«Y no quiere esto decir, no significa esto en manera alguna que la ciencia, que el pensamiento científico sea hostil á la religion y á los sentimientos religiosos. No; hay perfecta armonía entre la ciencia y la religion, como manifestaciones de un todo, de una unidad, de algo más grande que las envuelve á las dos: lo que hay es que cada una de esas manifestaciones tienen su manera propia de expresarse, su manera propia de desarrollarse. La ciencia necesita aire, necesita espacio, necesita errar algunas veces; no puede aceptar una verdad hecha, impuesta, inalterable; pero en el fondo de toda verdad científica, cuando el pensamiento es profundo, cuando no es perjudicial, cuando no es de antemano hostil á ciertas ideas, hay un gran sentimiento religioso, porque allí aparece y se pone en contacto con lo trascendental, con lo eterno, con lo invariable, con lo infinito. La ciencia ama la religion, sólo que la ama á su manera: no se encierra en ella, no se ahoga en ella; es como el águila, que ama las montañas, que pasa de unas á otras, que se posa un momento en la más elevada, pero que despues tiende su vuelo, sube á las nubes, se pierde en el espacio, y las montañas ahí se quedan, inmóviles, gigantescas, sobre sus cimientos colosales.»

Los aplausos de la Cámara, los primeros aplausos que arrancó Echegaray en este célebre discurso, dados fueron al concluir párrafo tan artístico, tan precisa y bellamente dicho. Los diputados ausentes del salon empiezan á entrar al ruido del éxito; todos toman asiento, ninguno quiere perder las primicias del orador. Echegaray sigue subiendo, creciéndose, elevándose más cada vez. Explica la variedad en la unidad de los planetas que pueblan el espacio, y dice:

«Ahora bien: en la sociedad sucede una cosa parecida. Tambien el hombre tiene su primitiva nebulosa, hácia la cual quieren arrastrarnos los partidarios de la escuela reaccionaria: tambien la humanidad tiene en el Oriente su inmensa nebulosa. Allí el hombre estaba bajo la presion de una doble fatalidad, la fatalidad material y la fatalidad social; es decir, la fatalidad del error, y las grandes tiranías, y los grandes intereses, y los grandes despotismos; y al romperse aquella nebulosa, brotan las nacionalidades modernas, las modernas razas y los modernos pueblos: y en esta trabajosa elaboracion el hombre va conquistando cada vez más su libertad, va siendo cada vez más dueño de sí mismo y de su destino, va adquiriendo mayores derechos, va emancipándose de toda fuerza exterior, sin que por eso se rompan las grandes atracciones morales, sin que por eso rompa la fuerza de la amistad, la fuerza del amor, la fuerza del deber, sin que por eso se quebranten las grandes fuerzas del espíritu, que son en el órden social lo que la atraccion newtoniana en los espacios infinitos del cielo.»

Nuevos aplausos cubren la voz del orador.

Direis que eso es mucha imaginacion, mucha poesía, mucha retórica. Es verdad, no lo niego, todo eso es; pero es tambien bello, armonioso, magnífico.

Direis más: direis que sobran *nebulosas* y faltan ideas. Teneis razon; pero el símil es exacto, feliz, inspirado.

Añadireis aún más: que hay cierta repeticion, cierto estudio, cierta preparada combinacion de efectos. Es innegable; pero confesad que ese período, dicho con facilidad, con arte, con entusiasmo, es un período elocuente.

Pero donde Echagaray estuvo elocuentísimo, oportuno, fué al desenterrar la famosa trenza de pelo, aquella trenza que se ha hecho tan célebre como la bilis de Sagasta, como las dos naturalezas de Calderon Collantes, como el chaleco de Orovio, como la desaparicion de Figueras, como la consecuencia de Villaverde, como las orejas de Posada Herrera, como el pan de Candau, como las patillas de Figuerola: aquella trenza que, liada desde entónces al cuello de Echegaray ó flotando siempre sobre su cabeza, objeto de risa burlona para unos, de recuerdo agradable para otros, no ha sido olvidada por nadie, y por Echagaray ménos que por nadie porque le hizo ministro de Fomento. No vemos á Echegaray una sola vez, una sola, que no exclamemos todos, tirios y troyanos:—«Aquí está el de la trenza de pelo.»

¿Quereis saber ó recordar cómo y qué fué aquello de la trenza de pelo? ¿Quereis pasar un buen rato y que el cabello se os ponga de punta? ¿Quereis maldecir la intolerancia religiosa? Pues escuchad un momento.

El orador está triturando los argumentos aducidos por el carlista Diaz Caneja en pró de la unidad católica. Oye decir que la Iglesia nunca ha perseguido á las personas, y replica:

«Prescindamos de la palabra Iglesia; sustituyámosla por otra palabra. ¿Puede sostener S. S. que el *poder teocrático* nunca ha perseguido á las personas? Pues si sostiene que el poder teocrático no ha perseguido nunca á las personas, marche por la calle Ancha de San Bernardo, salga al campo, tome á la derecha, y allí, cerca de la estátua de Daoiz y Velarde, verá el Quemadero de la Cruz.

«¿Sabeis lo que es el Quemadero de la Cruz? Yo os lo explicaré; yo deseo que vayais allí á verlo; yo quisiera que estas discusiones tuvieran lugar sobre aquel horrible monumento, á ver si habia quien se atreviese á defender la unidad religiosa.

»El Quemadero de la Cruz es un gran corte del terreno; es, pudiera decirse, un corte geológico. ¿Sabeis lo que es un corte geológico? La naturaleza abre su gran libro, extiende sus grandes páginas, es decir, da un tajo al terreno, y allí se ven, en ordenadas capas, arcillas, pizarras, areniscas y pedernales: son las líneas del gran libro en que el geólogo va á estudiar cómo se ha formado este planeta en el cual vivimos.

»Pues bien: el Quemadero de la Cruz es tambien un gran libro, es tambien una gran página, una sombría página, que encierra provechosa aunque triste enseñanza: con sus capas alternantes, es el Quemadero de la Cruz un corte, que yo no me atreveria á llamar geológico, pero que pudiera llamar, con verdad, teológico.

»En esos bancos alternantes del Quemadero de la Cruz vereis capas de carbon impregnado en grasa humana, y despues restos de huesos calcinados, y despues una capa de arena que se echaba para cubrir todo aquello; y luego otra capa de carbon, y luego otra de huesos y otra de arena, y así continúa la horrible masa. No há muchos dias, y yo respondo del hecho, revolviendo unos chicos con un baston, sacaron de esas capas de cenizas tres objetos que tienen grande elocuencia, que son tres grandes discursos en defensa de la libertad religiosa. Sacaron un pedazo de hierro oxidado, una costilla humana calcinada casi toda ella, y una trenza de pelo quemada por una de sus extremidades.

»Estos tres argumentos son muy elocuentes. Yo desearia que los señores que defienden la unidad religiosa los sometieran á severo interrogatorio; yo desearia que preguntasen á aquella trenza cuál fué el frio sudor que empapó su raíz al brotar la llama de la hoguera y cómo se erizó sobre la cabeza de la víctima. Yo desearia que preguntasen á la pobre costilla cómo palpitaba contra ella el corazon del infeliz judío. Yo desearia que preguntasen á aquel pedazo de hierro, que fué quizá una mordaza, cuántos ayes dolorosos, cuántos gritos de angustia ahogó, y cómo se fué oxidando al recibir el ensangrentado aliento de la víctima, con la cual el duro hierro tuvo más entrañas, tuvo más compasion, fué más humano, se ablandó más que los infames verdugos de aquella infame teocracia.»

Aplaudid, aplaudid sin miedo, que yo aplaudí entónces, aplaudo ahora y aplaudiré siempre.

¿Sabeis ya cómo y qué fué aquello de la trenza de pelo? No cabe negar que está bien dicho, bien traido, bien *presentado*, como diria un comerciante. El efecto que produjo en la Cámara fué inmenso, profundo, indescriptible. Los aplausos se repitieron y prolongaron. El orador tuvo que asirse á la trenza para no perder el equilibrio. Rivero, que presidia, exclamo para sí:—«¡Valiente cimbrio!»—Castelar sacando los puños de la camisa:—«¿Poetas á mí?»—Rios Rosas:—«Eso de infame es de mucho efecto.»—Suñer y Capdevila:—«Este es de los mios.»—Monescillo:—«¡Ave María Purísima!»—El preopinante Diaz Caneja:—«¡Me aplastó!»

Echegaray ha hablado despues muchas veces; pero en ninguno de sus discursos se reproduce el milagro de la trenza, en ninguno hay nada de tanto efecto. Tiene su mérito: la originalidad. En vano un orador cáustico é incisivo como pocos, Sanchez Ruano, decia luego en otra sesion con aquel afan que de ridiculizar tenia:—«Y la que el Sr. Echegaray ha supuesto poblada trenza de doncella hermosa, ¿no puede ser mermada cola de rocin sarnoso?»

Cola de burro ó pelo de doncella, que yo ni quito ni pongo rey, es lo cierto que la por Echegaray supuesta trenza dió mucho ruido y una cartera. ¡Calculen Vds. si Fabié pudiera, con cola de burro ó con pelo de doncella—que esto seria para él ocasion de la más honda filosofía,—hacer un discurso semejante á dónde no iria á parar, si no daria con sus huesos en el ministerio de Hacienda, objetivo de sus emplastos como político y de sus especulaciones como boticario!

Echegaray siguió en el mismo tono su discurso, apelando á la naturaleza para explicar algunos pensamientos, barajando la astronomía, la física, la química, las matemáticas, la retórica, los tesoros de su poética imaginacion, los recursos de su fantasía. A lo mejor se le escapaban, quizá sin conocer todo su mérito, como el poeta romano hacia versos sin saberlo, imágenes tan bonitas como esta:

«Yo limpio á toda religion de toda mancha: toda

religion para mí en sus aspiraciones nobles y levantadas, es pura y blanca como la nieve. ¡Qué culpa tiene la nieve de que la pise la planta humana y la convierta en barro!»

Más adelante dice que para que la verdad sea posible, para que se realice en la historia, para que triunfe, necesita cierto procedimiento. Parécele esto muy metafísico, demasiado oscuro, y exclama:

«Permitidme que con una imágen os exprese mi pensamiento, y condense lo que hubiere de decir en un discurso más extenso.

»¿Habeis visto flotar en el cielo esas blancas neblinas, esos trasparentes tules, esas gasas de sutilísimas mallas, que ya caen en profusos pliegues en el fondo de los valles, ya se rompen en las crestas de las montañas, ya cubren pudorosamente el azul del cielo? ¿Qué son? Vapor de agua, agua diluida, agua en un estado tenuísimo de densidad, y en ese estado parece que nada son. En ese estado las neblinas del cielo son impotentes para todo; no son una fuerza: el soplo del viento las disuelve, un rayo de sol las evapora; son la idea flotante en la region del pensamiento; son la idea científica vagando en la region de las abstracciones. Es bella, es hermosa, está llena de promesas, pero como está llena de promesas toda ilusion.

»Mas encerrad ese vapor en las entrañas de una locomotora, dadle temperatura, dadle un organismo, dadle, por decirlo así, carne de metal, dadle palancas de acero, dadle grandes ruedas, colocadlo todo sobre dos carriles, y aquello que parecia impotente, que parecia una ilusion, se convierte en una inmensa fuerza industrial, que pasa por encima de los abismos, que rompe las entrañas de la montaña que de él se burlaba ántes, y que hace estremecer el espacio con sus poderosos silbidos.»

¿Lo veis? Es un gran poeta, y Castelar, que ha de sucederle en el uso de la palabra, prepara este exordio que es una estocada para Olózaga que ha de contestarle, y una caricia para Echegaray que le ha precedido:—«Mi discurso está colocado, como la humanidad, entre dos paraísos, entre un gran recuerdo y una gran esperanza.»

Echegaray concluyó su discurso con este período admirable, tan poético y entusiasta, más poético y entusiasta si quereis que todos los anteriores:

«¡Cuántas veces, á la caida de la tarde, cuando ese lienzo de muralla desploma sobre nosotros su extensa sombra, y en su sombra nos envuelve, mientras que nosotros discutimos, y discutimos siempre con gran elocuencia, pero no siempre con toda oportunidad; cuántas veces, repito, mientras aquí luchamos intestinamente y la luz pálida del crepúsculo que pasa por aquellos cristales ilumina tan sólo esa triple hilera de escudos de armas que representan á mis ojos la España rota y deshecha, é ilumina aún la platina de ese relój, que representa á mis ojos el tiempo que pasa; cuántas veces, señores, me parece oir fuera de este recinto la voz de España que nos dice: «¡En guardia, señores diputados, adelante; es preciso que la revolucion triunfe, y la revolucion peligra; la anarquía se aproxima; se aproxima la reaccion!» Sí, señores diputados, la reaccion nos espía, y caerá sobre nosotros y convertirá la gran obra revolucionaria, como decia con severa elocuencia el presidente de esta Cámara, es una gran vergüenza ante la historia.»

Diputados de todos los partidos, los mismos carlistas se acercan al orador y le felicitan calurosamente por su magnífico discurso. La sesion quedó interrumpida por algunos momentos. El éxito fué completo, grande su resonancia, halagüeñas para el interesado sus consecuencias.

A los pocos dias era nombrado ministro de Fomento, en cuyo departamento entró victorioso con su trencita en la mano como César en Roma con sus legiones invencibles. Aquella trenza chamuscada, ¡cuánto ha dado de sí! Fué el principio de la carrera política de Echegaray. Por ella llegó á ministro, siendo ministro se le abrieron las puertas del teatro, dentro ya del teatro conmovió la opinion y la crítica con sus dramas sangrientos y terroríficos. Sirve para todo y tiene talento para todo. Es un estuche completo. Lo mismo escribe *Cómo empieza y cómo acaba*, drama tremebundo, que *Iris de paz*, comedia lindísima de versificacion fluida, inspirada y galana; lo mismo habla de filosofía que de bellas artes; lo mismo hace un discurso de política que de Hacienda.

Aún recuerdo la discusion habida en el Congreso acerca del Banco Hipotecario. Las oposiciones arremetian, la mayoría callaba, Ruiz Gomez, ministro de Hacienda, estaba ausente. El fracaso podia ser inmenso. ¿Quién dijo miedo? Echegaray toma la palabra, defiende el asunto, lo presenta con sus más bellos colores, echa mano de la poesía, baraja los números y la retórica, torna favorable la opinion, la seduce, la conquista palmo á palmo, y el Banco Hipotecario se salva. ¡Ojalá hubiera sucumbido! Tendriamos más dinero, y el partido radical ménos fragilidades en su historia.

Echegaray sabe de todo. Una noche nos habló en el Ateneo del cuerpo humano, nos describió el organismo de la cabeza. Lo hizo admirablemente. Federico Rubio que le oia estaba con la boca abierta; nosotros, sorprendidos; él, Echegaray, como si explicara la cosa más sencilla del mundo.

Como orador es expresivo, exacto, fácil, concluyente; pero no es puro ni castizo. Echa mano de los galicismos con bastante frecuencia. Su voz es tan fina, tiene un metal tan vibrante, que si fuera más robusta oiríase mejor, seria más bella. No es su accion agitada ni vehemente, ménos es dramática y pretenciosa. Expone, narra, explica, persuade, cautiva. No hay en él grandes arrebatos, movimientos desiguales, subidas y bajadas. Sus manos, largas y descarnadas, expresan toda la energía de su alma y toda la pasion de su pensamiento. Juega bien la cabeza, adelanta oportunamente el cuerpo, pronuncia sobre todo con una precision tal, que este es uno de los méritos principales de su palabra notabilísima. No es hombre que se rodea de papeles, de apuntes, de libros, de lo que en muchos oradores es farsa pueril y ridícula. Echegaray lo lleva todo en la cabeza, que es su archivo, su biblioteca, su depósito y su arsenal, lo que el auditorio oye y lo que no oye, lo que vé y lo que no vé.

No abusa de la tribuna, y esta modestia le recomienda doblemente siempre que habla. No así su figura, que no reune ninguna de las condiciones de un buen orador. Antes con la espesa barba y las doradas gafas, hoy echo un trovador de vulgares quevedos, pera descuidada y bigote aspero, grande y recio, siempre ha carecido de aquellas prendas físicas, de aquel aspecto que tanto agradan en Abarzuza y Moret. Flaco, muy flaco; casi con joroba; demacrado; metidos los ojos donde nadie los vé aunque hieren con la luz que despiden; de piernas de alambre; de cabeza calva y poco artística; de elegancia én el vestir bastante disimulada, Echegaray carece, lo repito, de una gran figura, de una buena figura.

La modestia de su aspecto corresponde á la de su trato, que es sencillo, agradable, simpático. Habla con todo el mundo y á todo el mundo dá la mano con esquisita cortesía á la par que con llaneza. Y como el que esto hace es un sábio, un poeta de vuelo, un orador elocuente, un matemático insigne, y aquí hasta los necios se creen con derecho á la vanidad, claro es que yo, que no le he alargado la mano una sóla vez ni le trato más que Vds., no debo pasarlo en silencio.

Como político, como hombre de partido, Echegaray me ha parecido siempre inferior á la altura de sus diversas aptitudes. Es un político de ocasion, un político por compromiso; un filósofo que por nada se entusiasma, que por nada se irrita, que por nada toma á pecho las cosas políticas. Ni quiere ni ambiciona, ni envidia ni se impacienta. Cuando otros intrigan á su lado por tal ó cual cosa, Echegaray mide probablemente allá en su magin los versos de un soneto ó de una quintilla; cuando otros se devanan los sesos pensando cómo han de obtener este puesto ó aquél, Echegaray medita cuántos personajes deben morir en el drama que está escribiendo; cuando otros se lamentan de que acaso la entreguen sin haber sido ministros, Echegaray acaba de dar una estocada al lucero del alba porque se interpone en el nudo ó desenlace de su obra.

Como católico raya á gran altura: es hermano mayor de Suñer y Capdevila.

FIGUERAS.

Pero, señor, ¿y Figueras? ¿Dónde está? ¿Se habrá ido?.... ¡Figueras! ¡D. Estanislao!.... Nada, no parece, se evaporó, no le veo por ninguna parte. *¡Voto va Deu!*.... ¡Figueras! ¡D. Estanislao!.... ¿Dónde diablos se ha metido que no puedo echarle el ojo encima? ¿Estará debajo de la mesa? Miro, y nada, mi hombre no existe. ¿Se habrá escondido detrás de la librería? Me levanto, hago una minuciosa pesquisa, registro hasta el último rincon, remuevo todos los papeles. Trabajo inútil. Figueras no está, ha desaparecido como por encanto...

Pero no, ya le veo; asoma la cabeza por la puerta entreabierta y mira con ojos de recelo... «Entre usted, hombre; entre Vd... Tranquilícese que no le pasará nada. Soy un modesto escritor que quiere hacer su busto como orador de Parlamento... Vaya, acérquese Vd. sin prevencion... más, un poco más... así, eso es, perfectamente. Ahora no se mueva Vd.; por los clavos de Cristo, D. Estanislao, firme ahí como un valiente. Sobre todo, ¡cuidado con tomar de nuevo las de Villadiego!»

Ya le tengo seguro. Manos á la obra.

. . . .

Es alto como las montañas de Cataluña, fuerte como el roble del Norte, esbelto, ágil, diligente. Tiene los ojos grandes, negros y redondos; despiden luz, mucha luz, toda la luz de una inteligencia clara, profunda, perspicua. Su cabeza es pequeña y se la tiñe; su bigote está recortado y tambien se lo tiñe. Quiere disimular que pasa de los sesenta abriles. Casi es elegante. El lazo de la corbata es artístico; la corbata, de lo más ámplio que se vé. Su aspecto, su conjunto, el todo de su persona es simpático, sencillo, agradable. Sin embargo, despues de la jornada de 1873 ha decaido mucho.

Es un orador de primera fuerza, un discutidor que enreda, trastorna y descompone á los más hábiles polemistas. Tiene la intencion del toro, la viveza de la ardilla, la astucia del raposo. Coge al enemigo, le dice que no le va á hacer nada, le atrae á su campo, le envuelve, le estrecha, le reduce, le estropea, le muerde, le hiere, le hace sangre, y cuando ha realizado su propósito se retira tranquilo y triunfante. Emplea el sofisma, el argumento, la argucia, la verdad, la ficcion, el halago, la amenaza, el ceño duro y contraido, la sonrisa cándida y bonachona. Es un maestro.

¡Cuántas veces lo demostró en las Constituyentes de 1869! Deshacia todos los errores, apaciguaba todas las iras, mataba todos los enconos, dulcificaba todas las rabias, zanjaba todos los conflictos, contenia todas las impaciencias, calmaba todas las tempestades; decia á Sagasta que Paul y Angulo no le habia llamado déspota ni tirano, sino liberal, muy liberal, casi demócrata; afirmaba que Suñer y Capdevila no habia negado la existencia de Dios ni llamado á Jesús el mayor de los hijos de María, sino que, por el contrario, Suñer es católico, apostólico, romano, infalibilista y de la más pura ortodoxia.

¿Se ha lanzado á la minoría el cargo de que es enemiga de la Iglesia, atea? Figueras se levanta y dice elocuentísimamente con aplauso de toda la Cámara:

«En cuanto á los sentimientos religiosos, yo puedo citar en la mayoría, Sr. Serrano, algunos ateos, y podria decirle además que un partido con el que S. S. ha tenido bastantes aficiones, que es el partido moderado histórico, tiene como uno de sus distintivos el carácter volteriano. Por lo demás, yo le aseguro al señor Serrano que yo creo en Dios Padre Todopoderoso, Creador del cielo y de la tierra; que creo que tengo un alma, que esta alma es inmortal, que será juzgada algun dia por un Dios que, si tiene á un lado el atributo de la justicia, tiene á otro lado el atributo de la misericordia; y creo que no llegaré á ser feliz ni mi alma á ser perfeccionada, sino cuando me haya confundido en el seno de Aquél que reside en el sólio más alto del empíreo, y á cuyo alrededor giran y girarán sin gastarse eternamente los siglos.»

En aquella misma sesion—26 de Abril del 69—

Olózaga, para matar las voces que corrian de que miraba con envidia la presidencia de Rivero, dice que lo habria votado con mucho gusto si hubiese estado en la Cámara. Figueras le replica con ironía rayana del sarcasmo en medio de las risas y burlas de todos los diputados:

«Que S. S. hubiera deseado dar su voto en obsequio al Sr. Rivero. ¡Ya lo creo! Sólo que nosotros no hemos querido dar á S. S. ese gusto.»

Para producir efecto mandando leer artículos olvidados del reglamento; para levantar—cuando le convenia—una tempestad parlamentaria; para hacer saltar á Topete ó mortificar á Prim; para enzarzar á los conservadores y herir el amor propio de los progresistas; para impedir que una ley fuera votada el dia que queria el Gobierno; para todo esto, digo, Figueras no tenia rival. Es insinuante, sutil, mordaz, venenoso. Sabe al dedillo todas las triquiñuelas parlamentarias, es perro viejo que no deja pasar más que lo que quiere.

Prim le temia, Rivero agarraba en seguida la campanilla, Rios Rosas le respetaba, Martos le resistia, Sagasta le contestaba, Olózaga, decadente, huíale el bulto, los suyos le rodeaban, las tribunas se bañaban en agua de rosa. Ninguno le superaba, á nadie cansó con su palabra fácil y vibrante.

Es oportuno y enérgico. Un dia vino á las manos con Rios Rosas. Riñeron, se pelearon, fué una lucha de jigantes. Rios Rosas le dijo por último:

«¡Ay de tí si al Carpio voy!»

Figueras se levanta en el acto y le contesta:

«¡Ay de tí si al Carpio vienes!»

La minoría republicana, á las veces apasionada, inquieta, exigente como toda idea en su período de propagacion, pero siempre bien intencionada, dió orígen á muchos conflictos, á muchos pesares, á muchos dolores que despues, en 1873, sufriólos tambien el país. Figueras era su último recurso, su asidero, su tabla de salvacion. A él acudia, á él se entregaba, en él depositaba el decoro de su honor y la integridad de sus principios. Naturaleza apropósito para halagar ó para herir, para aparecer pequeño ó para presentarse grande, hiciéronle todos su director y jefe en el Parlamento. Pí razonaba, Castelar conmovia, Figueras llevaba el baston de mando.

Os acordareis todos de sus famosas interpelaciones, de aquellas interpelaciones que le dieron tanta celebridad como á Romero Robledo sus escarceos de *los sábados negros*, como á Coronel y Ortiz su magnífica obesidad y los muchos vasos de agua que bebia. Cuando Figueras anunciaba una interpelacion, el ministro respectivo echábase á sudar, le daban frios y calambres, casi se arrepentia de ser ministro. Hasta que salia del aprieto no era dueño de su persona. ¿Por qué? Porque las interpelaciones de Figueras tenian cola; pero una cola grande, enorme.

Se levantaba sonriente, tranquilo, como quien sabe que tiene segura la victoria y que el enemigo le espera más muerto que vivo. Miraba á los ministros, á las tribunas, al ya preparado D. Nicolás María Rivero. En todos los espectadores retozaba la impaciencia, la satisfaccion, el contento. Prim callaba, Sagasta movia las piernas, Figuerola acariciaba el sitio en donde debian estar las patillas, Paul y Angulo decíase para sí:—«Este hombre vá á estar flojo.»—Desde el principio de su discurso, en el exordio, en la exposicion, las estocadas eran mortales. Seguia hiriendo, dando tajos y mandobles, machucando al adversario. Elevábase poco á poco, subia, subia sin cesar, generalizaba con alto vuelo; y cuando todos le creian viajando por las nubes deslizábase taimadamente, con cautela, ocultándose detrás de una digresion ó de un recuerdo, bajaba, y ya en el llano la mortandad era espantosa, la carnicería terrible. Se producia el espanto, las quejas, los lamentos. Este le interrumpe, aquel le amenaza, el otro le increpa. Todos han sido heridos, todos piden la palabra: Olózaga, Posada Herrera, Prim, Rios Rosas, Martos, Aguirre, Madoz.... Rivero agita la campanilla, le llama al órden, le dice que se circunscriba á la interpelacion: Figueras contesta que está dentro de ella. La minoría aplaude, la mayoría se incomoda, las tribunas se frotan las manos de gusto. El ministro, el pobre ministro toma apuntes de todo, hasta de la sonrisa burlona y triunfante del orador.

Figueras es un parlamentario sagaz y un orador de profunda inteligencia, de mucho saber, de gran nervio. Hé aquí cómo definió entónces—6 de Abril de 1869—lo que es una Constitucion.

«Una Constitucion en principio no es más que la determinacion de la esfera del Estado, de su fin y de su actividad, para la realizacion del derecho. No es otra cosa. De esto viene que la Constitucion debe contener el sistema ó conjunto de principios jurídicos, segun los cuales se produce y cumple el derecho; de esta determinacion viene tambien la de los fines del Estado, y de todo esto vienen los órganos que han de realizar estos fines, y estos fines, para cumplirse, no necesitan más órganos que las Córtes, la magistratura, el poder judicial y el del jefe del Estado, porque los fines son hacer leyes, aplicarlas á los hechos, ejecutar esas mismas leyes en todo lo que se refiere al estado social, y despues poner en armonía todos estos hechos para que no pugnen con ese mismo estado social, con la soberanía nacional ó con el principio fundamental aceptado. Esto es hacer una Constitucion en principio.»

La parte activa que tomó en los grandes debates del proyecto constitucional acreditóle de hombre de sólida instruccion, como las escaramuzas y combates parciales librados anteriormente habíanle dado fama de hábil y astuto. Demostró profundos conocimientos en todas las ramas del derecho, y una envidiable y rápida memoria de todos los sucesos, accidentes, grandezas, errores, intrigas y proyectos de nuestra historia constitucional y parlamentaria. Cuando le convenia sacaba á relucir la vida y milagros de tal partido ó de cual personaje, y como lo hacia con datos precisos y citas irrefutables, el triunfo era seguro.

Llegó la por unos temida y por otros anhelada discusion del art. 33. No siempre ha sido republicano Figueras. Allá por 1851, cuando fué diputado por vez primera, parece que no se acordaba de la república y sí felicitaba á las Córtes «porque la puñalada del cura Merino no hubiese privado á los españoles de la preciosa vida de S. M. la reina doña Isabel II.» Sea de ello lo que fuere (á mí no me importa mucho y quizá á Vds. ménos), desde 1854 Figueras consta como republicano ardiente y decidido. Por consiguiente, su deber era combatir el art. 33 del proyecto constitucional. Lo cumplió. Hizo uno de sus mejores discursos.

Un orador habia dicho que España, histórica y geográficamente, es un país monárquico. Figueras le replicó en estos términos cuya sobriedad encanta, cuya energía es admirable:

«Yo no sé lo que quiere significarse con que España históricamente es monárquica. ¿Es este un argumento sério? De que una cosa haya sido por espacio de mucho tiempo, ¿se sigue lógicamente que deba continuar siendo? ¿Es esta una buena deduccion en lógica, es este un buen pensamiento en filosofía? Pues qué, si la continuidad histórica fuese razon para seguir siendo, ¿no seria la negacion del progreso? ¿Qué han hecho todos los reformadores del mundo más que romper esa continuidad? Y no sólo los reformadores políticos, sino los reformadores en ciencias, en artes, en literatura (que tambien en literatura hay reformadores), ¿no han roto esa continuidad histórica? Y los reformadores religiosos, ¿no rompen siempre la tradicion histórica? ¿Qué razon de ser tendria Jesucristo si no hubiese venido á romper la continuidad histórica de la ley mosáica? Y cabalmente este es uno de los títulos que brillan con más explendor en la aureola, en la inmarcesible corona que ciñe su frente. Y este hecho lo ha perpetuado la Iglesia en el sublime y atrevido cántico de: *recedant vetera*, *nova sint omnia*. Nada de lo pasado queremos; queremos fundar el derecho moderno.»

¡Lástima grande que tanta energía, que tanta resolucion, que carácter tan entero fracasaran con asombro unánime en la aún misteriosa desaparicion de 1873! Vamos á ver, D. Estanislao. En 1869, lo acabamos de oir, queria Vd. fundar el derecho moderno. ¿Qué quiso Vd. fundar en 1873 cuando desapareció abandonando la presidencia del gobierno de la república? Explíquese, señor mio. ¿Qué fué aquello?... Pero no insisto más; luego hablaremos largo y tendido; ahora estoy con el orador.

D. Augusto Ulloa, en un discurso lleno de doctrina y de recuerdos históricos, acababa de decir que la tiranía ha existido más de una vez en las repúblicas. El diputado republicano echa mano de su memoria, saca de ella los ejemplos que más le convienen, y presenta á la Cámara con estos bellos y bien preparados colores las grandes repúblicas de la historia:

«Mas áun para juzgar esas repúblicas es preciso compararlas con las monarquías á ellas coetáneas. Así se argumenta de buena fé: así es provechoso el debate, así da resultados. Sean lo que quieran las repúblicas antiguas, los vicios de Pericles, la inmoralidad de Alcibiades, la misma inmoralidad de Temístocles; sea la que quiera la ingratitud del pueblo dejando morir en la miseria á Milciades; sea la que quiera tambien la ingratitud del pueblo respecto al virtuoso Arístides; sean los que quieran los vicios de las repúblicas de Esparta, de Tebas y Corinto, decidme, en aquellos tiempos, ¿quién tenia la idea? ¿Eran los medos, los persas, los asirios ó los egipcios? ¿Hubo ningun medo, persa, asirio ni egipcio que fuera tan libre como un espartano, ó un tebano ó un corintio? Pues así se argumenta.

»Grandes fueron los defectos de las repúblicas de Venecia, grandes las perturbaciones de la república florentina, grandes los desórdenes de la república de Pisa, grandísimos eran los inconvenientes que producia la república de Génova. ¿Pero hubo ningun español que fuera más libre entónces que un veneciano, ningun francés que fuera más libre que un florentino, ningun inglés más libre que un pisano, ni ningun aleman que fuera más libre ni tanto como un genovés?

»En todas partes las repúblicas han vencido á las monarquías en armas, en literatura, en ciencias, en artes, en industria y en comercio. ¿Quién dominaba en los tiempos medios los mares de Levante? Yo no veo más que la bandera y el gallardete de las naves de Génova, Pisa y Venecia. En Florencia nace la letra de cambio. En Génova se enseña y se propaga el arte provechoso de la banca. En Venecia se enseña el sistema de Hacienda y de crédito más perfecto que se habia conocido hasta entónces. ¿Qué hacian las monarquías entre tanto? Mirad lo que haciamos nosotros, lo que hacian los franceses y los ingleses. ¿Quién monopolizaba el comercio en los mares de Levante? Las repúblicas italianas que os he citado ántes. Y hasta en los grandes hechos históricos y trascendentales para la humanidad, está allí la mano y la huella de las repúblicas. Hubo un tiempo en que la Europa estuvo expuesta á perecer víctima de los hijos de Mahoma. Pasaban el Danubio sus huestes; llegaban á la entrada de nuestros mares y cerca de nuestras costas; dominaban el Mediterráneo y las costas del Asia menor. Y hubo necesidad de acudir á combatir con las naves de Lepanto aquel coloso que amenazaba tragarse á la Europa. ¿Quién estaba al lado de ellos, señores? ¿Con qué naves se aliaban sus naves? Con las naves de la república veneciana. Ellas entraban en el corazon de las huestes enemigas y enarbolaban el pendon veneciano que llevaba en la mano el heróico republicano Barberini.

»En todas partes, siempre que han contendido una monarquía y una república, la ventaja en todos los terrenos ha sido en favor de las ciudades que representaban la idea republicana. Ved lo que valen, señores, estas ciudades italianas, que por sí solas eran tan fuertes, hoy que están unidas á una monarquía. Pero este ejemplo, señores, lo tenemos en naciones que han sido una vez republicanas y otra vez monárquicas. Mirad á Holanda: cuando era republicana, luchaba con ventaja con Francia y con Inglaterra, y á su apogeo llegó la marina en tiempo de los almirantes Tromp y Ruyter. Ved Holanda monárquica: ¿qué significa en el concierto europeo? ¿Quién se ocupa de Holanda? ¿No habeis de convenir conmigo en que desde el momento en que se ha convertido en monarquía arrastra una vida lánguida, que se ha hecho precaria despues de la batalla de Sadowa, y que aquella que supo resistir á Luís XIV hoy está amenazada de ser absorbida por la Confederacion de la Alemania del Norte?

»Inglaterra, que tiene por principal elemento de prosperidad la marina, cuando la levantó en tiempo de la república, ¿por quién la levantó? Por el republicano más virtuoso que habia en la Gran Bretaña, por Blak. Blak acorraló á los almirantes holandeses, venció al príncipe Roberto y fué más grande que el mismo Nelson. Grande es Nelson, en verdad, señores, cuando combatió contra la Dinamarca contra las órdenes del almirante Parker; grande cuando destruyó la escuadra francesa en Avonkir; más grande cuando combatió con nosotros en Trafalgar, con nosotros, que abandonados por el irresoluto almirante francés Villenauve, fuimos por él vencidos y murió en aquella célebre batalla; pero al fin Nelson encontró la marina en un alto grado de prosperidad y de alza. Blak tuvo que crearlo todo en la marina inglesa en tiempo de Isabel, la reina que llamaban por antonomasia vírgen; Blak creó aquella marina y la puso tan potente, que era por entónces la primera del orbe. ¿Y quién hizo esto, á quién se debe? A Blak. ¿En qué tiempo? En tiempo de la república.»

Ya veis que Figueras es un distinguido orador, un argumentador contundente, un dialéctico que sabe aprovechar las más nímias ventajas. Su palabra es fácil, aunque no muy pura; su acento claro y simpático, si bien se resiente algo, no más que algo, del acento catalan. Es su aspecto agradable, digno, severo, tiene no sé qué atraccion misteriosa que seduce. Cuando Figueras hablaba—no me atrevo á decir cuando habla despues de 1873—todos acudian á oirle, amigos y adversarios. La accion de sus brazos es monótona, reglamentada, fea. Durante un período mueve el derecho, el izquierdo durante otro, y así sucesivamente alternan los dos soportando el trabajo por igual. En pocas ocasiones los agita á la vez. Concede gran importancia á la mano que está de turno, pues con ella da carácter á todos sus movimientos y actitudes: generalmente la juega de manera que parece saludar desde léjos á un amigo y decirle adios.

Como jurisconsulto tiene renombre envidiable, y la misma doña Isabel II y su esposo D. Francisco han utilizado sus servicios despues de 1868. Es un eminente abogado.

Y llego—¡ojalá no hubiera llegado nunca!—á 1873; al año de los grandes sucesos y del inesperado viaje á Canfranc; año de carlistas, de cantonales, de monárquicos sin monarca, de federales sin federacion, de muchedumbres sin bríos, de generales sin carácter, de soldados sin disciplina, de envidias y rivalidades, de gorras coloradas, de diputados por 15 votos y de ministros que no saben hablar ni escribir. Llego ¡oh vergüenza! al año en que Anrich, carlista, nombróse á sí mismo ministro de Marina.

Figueras habia pronunciado una palabra indiscreta, arriesgada, peligrosa.—«De aquí no saldremos—dijo á las turbas que asediaban la Asamblea—sino con la república ó muertos.»

Salieron con la república porque se la dimos nosotros, el entónces partido radical... El 23 de Abril se la tomaron ellos.

En Barcelona no andaban las cosas muy bien. Hacia falta un catalan que fuera al Principado. Figueras coge á Rubau Donadeu, y allá van dos catalanes: uno presidente del Gobierno, otro ninfa Egéria del señor presidente. Llegan... Discursos, promesas, genialidades, la anarquía. Contreras y Rubau mandan, Figueras se aturde. Satisfecho de su obra vuélvese á Madrid el gran republicano, aquél que el 11

de Febrero fué para todos sin excepcion la más sólida garantía de órden, de ley, de libertad, de respeto,
de consideraciones, de gobierno.

Ya en Madrid, todos dirigen ménos él, todos dispo-
nen ménos él, todos hacen más que él. Se atolondra,
se confunde, se hace un lio, no sabe por dónde anda
ni lo que se pesca. El ministerio de la Guerra fué invadido por todo el que quiso, la presidencia por todo
el que le dió la gana.

¿Qué era del ilustre Figueras? El hombre de la
república, ¿en qué se ocupaba? El caudillo de la valiente y afortunada minoría ¿qué hacia?... ¿Qué
hacia?

Una mañana se levantan los españoles y en-
cuéntranse con que el presidente del Poder ejecutivo
ha desaparecido como por ensalmo. ¿En qué circunstancias? Cuando los carlistas se extendian por toda la
Península como extiende la oscura noche su negro
velo; cuando el ejército prefiere bailar á batirse;
cuando los cantonales desgarran las entrañas de la
patria; cuando todo era desórden, anarquía, oprobio,
vergüenza....

Pero vamos á ver, D. Estanislao, ¿qué fué aquéllo?.. ¿Fué miedo cobarde? No, no lo creo en Vd.
¿Fué espanto? Tampoco lo creo: son las mujeres y
los niños los que se espantan y huyen ante la patria
en peligro. ¿Fué caso de conciencia? Ménos lo creo,
la misma conciencia tenia Vd. ántes del 11 de Febrero que despues del 11 de Febrero. ¿Fué arrepenti-
miento? ¡Ni que hubiera Vd. comido carne en vigilia de Cuaresma!... ¿Qué fué, mi Sr. D. Estanislao, qué fué aquéllo? ¿Fué que temió la venida de

un nuevo Herodes pronto á degollar todos los niños de sesenta años?

Alguien ha dicho que fué caso de conciencia, fundándose, sin duda, para decirlo en que es Vd. pio y ortodoxo. Y como yo me acuerdo de la Semana Santa de 1873, de aquel ejemplo que dió Vd. á todos sus correligionarios visitando las estaciones casi lloroso y compungido, me pregunto: ¿seria caso de conciencia? Responda Vd., simpático D. Estanislao....

¿No dice Vd. nada?... Pues hasta que conteste no le absuelvo. Queda Vd. en pecado mortal.

MANTEROLA.

Iba á librarse ruidosa y formidable batalla: la intransigencia contra la libertad, ayer contra hoy, el catolicismo contra el progreso. Todos la esperaban, nadie la sentia. El choque, sin embargo, debia ser terrible. Eran muchos siglos contra la audacia de uno, uno contra los agravios de todos. Los combatientes estaban dispuestos: de un lado Cánovas, Monescillo, Cuesta, Manterola; de otro Rios Rosas, Mata, Castelar, Becerra, Montero Rios, Echegaray.

¡Qué hermoso espectáculo! España iba á decir el por qué de su rompimiento con la tradicion, el motivo de su divorcio con la intolerancia, el derecho de conservar libres las ideas de su pensamiento y las preces de su conciencia.

Se presenta pidiendo plaza en nombre de la unidad cacólica un jóven fuerte, vigoroso, de aire profano y atrevido. Viste el traje de la Iglesia, es sacerdote. Tiene los ojos negros y vivos, la tez morena, la boca grande, arqueadas las cejas, rapada como un quinto la cabeza. El todo de su fisonomía es varonil, pronunciado, enérgico. Más que la de un sacerdote parece su cara la de un seglar animoso y fuerte. Preguntémosle cómo se llama: dice que es canónigo y que se llama Vicente Manterola.

En efecto, él es: teólogo, periodista, orador, católico intransigente, político apasionado, enemigo irreconciliable, carlista en el llano y en la montaña, hombre instruido y de talento en todas partes.

Mirad cómo empezó, qué elocuentemente:

«Yo, señores diputados, que vengo á decir la verdad, toda la verdad; yo, que os debo toda la lealtad de mi alma, no puedo ménos de afirmar que he oido con el corazon profundamente lastimado, no lastimado tan sólo, con el corazon destrozado, con el corazon hecho pedazos y manando sangre, los cargos tremendos que se han dirigido á la Iglesia católica, cargos injustos, cargos gratuitos, cargos infundados. Debo, pues, señores, ante todo, vindicar á la Iglesia católica, para quien es toda la sangre de mis venas, todos los latidos de mi corazon, toda la energía de mi espíritu, todo mi sér, todo mi yo; y despues, descendiendo á los señores de la comision, trataré de estudiar su obra partiendo de mi criterio católico; y estudiando su obra desde mi punto de vista católico, me permitiré decir que ese proyecto no me parece pueda satisfacer las necesidades más imperiosas, las aspiraciones más legítimas del pueblo español, porque me parece que ese proyecto es mezquino, y vosotros sabeis que es grande y fué siempre grande el pueblo español. Ese proyecto no es bastante católico, y el pueblo español... ¡oh! el pueblo español es el pueblo más católico del mundo.»

Este período, dicho con palabra fácil y desenvuelta, con calor y entusiasmo, terciado el manteo y en movimiento las manos, es un período que basta para acreditar á un orador. Demostró, pues, en tan breves palabras que sabia hablar; pero demostró tambien que, de naturaleza ardiente, sabia herir. ¿No es impropio en cualquiera, en un sacerdote altamente censurable, llamar *mezquina* á la obra de unas Córtes? Este fué el primer arañazo de sus garras, la primera manifestacion de su apasionamiento. Rios Rosas, que era uno de los autores de aquella *mezquindad*, á punto estuvo de tirarle el baston y detrás del baston el sombrero; pero se contuvo, reprimió un rugido y calló.

Desde sus primeros disparos Manterola no cesa de aludir á Castelar; quiere medir su brillante palabra con la inimitable del gran tribuno. Defiende al catolicismo del cargo justísimo de enemigo de la libertad y de la ciencia, y sin recurrir más que á su buena memoria, afirma en los siguientes términos que la creacion de los grandes centros del saber humano es obra de los Papas.

»¿Dónde estaba el protestantismo, señores diputados, cuando ya en el año 895 se fundaba la Universidad de Oxford? ¿Dónde estaba cuando se fundaron las Universidades de Cambridge el año 915, la de Pádua en 1179, la de Salamanca en 1200, la de Aberdeen en 1213, la de Viena en 1237, la de Montpellier en 1289, la de Coimbra en 1290?...

»¿Os fatigo, señores diputados? Es que las grandezas de la Iglesia católica abruman bajo su peso á todos los que las consideran; pero escuchadme todavía.

»Despues de la de Coimbra vienen la de Perusa, fundada en 1305, la de Heidelberg en 1346, la de Praga en 1348, la de Colonia en 1358, la de Turin en 1405, la de Leipzig en 1408, la de Inglostad en 1410, la de Lovaina en 1425, la de Glascow en 1453, la de Pisa en 1471, la de Copenhague en 1498, la de Alcalá en 1517, y en fin, otras y otras y otras, porque podria tambien recordaros las antiguas Universidades de París, Bolonia y Ferrara. ¡Ah, señores! ¿Qué ramo del saber humano no se habia cultivado ya, y no se habia cultivado con éxito portentoso por el clero católico? Qué, ¿necesitó la Iglesia católica la aparicion del protestantismo para cultivar las lenguas orientales, y dar al mundo esas Biblias políglotas que tal vez ni uno sólo de los corifeos de la reforma protestante tuvo ni tiempo, ni paciencia, ni instruccion bastante para leer?»

Estareis como yo, abrumados bajo el peso de tantos números y nombres de ciudades. Es que Manterola quiso demostrar un poco de lo mucho que sabe, y á las primeras de cambio, impaciente porque no se le creyera un cura de misa y olla, desembuchó todas las citas que pudo meter en espacio tan reducido. La Cámara comprendió desde luego que el adversario era temible y que Castelar tendria que hacer un esfuerzo. Manterola, cada vez más fuerte, cada vez más brillante, cada vez más desdeñoso para con las Córtes, recorria el limitado índice de las glorias de la Iglesia y ponia uno á uno sus capítulos en frente de las glorias inacabables de la libertad y de la ciencia.

Yo le oia desde la tribuna con verdadera satisfaccion. Gustábame aquel juicio de Dios de la Revolucion de Setiembre, me halagaba que hubiera en nuestra Iglesia, tan abundante en facciosos y guerrilleros como escasa en sabiduría, un jóven sacerdote á la altura de lo crítico y apurado del trance. Manterola hablaba con desembarazo, con entusiasmo, con vehemencia, como arengaban más tarde en Estella á los voluntarios de D. Cárlos, á los compañeros de Santa Cruz, Ochavo y Telaraña. Terciado el negro manteo, acometedor el ademan, profanas las formas, el brazo derecho en continuo y agitado movimiento, las Córtes le oian con gusto y benevolencia, las tribunas con curiosidad y admiracion, Suñer con el ceño fruncido, los suyos cayéndoseles la baba.

Castelar habia maldecido con las palabras más duras y enérgicas la expulsion de los judíos y de los moros. Manterola que tal oye se irrita y exclama:

«Extraña cosa es, señores diputados, que los judíos, tan sábios en aquellos tiempos, hoy llamen tan poco la atencion del mundo civilizado, porque yo, al oir al Sr. Castelar, me preguntaba: ¿dónde está hoy la arquitectura de los judíos, dónde las ciencias y las escuelas de los judíos? Aparte, señores, de algunos conocimientos químicos que han aprendido de los árabes, fuera de algunos diges y de *esa menuda industria de las babuchas*, yo no sé qué saben los judíos. ¡Y son estos, señores diputados, son estos los descendientes y sucesores de los que levantaron el magnífico templo de Jerusalem! Para concluir con la parte relativa á los judíos, yo me atreveria á proponer al Sr. Castelar que me diera cumplidas dos condiciones, y desde luego tenia en mí un partidario acérrimo, hasta fanático, en favor de los judíos. Los judíos tienen mucho dinero, y el Sr. Castelar tiene mucho talento; los judíos tienen mucha riqueza, y el Sr. Castelar posee grandes y profundos conocimientos políticos aplicados á la forma de gobierno de los Estados; haga, pues, S. S. que los judíos empleen una parte insignificante de su riqueza en levantar de nuevo el templo de Jerusalem, vaya S. S. á inspirarles el pensamiento republicano, consiga que los judíos lleguen de nuevo á constituir un pueblo con su cetro, con su bandera ó con su presidente, porque me basta con que lleguen á ser una república, y ya desde ese momento se ha matado la Iglesia católica porque se ha matado la palabra de Dios. La Iglesia católica no se mata en el Congreso español; se la podria matar de otra manera... Pero no: no se la podrá matar, porque Dios lo ha dicho, y áun cuando cielos y tierra pasaran, las palabras de Dios, creedlo, y si no lo creeis no importa, la palabra de Dios no faltará.»

Acabais de oir lo chavacano y lo elocuente, lo ridículo y lo respetable: *la menuda industria de las babuchas* y el magnífico templo de Jerusalem. Acabais de oir más, acabais de oir en medio de frases sentidas y bellas, un desprecio á las Córtes Constituyentes:—«Y si no lo creeis no importa, la palabra de Dios no faltará.»

No, hombre, no. Lo que no faltan son canónigos

que hacen á pelo y á pluma, á Córtes y á conspiraciones, á púlpito y á guerra civil. ¡Pero la palabra de Dios! Afortunadamente para los tales Dios anda por las nubes, que si no, confundidos serían en simas más hondas y terribles que la sima de Igurquiza.

De lo vulgar y lo elocuente pasó Manterola á lo descortés y poco respetuoso. Castelar ha estado en Roma y lo habia dicho:—«Yo estuve en Roma y me dió horror y frio.»—Manterola tiene la osadía de pronunçiar estas palabras que copio *ad pedem litere* del *Diario de Sesiones* del 12 de Abril de 1869:

Manterola: El Sr. Castelar nos dijo haber estado en Roma, y yo, francamente, señores, creo que el Sr. Castelar nunca ha estado en Roma. *Castelar*: Sí, el año pasado por ahora.) Digo, Sr. Castelar, y le digo con profundo respeto, y hasta con cariñosa expresion...

El Presidente: Señor diputado, ruego á V. S. que se dirija á la Cámara.

Manterola: Digo, pues, á la Cámara, que no creo yo que el Sr. Castelar haya estado nunca en Roma.»

¿Han oido Vds. jamás nada semejante? Un hombre de bien, un caballero afirma en plenas Córtes, á la faz del país, que ha estado en Roma; Manterola se levanta y le contesta:—«No creo yo que Vd. haya estado nunca en Roma.»—Pero señor cura, ¿qué es eso? ¿qué se ha figurado Vd.? ¿piensa que está disputando con los monagos de la catedral de Vitoria? ¿es ese el respeto que le merecen los diputados de la nacion? ¡Pues hombre! ni que estuviéramos en asamblea de canónigos que acaban tirándose los bonetes!...

Más adelante y despues de hacer una calurosa y

notable defensa de los progresos realizados por la Iglesia, dice con la frescura mayor del mundo:—«Yo, señores diputados, soy apasionado partidario de la libertad, y no lo digo por jugar con la palabra; soy partidario de todas las libertades, de todas, absolutamente de todas; pero no quiero ninguna absoluta.»

¿Habráse visto? ¿Qué entenderá Manterola por libertad relativa? ¿la de entrar en Cuenca, saquear, incendiar, asesinar á mujeres indefensas y á tiernas criaturas? ¿la de arrojar bombas de petróleo sobre Puigcerdá? ¿la de robar á los viajeros de los trenes? ¿la de fusilar á los tristes carabineros de Olot? ¿Entiende quizá por libertad relativa la de Rosa Samaniego echando á los pobres soldados prisioneros en la sima sin fondo ni entrañas de Iguzquiza?... Vamos, les digo á Vds. que este canónigo es de lo más gracioso que hay.

Pero es tambien el más elocuente, el más profundo, el más brillante de todos los curas que se han dado á luz. Su entendimiento es claro; su comprension, rápida; su talento, cultivadísimo. Si los obispados se dieran al saber, Manterola debia ser obispo. Ha leido muchos libros, sagrados y profanos, es buen teólogo, y polemista respetable. Alguna vez, sin embargo, echa mano de argumentos que, en fuerza de ser violentos y ridículos, resultan contraproducentes. Prueba al canto.

«España (y este es un hecho, y los hechos se aceptan tal cual son, no tal cual nosotros quisiéramos que fuesen), la España ha sido católica; aquí, en España, no se profesaba públicamente ningun culto que no fuera el culto de la Iglesia católica; el Estado reconocia la religion católica como religion propia, exclusivamente suya. Pero si este proyecto llega á ser Constitucion definitiva de España, se presenta esta Cámara, se presenta el Gobierno diciendo á los españoles: «Españoles, sabedlo, nosotros hasta aquí creimos que la religion católica era la única religion verdadera, y en este concepto tratamos de basar sobre ella el órden moral y social en España; pero desde hoy ya, prescindiendo de nuestras creencias particulares, de las que podamos tener como individuos, desde hoy abrimos las puertas de España á todos los demás cultos, á todas las demás religiones, y podrán venir todos los cultos y todas las religiones, podrán venir con sus sacrificios, áun cuando estos sacrificios sean de sangre humana.»

Los rumores de indignacion de la Cámara interrumpieron su fácil palabra. Era demasiado, lo iba echando á perder. A la sabiduría de aquellas Córtes inmortales, á su templanza y benevolencia no se debia ir con argumentos tan vulgares é inexactos, con proposiciones tan absurdas. Comprendiólo así el perspícuo canónigo, y recogió velas. Tomó otro rumbo. Para probar las razones que tuvo la Iglesia al condenar la revolucion de 1789, Manterola hizo un período sin duda alguna elocuente. Quiero ser imparcial y lo copio á continuacion. Aplaudamos al orador, censuremos al sacerdote y al político.

«No vengo á hacer historia, segun la frase hoy recibida, señores diputados; vengo á recordar lo que todos habeis leido, lo que ha sido objeto de estudio para todos vosotros. Cuando la Francia contemplaba asombrada en el anonadamiento de un estupor inefable aquella aberracion suprema; cuando la Francia veia conducir en triunfo y entre aplausos una inmunda prostituta con el nombre de la «diosa razon;» cuando la vió colocada en sus altares, recibiendo los honores de la Divinidad; cuando más tarde vió su presentacion en la Cámara, en el Congreso; cuando Chaumet, dirigiéndose á la Asamblea, pronunció estas palabras:—«Señores diputados constituyentes, hoy por primera vez ha resonado bajo las bóvedas góticas (se referia al templo de Nuestra Señora de París), hoy por primera vez ha resonado el acento de la verdad, donde tanto se habia mentido; hoy han muerto los dioses, y la Francia no adorará más que estas bellas creaciones de la naturaleza.»—Y decia esto refiriéndose á la «diosa razon,» refiriéndose á aquella miserable criatura. Cuando Chabot, el desgraciado apóstata, tomando ocasion de las palabras de su digno correligionario Chaumet, presentó á la Cámara una proposicion de ley pidiendo que el Parlamento decretara la supresion de Dios, como si se tratase de la supresion de una contribucion de consumos, cuando esta proposicion fué estimada y tomada en consideracion por unanimidad y unánimemente aprobada, entónces la Francia se extrañó de Dios, le excluyó de su seno. ¡Qué locura, señores diputados!»

Bajo el punto de vista del arte, este final de su discurso es enérgico, bello, de gran efecto:

«Señores diputados; yo creo que si la España, que si nuestra desventurada patria tiene la desgracia inmensa de dejarse fascinar por unos bienes temporales que no vendrán; que si tiene la desgracia de lanzarse en los descarnados brazos del libre-cultismo, ese dia la España de los recuerdos, la España de las antiguas glorias ha muerto, ese dia su nombre habrá desaparecido del mapa de los pueblos civilizados, ese dia ¡Dios no lo permita! caerá esta pobre nacion abrazada á su osario, el ángel exterminador habrá congregado sus frias cenizas, las habrá amontonado en la tumba inmunda del olvido, y sobre la tierra de aquel sepulcro desconocido escribirá con caractéres de fuego: *aquí yace un pueblo apóstata que renegó de sus bienes eternos por alcanzar los temporales y se quedó sin éstos despues de haber perdido aquéllos.*»

El aprovechado é intrépido canónigo rectificó despues muchas veces, siempre como orador parlamentario, mejor dicho, siempre como orador profano. Porque Manterola no es, aunque debiera serlo, un orador sagrado. Le faltan para ello muchas cosas: la serenidad del ánimo, la templanza, la dulzura, la modestia, todas las exterioridades que tantas simpatías conquistaron á Monescillo. Manterola es una naturaleza díscola, ardiente, apasionada, acometedora, irritable. Como orador político es notable, como orador sagrado carece de no pocas prendas; carece, además de lo ya dicho, del ademan, del gesto, de la postura, de la calma propia de su ministerio religioso. Gustó entónces su palabra fácil y elocuente; pero el auditorio echó de ménos en él la compostura y los argumentos de buena ley y bien intencionados del sacerdote.

No fué á los constituyentes á persuadir, á dulcificar, á recomendar el amor; fué (sin duda contra su propósito) á herir, á lastimar cosas y personas, á hablar el lenguaje de la pasion y de la ira. A nadie le pasó por la mente cuando hablaba que oia á un sacerdote; todos consideraban en él al político vehemente, al futuro faccioso. De aquí que sorprendiera y áun cautivara la inesperada destreza de su palabra, que disgustara á todos sus ataques violentos y apasionados ya directos, ya indirectos, á la revolucion y á sus hombres. Agradaba el orador, prevenia el sacerdote. Manterola, quizá por su edad relativamente corta, en lugar de preparar bien los ánimos los encendia y exaltaba.

Aquel manteo gallardamente recogido, como recoge el chispero la capa; aquel gesto fiero y arrogante; aquella mirada oscura y violenta; aquel desenfado propio de un seglar que ni debe ni teme; aquel acento de mal reprimido despecho; aquel conjunto, simpático sí, porque siempre gusta el saber, la junventud y la fuerza; pero descompuesto por la pasion del ánimo y el descuido de las formas, si por un lado le dieron notoria popularidad como orador político, quitáronle por otro no poco al sacerdote y al cristiano.

Los suyos, esto es, los carlistas, hicieron una gran tirada de su magnífico discurso, que circuló rápidamente por toda España sirviendo de estímulo para los tibios, de acicate para los dispuestos, de llanto, de admiracion y de consuelo para las beatas. En todas partes tropezábamos con su discurso y su retrato, extendióse su fama hasta el último rincon, considerábanle los carlistas más profundo que Santo Tomás, más sábio que San Agustin, más elocuente que Bossuet.

Manterola y Suñer, cada uno por su estilo, fueron

los héroes de la caricatura y de la fotografía. Un chistoso hubo de tener la peregrina ocurrencia de unirlos en una fotografía dándose el brazo, amantes y confundidos como Julieta y Romeo, y la tal ocurrencia obtuvo un éxito extraordinario. Vendióse en cantidad de muchos miles. Pasó como una broma.

Concluido aquel debate luminosísimo, inmortal; aprobado el artículo 21 de la Constitucion, Manterola se retiró de las Córtes. ¿A dónde? Al periódico, á la política clara y sin ambajes ni rodeos. Era uno de los primeros carlistas, y por su saber de los más ilustres. Entónces se prepararon intentonas á favor de D. Cárlos, se reunieron los formidables elementos que habian de estallar con terrible explosion en la última guerra civil.

Manterola dejóse de disimulos y fué á Estella á predicar la guerra santa. Recibiéronle con los brazos abiertos, colmáronle de atenciones y obsequios. En la faccion habia de todo: caballeros, farsantes, hombres de bien, salteadores, bandidos, condes, duques, marqueses, príncipes, monjas, curas, obispos: faltaba un canónigo y tuvieron á Manterola. Espectáculo completo, córte cabal, ejército invencible.

Concluye la guerra porque tenia que concluir, porque los carlistas no triunfarán jamás, y Manterola se acoge al indulto y presta juramento al rey D. Alfonso. Entra en España y se dirige á Madrid, donde el cardenal Moreno, á ciencia y paciencia de Cánovas, le nombra cura de la parroquia de San Andrés. El curato es poco para un hombre de la actividad y la iniciativa de Manterola, y de la noche á la mañana arremete contra el espiritismo en una obra que anda por ahí y que se vende por entregas. ¡Oh pequeñez de las cosas humanas! ¡El catolicismo vendiéndose por entregas, ni más ni ménos que *Diego Corriente* ó *Los Siete niños de Ecija*!

Y á propósito de Ecija, pásmense Vds.

Manterola, aquel Manterola batallador, aquel Manterola carlista, aquel Manterola faccioso ha hecho un cuarto de conversion y abrazado la causa del rey don Alfonso.—«Eso no puede ser,» contestarán ustedes.—Pues puede ser y es. Nuestro canónigo ha debido comprender que no están los tiempos para melindres, y en Ecija, patria de los *Siete niños* como ha recordado santamente con este motivo un periódico carlista, Manterola ha abjurado de sus ideas políticas.

El acto tuvo lugar en un banquete civil, municipal y andaluz, al choque de las copas de Jeréz ó de las cañas de manzanilla, segun *El Fénix*, periódico católico del dia 29 de Setiembre último. Esto parece imposible, pero es verdad. *El Tiempo* lo ha dicho.—*¡Cómo empezó y cómo acaba!* exclamará Echegaray.

Por mi parte voy tambien á acabar.

Como orador Manterola es notable, fácil, diestro, ilustrado. Afluye la palabra á sus labios naturalmente y sin violencia; su gran memoria le ayuda mucho en las citas con que avalora sus discursos; la energía de su alma y el fuego de sus pasiones prestan á su elocuencia acentos vigorosos y arranques de mérito. Es más sofista que lógico, y en las rectificaciones suele rebasar el nivel del discurso que quizá prepara en el silencio del gabinete con los cuidados y pulimentos del amor propio. Se crece en las rectificaciones, aprovecha las faltas del contrario, le estrecha y aprisiona en sus contradicciones ú olvidos. Es un orador político de primera fuerza y un orador sagrado de mérito relativo.

Fué en las Córtes digno y elocuente competidor de Castelar; ha sido en el carlismo correligionario de Ochavo y Telaraña.

MARTOS.

De tribuno, la palabra;
de veneno, la intencion;
la cara, de mozalvete;
el génio, de destruccion.

(De un *Almanaque* del 76.)

Contempladle en lo alto de la tribuna.

Es bajo y rechoncho; pero cuando perora lo hace empinado, erguido, insolente... He dicho insolente, y no me retracto. No he visto nada tan insolente, tan arrogante, tan provocador como las actitudes de Martos en la tribuna. Es el gladiador de la palabra.

No creais, sin embargo, que su figura es una figura del otro jueves. Nada de eso. En su redonda cara no hay un pelo, uno sólo. Parece una monja entrada en años. Dále el ensortijado cabello aspecto de seductor, el creciente abdómen el de fraile, los lábios el de tonto. Y aunque de seductor algo tiene, de fraile y de tonto está tan libre como de bigote. Mirado en la tribuna apenas representa cuarenta años, y un curioso me asegura que pasa de los cincuenta. Ponedle unos quevedos, vestidle con cierta elegancia, y tendreis á Martos.

Es uno de los hombres más notables de nuestra política: orador eminente, jurisconsulto distinguido, hábil como pocos, audaz en la palabra, tímido y pecaminoso en la accion. Ha podido hacer mucho, y no ha hecho nada, digo mal, ha hecho porque ha destruido. El no lo quiere creer y yo siento decírselo; pero su naturaleza es destructora. Sabe ganar batallas, mas no sabe aprovechar las victorias. Es la suya la oratoria más demoledora que ha habido en España. Piqueta récia é infatigable, todo vacila, todo cae, todo se derrumba á sus golpes certeros y terribles. Martos necesita, para que sus triunfos sean fecundos, que la amistad y el consejo sereno detengan los instintos de su condicion, superiores á su voluntad, que es noble; á su alma, que es grande; á sus propósitos, que son rectos y elevados. La experiencia, los años, lo clarísimo de su talento han debido modificar—que todo cambia con la accion del tiempo—su naturaleza inquieta y perturbadora.

¡Si viérais qué bien habla! Su frase es limpia, pura, correctísima; su voz tiene un metal como no he oido otro, ni tan robusto, ni tan agradable, ni tan penetrante; su accion, ménos artística que su palabra, es, sin embargo, propia y expresa todos los movimientos del ánimo; sus ademanes, sus actitudes, sus gestos, son arrogantes y retadores. Diríase que está hecho para la lucha de la palabra, que este combate hermoso y sin igual es el elemento en que se alimenta y vive su sér.

Sus adversarios le temen como á ninguno, sus amigos le admiran con respeto. Cámara en la cual no está Martos no corre el peligro de las grandes tempestades; Cámara que se honra con su presencia ya puede preparar los chanclos, el paraguas y el para-rayos. Alguien le ha llamado Eolo. Está perfectamente llamado así. De su boca suele salir á veces la fresca brisa; pero salen siempre los aires colados, los vientos fuertes, la tormenta. No puede evitarlo, no sabe evitarlo. Es como es, como Dios le hiciera. Decidle al mar que se calme, á la luz que no brille, al fuego que no queme. Direis un desatino. Pues lo mismo sucede con la palabra de Martos. Decidla que no tenga intencion, que no hiera, que no mate. Habreis desatinado de nuevo.

Martos—todo el mundo lo sabe—no es grande por la intriga ni por la fortuna: es grande, vive en las alturas, por su talento perspícuo, por su oratoria elocuentísima, por sus aptitudes sobresalientes.

Una causa célebre, la de la Bernaola, conquistóle puesto distinguido entre los jurisconsultos. Mucho ántes una revolucion desgraciada, la de 1854, habíale dado cierta notoriedad entre los liberales más inquietos y descontentadizos. Dos cosas sacó de aquella revolucion: un destino modesto y el original para una obra—bastante mala en verdad—que escribió entónces con el título de ***Historia de la Revolucion de Julio***. Como veis no pudo sacar ménos. Tampoco sacaron más Orense, Chao y Ortiz de Pinedo, sus amigos políticos en aquella época.

De 1856 á 1866 vivió consagrado al foro; pero habiendo tomado una parte principal en los sucesos del 22 de Junio, salió de España para la emigracion, á donde acompañóle Ayala que fué el que le salvara entónces. Volvió en 1868 con el carácter de uno de los demócratas más notables. Firmó en Noviembre del mismo año el manifiesto en que Rivero, Becerra, él y otros se declaraban partidarios de una monarquía democrática. Yo le oí estas palabras en el Circo de Price:—«Prefiero una buena monarquía á una mala república, enfrente del Sr. Orense que prefiere una mala república á una buena monarquía.»—Contribuyó, pues, en primer término á la division de los demócratas, que desde entónces quedaron clasificados en cimbrios y federales. Elevado Rivero al puesto de presidente de las Córtes, Martos capitaneó en éstas el grupo cimbrio que tantó ha figurado en toda la revolucion de Setiembre.

Individuo de la comision de Constitucion, bien pronto dióse á conocer como orador eminente defendiendo la obra magna. Son varios los discursos que pronunciara entónces, descubriendo ya su carácter intencionado y maquiavélico. Rios Rosas se lo dijo un dia:—«El Sr. Martos, con esa intencion bondadosísima que tanto le distingue...»—La risa fué general, la amarga ironía de estas palabras causaron gran efecto. Pero no es Martos solamente intencionado, es tambien elocuente y profundo. Vais á oirle decir, discutiendo con D. Cirilo Alvarez, por qué los derechos del individuo son ilegislables:

«Derechos ilegislables, decia S. S. ¿Cómo? Si se legisla acerca de ellos, si se legisla con motivo de ellos, si cabe la represion con ocasion de los delitos que pueden cometerse en su ejercicio, ¿cómo han de ser ilegislables? Pues he decir á la Cámara que cuando la revolucion de Setiembre ha proclamado los derechos individuales; que cuando hombres políticos de diversas procedencias han coincidido en el principio comun de los derechos individuales, y se han resuelto á presentar una Constitucion basada en estos derechos individuales ilegislables, y realmente anteriores y superiores á la organizacion de los poderes públicos, ha sido porque han creido que los derechos individuales, que los derechos naturales, residen esencialmente en el individuo y se derivan directamente de su propia naturaleza moral. Por eso son ilegislables, porque no nacen de la ley, porque no dependen de la ley; y como no dependen de la ley, tampoco la ley puede privar de ellos al individuo. Nacen con la constitucion orgánica del individuo; nacen, viven conmigo y morirán tambien conmigo, á ménos que una ley tiránica, atentatoria é inícua, me los arranque, y entónces tendré el derecho de protestar siempre contra ese atentado, contra esa iniquidad de la ley, y sublevarme contra ella cuando pueda.»

Yo estoy persuadido, íntimamente persuadido de que Martos no piensa hoy en este respecto como pensara en 1869; pero convenid conmigo en que esa definicion está elocuentemente hecha, con frase castiza, correctísima. La facilidad con que la palabra acude á sus labios, la voz, un tanto ahuecada, que emplea y la pureza de la diccion, son admirables. Sigue defendiendo la doctrina democrática, y combate la teoría del abuso, el miedo al abuso que asalta á su competidor, en este período notable:

«Decir lo contrario, creer que porque cabe el abuso, porque cabe el error, porque cabe la delincuencia en el movimiento orgánico de la vida moral del hombre, y por consiguiente, en el ejercicio de los derechos que se llaman individuales y naturales, es preciso limitarlos, reprimirlos y dictar reglas generales en ese ejercicio, es como si se dijera que era preciso someter tambien á las leyes imposibles la vida y el organismo material del hombre, que no ha de cohibirse, que no ha de limitarse, que no ha de someterse á otra ley sino á aquella ley de la naturaleza de donde procede y por la cual vive ese fenómeno de la circulacion de la sangre; porque á veces la sangre circula con frecuencia y abundancia excesiva, y esa frecuencia y esa abundancia quitan la salud y producen la fiebre. Pues bien: el ejercicio de los derechos individuales, el uso de las libertades puede producir en ocasiones la fiebre, quitar la salud de los individuos y comprometer tambien la salud de la sociedad humana, y hay que dejar que ese fenómeno, que esa crísis se resuelva como se resuelven las crísis de la naturaleza del hombre; que no hay nada que sea tan salvador en la política y en la vida como la ley de la naturaleza.»

Pero cuando hay que oir á Martos, cuando parece imposible que haya tanta ironía, tanto veneno, tanto arte en su pensamiento y tan gran dominio de la pabra en su voluntad y en su propósito, es cuando quiere hacer daño, maltratar, ridiculizar, destruir á su adversario. Entónces el auditorio no pierde una sílaba, ni siquiera se considera seguro en su neutralidad. Todos temen y tiemblan. Cada frase suya es un dardo, cada recuerdo una puñalada, cada apóstrofe un golpe mortal. No conoce la compasion. Se ceba, se encarniza con el enemigo, y entre risas y aplausos lo arroja palpitante enmedio del hemiciclo. Era difícil luchar con Rios Rosas, vencer á aquel que todos respetaban. Martos se atreve y le desafia, Las Córtes se conmueven, el público duda, la espectacion es general.

Tratábase de la disolucion de las Córtes constituyentes, y Rios Rosas acababa de decir que era un golpe de Estado parlamentario. Martos le replica:

«¡Golpe de Estado parlamentario llamó el Sr. Rios Rosas á la proposicion que se discute! ¿No recuerda S. S. el decreto que con otros importantes hombres de Estado suscribió el 2 de Setiembre de 1856? Pues por aquel decreto, en cuyo notable preámbulo se consignaba la doctrina de que la Asamblea Constituyente podia ser disuelta por un acto de la régia prerogativa, aplicando esta facultad de tiempos ordinarios y normales á aquel período especial de una Asamblea Constituyente y soberana, por aquel decreto el Sr. Rios Rosas, ó por mejor decir, la reina bajo la responsabilidad de sus ministros, uno de ellos el Sr. Rios Rosas, disolvió la Asamblea Constituyente y soberana de 1854. Aquello sí que merece la calificacion de atentado contra la soberanía del Parlamento, porque aquello noestaba en las facultades de la Corona, porque la Corona convocó Córtes Constituyentes como medio de salvacion; porque aquellas Córtes Constituyentes pudieron ocuparse y se ocuparon de todo, pudieron resolver y lo resolvieron todo: acerca del principio de gobierno, pudo votar la república la mayoría de los diputados así como la votó la minoría, y acerca de la persona que habia de ocupar el trono, acerca de la dinastía, pudo sentar otra dinastía en el trono si lo hubiera tenido por conveniente la mayoría, así como creyó más acertado conservar la dinastía reinante: aquella era una Asamblea soberana, y aquella Asamblea soberana fué disuelta por un decreto régio. ¡Ah! bien veo que á pesar de no ser aficionado el Sr. Rios Rosas á los golpes de Estado parlamentarios, S. S., segun se advierte, prefiere los golpes de Estado gubernamentales. (*Risas.*) Por eso con gran elocuencia decia aquí que él no vendria nunca á dar golpes de Estado vergonzantes, á violar la Constitucion por la mano de la Asamblea, sino que si alguna vez queria desgarrar la Constitucion, nos presentaria sus pedazos clavados en las puntas de las bayonetas; y aquello fué aplaudido por vosotros ¡señores republicanos! Ya lo comprendo; aplaudíais allí la inmensa elocuencia del orador, porque perteneceis, y pertenecemos todos, á esa entusiasta é impresionable raza latina que gemia bajo el látigo de Neron tirano, y coronaba de flores y aplaudia á Neron artista.»

¡Qué recuerdo tan sangriento! ¡Qué intencion tan profunda! ¡Qué ironía tan mortificante! Todo el mundo se convenció de una cosa: de que Martos, además de ser elocuentísimo, es un orador temible cuando se propone abrumar con las sales de sus chistes y el peso de su fuerza. Rios Rosas le contestó «que tenia la epidermis muy dura y estaba muy baqueteado en las lides parlamentarias para que Martos lograra mortificarle.» Pero, es lo cierto que el orador demócrata habia clavado en epidermis tan dura flechas envenenadas.

En aquella misma sesion otro diputado, Calderon Collantes, permitióse genialidades de índole irrespetuosa al comentar la noticia, leida en un periódico, de que el rey Amadeo haria su entrada á caballo. Martos le ridiculiza con un chiste. Héle aquí:

«Ocurriéronsele á este propósito á S. S. cosas que provocaron la hilaridad de una parte de la Asamblea: gran irreverencia en un monárquico tan viejo como S. S. Yo no sé de qué infundados temores pudo verse asediado por la noticia de que el rey iba á entrar á caballo, ni tampoco me puedo imaginar cuál es la razon de su preferencia hácia un rey de infantería.»

Hay tambien en la palabra del imberbe D. Cristino acentos elocuentísimos para expresar el dolor, para expresar penas y amarguras de su alma. La muerte alevosa del inolvidable general Prim habia arrancado pésames sentidos, lamentaciones bellísimas de todos los lados de la Cámara. Tócale á Martos su turno, y pronuncia esta oracion, conmovedora á la par que enérgica y viril:

«No voy á pronunciar un discurso, señores diputados; la pena me ahoga, y no puedo expresarla con palabras; que se agolpa á mi corazon, y deshecha en lágrimas quiere asomarse á mis ojos.

»Yo no puedo preocuparme en estos momentos de la gravedad y de la trascendencia del triste suceso que todos lamentamos, porque me acuerdo sólo, me acuerdo principalmente de aquella ilustre dama, de aquella amiga nuestra que fué en la emigracion, que fué en nuestra emigracion, cuando soñaba con la vuelta á la patria que tan funesta ha sido para el general Prim, aunque tan gloriosa; que fué en la emigracion ángel de los desvalidos; porque recuerdo aquellos pobres niños que tambien soñaban con alegría infantil con la vuelta á la patria, y que al volver á la patria, á poco de regresar á la patria, han visto morir á su querido padre bajo el plomo de cobardes y miserables asesinos; porque pienso que el que expuso su vida en cien batallas en favor de la libertad y de la patria, de las cuales salió con el cuerpo acribillado de heridas, pero vivo, ha muerto oscurecido al caer de la noche, en una calle de Madrid, herido en su coche sin poder defenderse, él que era el valor mismo, muerto á manos de cobardes asesinos!

»¡Ah, señores! ¡Qué misterios tan grandes encierran los decretos de la Providencia! ¿Quién habia de esperar que tan gloriosa vida terminase de tan triste manera?

»No quiero recordar, entre ciento, ninguno de los hechos que ilustran, que honran, que glorifican la memoria del general Prim; no quiero hablar de su grandeza militar, ni de su bizarría ante el peligro, ni del valor con que corria intrépido al fuego enemigo, que siempre le ha respetado, ménos cruel que el plomo de sus asesinos; quiero recordar tan sólo que el que ha muerto á manos de esos miserables, ha sido siempre todo misericordia, todo clemencia en el gobierno. Yo era ministro con él hace un año: habíase realizado una grande insurreccion en España, y habia venido acompañada de grandes crímenes y de grandes violencias.

»Pues bien, señores diputados; yo me glorío en recordar aquí que si alguna duda pudiera haber respecto á la suerte de aquellos criminales, el general Prim la resolvia siempre por la clemencia; por su voluntad, por su deseo, por su ruego, casi de rodillas se puso algunas veces el general Prim, no se derramó ninguna gota de sangre, porque todos, absolutamente todos, fueron perdonados los que por error político ó por otras causas habian apelado á las armas y cometido excesos. No quiero hacer más que este recuerdo, porque respecto á la cuestion de gobierno, claro es que estoy á disposicion del gobierno; todos los diputados estamos á su lado; todos hemos de salvar con él la patria y la libertad, porque hemos de recordar que la mejor honra que podemos hacer al ilustre muerto á quien en este momento estamos llorando, es seguir sus tradiciones, que han sido siempre dar su vida por la libertad.»

En aquellas Córtes pronunció además un profundo discurso en defensa del matrimonio civil.

En Córtes posteriores y en otras partes, no sólo no ha decaido, sino que ha progresado su elocuencia, que es, sin embargo, parlamentaria más que tribunicia.

Como tribuno no creo que valga mucho: como parlamentario quizá no tenga hoy rival.

¡Lástima grande que no hayan aprovechado lo

mismo sus actos como político y como ministro! No quiero hablar de la monarquía de D. Amadeo, entre todos destruida y desprestigiada, por el mismo Castelar, hoy tan respetuoso, herida mortalmente al llamar á los Saboyas *príncipes hambrientos*. No quiero hablar de las sesiones de la Tertulia progresista, ni del atentado—que debió evitarse—de la calle del Arenal, ni de las miserias y rivalidades intestinas, ni siquiera de la benevolencia y casi parentesco con los federales más rabiosos.

No quiero hablar de nada de eso. A lo pasado se le dice adios, y en la experiencia aprendemos y nos reformamos.

Tiempo hacia que la persona de Rivero molestaba, por su carácter, sin duda, al maquiavélico y elocuente cimbrio. Elevado por sus propios méritos, Martos no quiso sufrir más ningun género de imposiciones. Declaróse independiente la noche del 11 de Febrero. D. Nicolás, tomando á pecho su posicion de presidente de la Asamblea soberana, atribuyóse una dictadura moral que, extremada, debia romperse; empeñóse en que los que acababan de ser ministros de la monarquía ocuparan de nuevo el banco azul. Los ministros se niegan, Rivero insiste; algunos piden la palabra y se la niega; promuévese largo tumulto que presencié desde la tribuna; todos quieren hablar, explicarse, y Rivero, dando golpes y campanillazos, llega á pronunciar estas palabras:—«En este momento asumo todos los poderes como presidente de la Asamblea. Mando que los ministros ocupen su puesto.»—Nueva y más grande confusion. Martos exclama en medio de los aplausos de la Cámara:—«Es sensible, señores diputados, que el dia mismo que desaparece la institucion monárquica se levante aquí la sombra de la tiranía.»

El efecto de estas palabras es instantáneo y terrible. Los aplausos no dejan continuar el orador revelde; D. Nicolás comprende su situacion y abandona en el acto la presidencia. Martos triunfó; pero la república empezaba mal.

El mes de Marzo, siendo Martos presidente de la Asamblea, los elementos más conservadores del nuevo órden de cosas, los radicales, proyectan con Moriones un golpe decisivo que pusiera límite á la naciente anarquía. Martos vacila, se encoge de hombros y retírase perplejo y débil á su casa. El 23 de Abril fué una funcion de fuegos artificiales exornada con navajas de afeitar que no tenian punto de reposo quitando bigotes y patillas.

Llega el 3 de Enero, y como Martos valia, como Martos valdrá mucho mientras viva por su talento y su palabra, entró á formar parte de la nueva situacion con algunos radicales, no con todos porque la division entre ellos era ya pública y notoria. Cae el 13 de Mayo, y á pesar de las promesas de alguna elevada señora y de algun alto personaje, Martos no volvió al poder. En su casa le cogió el 29 de Diciembre de 1874. Encerróse en ella, dejó pasar entre dudas y vacilaciones las Córtes de 1876, y en las de 1879, despues de resucitar el antiguo partido progresista-democrático proclamándose su jefe, preséntase como siempre: fresco, intencionado, demoledor, elocuentísimo.

Al sólo anuncio de su eleccion el Gobierno se

prepara, los ministeriales tiemblan, las oposiciones se animan, el público se regocija. Ahí tenemos ya al gran luchador de la palabra.:. Ahora verán Vds. lo que es bueno, señores conservadores; sacad hilas y árnica, tened dispuesto el botiquin, que los agravios de cuatro años os van á herir mortalmente... Le dicen que jure; pero ántes de jurar pronuncia en son de protesta estas hermosas palabras:

«El juramento supone un estado de exaltacion del alma, y así se concibe jurar:—«Juro que he salvado á Roma.» «Juro dar la vida por la libertad.»—Se jura por estas eternas é inalterables esencias, y no por accidentes fugaces y por formas mudables, y como mudables perecederas.»

¡Qué final de discurso tan varonil y elocuente!

La campaña parlamentaria que ha hecho despues, inmensa resonancia ha tenido, y hasta un banquete le dieron sabiendo que le gusta comer mucho y bien.

Yo creo que Martos no es un gran carácter, porque si fuera un gran carácter no veríamos lo que vemos: un dia el cuerpo vivo de un partido que resucita por la fuerza de su iniciativa, otro dia el cadáver de ese mismo partido que muere por la fuerza de su inconstancia. ¿En qué quedamos, D. Cristino, somos ó no somos? Ya sé yo que de sábios es mudar de consejo, y Vd. sabe mucho. Tambien sé que las circunstancias mandan. Pero convenga Vd. conmigo en que ese teje maneje, ese ir y venir, ese cambiar de pensamientos no son propios de un hombre de su altura, de sus méritos, de su indisputable talento. ¿Por qué no toma Vd. de una vez la postura que mejor sienta á su condicion de envidiable parlamentario, y hace alta política, política fecunda, política de afirmaciones que es la que necesita nuestro pobre país?

Créame Vd., imberbe D. Cristino: Vd. no puede ser intransigente ni demagogo, Vd. tiene que ser conservador y hombre de grandes y elevadas miras. Deje las asperezas y las esquinas para los políticos de tercera y cuarta fila; tome la diplomacia y el ten con ten de los políticos que tienen las relevantes cualidades que á Vd. le adornan. De este modo edificará, del otro no hará más que destruir. ¡Y triste destino el de los pueblos que se agitan entre escombros, hoy de la libertad, mañana de la reaccion!

La palabra de Martos tiene una ventaja sobre la de Castelar: la de que no va más allá de donde quiere. Castelar corre á veces hasta perderse: Martos no se pierde nunca. Y se domina tanto el orador radical, que asombra verle volar, volar mucho, elevarse, desaparecer á nuestra vista; pero de pronto se detiene, empieza á bajar, á descender, y ni se ha extraviado arriba ni cae de golpe en el suelo. Dice todo lo que quiere y como quiere sin que la campanilla del presidente se aperciba del peligro hasta que las risas ó los aplausos del auditorio lo anuncian. Juega con todo y nada le arredra. Acordaos de una famosa indi recta directa que dijo á Rios Rosas en las Constituyentes de 1869, en plenas Córtes. Es un prestidigi tador de primer órden, un escamoteador sin rival que tiene el vicio de ponerse y quitarse los quevedos cada dos minutos.

Su flaco es la pereza, su diversion, el tresillo. Cuéstale trabajo vestirse, y cuando juega al tresillo ya puede hundirse el cielo. Le cojerá debajo; pero no suelta las cartas ni á tres tirones.

A mi juicio á Martos le faltan dos cosas: buena mano para echar amigos, y un bigote siquiera como el de Ruiz Zorrilla.

MORET.

Encuéntrome en presencia del bello Moret: bello por su figura y bello por su palabra, esto es, dos veces bello.

Algunos le han llamado *el orador de las damas*, fundándose, sin duda, para ello en que es simpático, elegante y buen mozo. Yo aseguro que es un gran orador, ya hable á las señoras, ya se dirija á los hombres. Lo que hay es que Moret entiende que ni la elocuencia ni el talento están reñidos con el buen porte, el aseo y la moda, y sin pecar de gomoso se presenta al auditorio hecho un Adonis.

No le falta, sin embargo, ni la energía ni la entereza de un elocuente orador. Por el contrario, contrastan estas prendas de su carácter con el aspecto exterior de su persona. Parece que es un orador propio únicamente para hablar del «gorgeo del ruiseñor,» del «diáfano azul del cielo,» del «arroyuelo que culebrea saltando en menudos copos de blanca espuma,» de «los variados matices de las flores,» de «la medrosa golondrina que construye callada las paredes de su nido,» del «pintado pajarillo que hiende el espacio en busca de sus amores,» y los que tal creen se llevan un solemne chasco.

Moret tiene aptitudes varias, una ilustracion poco comun y un talento que, si no es perspícuo, reune en cambio el vigor y la solidez del buen sentido. En hacienda práctica, en hacienda teórica, en puntos de derecho, en épocas históricas, en principios políticos, en todo cuanto debe constituir los estudios de un hombre público está impuesto el jóven orador á quien llega el turno en esta galería de bustos parlamentarios. Con una particularidad que no deja de ser notable en este nuestro país, donde son muchos los que hablan de aquello precisamente que no entienden: Moret guarda silencio ante las cuestiones ó los asuntos que no domina ó no conoce á fondo.

Decir que Moret no hace más que «idilios en prosa,» «poesía sin ritmo,» «música sin orquesta,» es una gran injusticia, desconocer al orador. Lo que hay, sí, es que el distinguido librecambista no tiene la palabra árida y enfadosa que parece ser patrimonio exclusivo de los hacendistas, que no fatiga, que no cansa, que no molesta como la mayor parte de éstos. Poeta y financiero, ha conseguido un milagro: hacerse oir con gusto cuando empieza á barajar con su elocuencia privilegiada, con sus efectos retóricos, con su brillante combinacion de colores, la hacienda antigua y la moderna, la del presente y la del porvenir. El público entónces no puede ménos de confesar que Moret es un gran artista de la palabra.

Convengo con Vds. en que le falta la intencion de Martos, como carece de los grandes movimientos oratorios de Castelar. Diré más: que su palabra es algo monótona y su voz poco tribunicia, de metal claro y simpático, sí, pero sin aquel timbre, sin aquella vibracion que electriza y conmueve al auditorio: que sus formas suelen ser las mismas cuando habla de hacienda que cuando habla de política palpitante, á pesar de que en este último caso debia haber más fuego en su expresion, más pasion en sus movimientos, más energía y virilidad en sus conceptos. Todo eso es verdad. Pero así y todo ¡cómo nos cautiva! ¡cómo nos seduce! ¡cómo nos asombra con su prodigiosa facilidad!

Moret no necesita prepararse, como quizá se prepara Castelar, para hacer un buen discurso. Repasad el *Diario de Sesiones* de lás Constituyentes del 69, la parte que comprende el debate del proyecto Constitucional, y apenas hallareis una página sin un discurso de Moret. Fué el verbo de la Comision de Constitucion; improvisaba sus oraciones sin otra preparacion que los elementos que le daban los impugnadores de la grande obra. Para todos tenia un argumento, un precedente histórico, una razon legal, una razon de prudencia, una respuesta oportuna, frases espontáneas y elocuentes. En aquellos dias hizo su aprendizaje parlamentario al lado de Olózaga, Rios Rosas y Posada Herrera, que no encontraban palabras con que encomiar su diligencia, sus múltiples recursos, su frase discreta y feliz.

Antes de esta gran campaña habia demostrado ya su elocuencia apoyando un voto de confianza al Gobierno en vista de los sucesos federales del mes de Marzo. Permítanme Vds. que copie dos períodos de su templado y aplaudido discurso. Trata de alejar toda sospecha de recurrir á medios violentos, y dice:

«Si, pues, hay una consecuencia lógica de esta aspiracion; si hay una cosa que se desprende de este deseo y de esta aspiracion, es que donde quiera se presente la fuerza, allí la proscribamos: entónces los poderes constituyentes, las Asambleas que, como esta, se fundan en el derecho; los hombres que quieren gobernar con la libertad y la persuasion, no tienen, que yo sepa, más que un medio para ello: no el de amenazar, ni el de emplear simplemente la fuerza material, sino el de levantarse todos unidos y proclamar unánimemente y á una voz, con esa espontaneidad que lleva la conviccion y la seguridad de vencer los mayores obstáculos, la idea de que ni por un momento queremos mantener género alguno de relacion con los que no se valen de los mismos medios que nosotros, la discusion y la palabra; con los que no usan las mismas armas que usamos nosotros, el convencimiento y la persuasion.

»Yo espero, por tanto, que recordeis las últimas palabras de nuestra proposicion. No os pedimos el apoyo unánime de las Córtes Constituyentes para sostener al Gobierno; no os lo pedimos para sofocar este ó el otro hecho: os lo pedimos, y esas son las últimas palabras que habreis escuchado con atencion, y espero que con aprobacion, para salvar todas las libertades, para realizar todos los principios de esa grande y gloriosa revolucion de Setiembre; porque si hay algo de que estamos orgullosos, es de ver que cuando hemos dejado caer un trono, á pesar del polvo y del ruido que han causado sus ruinas; cuando hemos lanzado á la sociedad española en el camino, siempre incierto, de un cambio radical, es preciso que podamos entrar en nuestro hogar y disipar los temores de los que allí viven, con el espectáculo de una revolucion preparada entre lágrimas y sangre, y que, sin embargo, no ha tomado una sola venganza; primera que ha derrocado una dinastía, y que, sin embargo, se ha detenido ante el palacio real sin saquearle ni quemarle, como las olas del mar se detienen por un influjo misterioso al llegar á la orilla.»

Ya habeis visto la facilidad, la abundancia de su palabra juntamente con el arte y la elocuencia. Es indudable que los que así empiezan van muy léjos. Moret fué por este y otros discurso al ministerio de Ultramar, es decir, á lo más léjos.

Poco despues, discutiendo con Castelar que habia impugnado el dictámen constitucional, pronunció un extenso discurso lleno de buena doctrina. En uno de sus períodos emplea este símil exacto y bello.

«Por fortuna eso no es cierto, y yo no acuso por eso á los republicanos, como ellos no nos deben acusar á nosotros de los defectos que haya en las Constituciones monárquicas: yo lo que os digo es que los derechos individuales nacen del espíritu que domina en la Constitucion, y que son independientes en su desarrollo de la forma de gobierno, la cual no es más que el manto con que se cubre la sociedad. Pero si fuera eso cierto, si tuviera razon el Sr. Castelar, yo le diria á su S. S. que si se puede juzgar una Constitucion de esa manera; si se pudiera coger de cada Constitucion aisladamente y en detalle aquello que pareciera malo y no se mirara á lo demás, si no se estudiara el conjunto y el espíritu que preside en toda la obra, seria imposible juzgar con acierto: eso, señores, valdria tanto como recorrer en un museo una larga coleccion de estátuas y limitarse á observar que una tiene más acabada la frente, que en otra descuellan los brazos, en aquella los pliegues, en esta la postura, y de ahí concluyera que otra que no tiene esas perfecciones de detalle les era inferior, aunque en ella, desde el primer momento, se admirase en conjunto la magestad, la dignidad y la verdadera expresion del arte.»

La palabra de Moret, ya lo he dicho, no es sólo poesía y retórica, es tambien vigor y nervio. Contesta á Castelar defendiendo el sistema de las quintas y los ejércitos permanentes, y lanza sobre la minoría este reproche tan enérgico como justo y oportuno:

«Y sobre todo, enseñad al pueblo á ser bastante enérgico y bastante seguro de sí mismo para afrontar el peligro, no en un dia de calor en las calles de Jerez, no en dias de entusiasmo en las calles de Cádiz, no sé con qué condiciones en las calles de Málaga, sino con serenidad, con tranquilidad, no poniendo las armas en manos de otros que nos combatan por nosotros mismos, no encargando á cada uno, en un momento dado, que provoque, que busque pretextos contra lo que nos desagrada, sino teniendo la tranquilidad, la fuerza, esa serenidad de la conciencia y del valor que yo estoy echando de ménos en esas masas, de cuyo derecho y cuya energía nos estais hablando á cada instante.»

Ensordecian entónces el espacio los federales hablándonos de los derechos de la juventud, de los fueros de la juventud, del porvenir de la juventud, de las grandezas y las impertinencias de la juventud, y Moret pone término á su discurso con este elocuente período que valióle los aplausos de la Cámara:

«A ella, pues, acudo yo, admito su fallo, y cuando la presente el proyecto de Constitucion y las críticas del Sr. Castelar, y cuando ella encuentre la libertad de la enseñanza, de la creencia, de la manifestacion en todas sus fases, y sienta dentro de ella un espíritu de fuerza y se crea satisfecha, sin que pare mientes en ninguna de las demás cosas, que son como las frágiles ramas del poderoso árbol, ella se encontrará satisfecha.

»Porque si nosotros no hacemos de la vida pública y de las nuevas libertades más uso que el que vamos haciendo; si no queremos el derecho de reunion más que para amotinar la gente y traerla á las puertas del Parlamento; si no queremos el derecho de asociacion más que para el club; si no queremos la libertad de imprenta más que para la difamacion y el ataque; si no queremos la libertad de cultos más que para ofender al que no tiene nuestras creencias; si no sacamos lo que hay dentro de nuestra alma, si no hacemos esto pronto, vendrán los que nos llaman sofistas de la libertad y tendrán derecho para decir que si la libertad no es más que el desórden, vale más el silencio; que siquiera el silencio estéril es preferible á la agitacion infecunda.»

Pero donde Moret desplegó un celo y una elocuencia sólo comparables con las que desplegara en los debates del proyecto constitucional, fué al discutirse la ley de abolicion de la esclavitud que lleva su nombre. Tuvo que luchar con los que no la querian ni gradual y con los que la querian inmediata. Colocado en el término medio—no el justo á mi entender dada la índole del asunto—libró brillantes combates con unos y con otros, arcreditándose una vez más de buen orador, de orador elocuente.

Habíale preguntado Castelar si daria á leer á sus hijas los periódicos que anunciaban á la vez la venta de yeguas y las venta de negros.

Moret le replica enardecido y vehemente:

«Hé aquí por lo que puedo hacerme cargo de un apóstrofe de S. S. Me decia el Sr. Castelar si daria á leer á mis hijas los periódicos en que se anuncian á un tiempo las ventas de las yeguas y de los negros, la venta de las cosas ó de los animales al lado de los hombres. Pues bien: sí, y mil veces sí: yo se los daré á leer á mis hijas en cuanto puedan comprenderlo; y cuando se conmuevan ante tales sufrimientos, cuando se indignen ante esa degradacion, cuando mis ojos se nublen con el llanto que la compasion les arranque, yo las diré: vuestro padre fué el primero que no vaciló ante ningun obstáculo para lograr que esos anuncios no se publiquen ya más; yo fuí quien devolví el hijo á su madre, y el anciano al reposo; y sin embargo, cuando yo lo hacia, he sido censurado por un grande orador que, sin embargo, se decia abolicionista.»

La Cámara aplaudió con calor la bella expresion del sentimiento y el correctivo puesto á la pregunta indiscreta de Castelar. El final de este discurso de Moret merece que yo lo reproduzca para solaz de los lectores. Es quizá uno de los períodos más inspirados de su elocuencia. Hay en él poesía, virilidad, arte para lograr el aplauso del auditorio, impresionado aún por la palabra fascinadora del diputado republicano.

«Puede ser, señores, que alguna vez, cuando retirados ó cansados de la vida política evoqueis en vuestra memoria los recuerdos de esta época, y os pregunteis qué habeis hecho y en qué habeis contribuido cada uno á esta gran obra; puede ser, repito, que entónces se alce en vuestro espíritu el recuerdo de esta ley; y entónces, recordando quizás los magníficos acentos del Sr. Castelar, se os presente la imágen de la bella América; tal vez se os representen aquellos campos, ántes cultivados por esclavos y trasformados por vuestro voto en morada de hombres libres, y creais contemplar en un risueño paisaje una modesta cabaña iluminada por los últimos rayos del sol poniente, en la cual una madre negra abraza á su hijo á la hora que el padre vuelve del trabajo á tenderle cariñosa mano, mientras que el plantador, el antiguo dueño, marcha allá, á lo lejos, al paso de su caballo para buscar la hermosa granja donde un dia vivieron hacinados los esclavos. Tal vez se os figure ver cómo el plantador hace un saludo amistoso al viejo esclavo, saludo que aquél le devuelve cariñoso; creais ver cómo aquella pobre familia levanta desde el corazon una plegaria, una oracion de gracias para bendecir á Dios por la dicha presente, que ha sucedido á la antigua desgracia; y si todo esto se presenta á vuestro espíritu, sentireis como un dulcísimo consuelo la bendicion del cielo por haber hecho el bien, por haber sabido en un momento redimir á vuestra patria, sin lágrimas y sin sangre, de esta mancha que aún le afrenta.»

No tengo, sin embargo, á Moret por un gran orador político, y ménos por un hábil orador parlamentario. Su oratoria se limita á narrar y persuadir; no agita las pasiones, no conmueve los ánimos, no produce la tempestad.

Su porte elegante, la gallardía de su bella figura, la facilidad de su poética palabra, más cautivan y gustan por lo que tienen de artísticas que por sus condiciones para la lucha candente de los tormentosos debates políticos.

No le exijais arrebatos, gritos de indignacion, exclamaciones de encendida ira. No, Moret no es de esos. Moret es el orador del *meeting*, el propagandista simpático de la abolicion de la esclavitud, el catedrático de economía que admira á sus discípulos, el ministro entendido y laborioso, el orador que convence, nunca el orador que inflama, que arrebata, que conmueve.

Disertará como pocos sobre un tema cualquiera, tendrá pendiente de sus labios la atencion del público, admirarán su abundancia y su arte; pero no vacilará un ministerio á los golpes de su palabra, no herirá mortalmente en el corazon al enemigo, no arrastrará tras sí una Asamblea. Dulce y moderado, nunca vereis en él la intencion venenosa de Martos, los apóstrofes arrebatadores de Castelar, la energía grandilocuente de Cánovas, la ironía burlona y mortificante de Sagasta.

Tiene el defecto de que en todos los asuntos y cuestiones emplea el mismo tono, si quereis igual y uniforme. No hay en él subidas y bajadas, claro-oscuro, intérvalos. Es una carretilla que va soltando sin interrupcion los hilos de plata de su abundancia inagotable. Moreno Nieto y Moret son los hombres que hablan más de prisa en nuestro Parlamento. Los taquígrafos se extravían en el torrente caudaloso de ámbos oradores, vosotros teneis que violentaros para no perder en un leve descuido muchísimas palabras, quizá un período entero.

Como político, el famoso asunto de los tabacos demostró que es cándido y confiado. Su honra quedó ilesa; su prevision política y su conocimiento de las cosas y los hombres, inferiores á su clarísima inteligencia.

Carece además de iniciativa: es un brillante oficial, pero le faltan condiciones para jefe. ¿Intelectuales? No, de carácter. Paréceme á mí que no sirve para el arrojo y la audacia, que no le llama Dios por el camino del estruendo y las hazañas. No es el denodado capitan que quema las naves, sino el alférez que aplaude el rasgo del caudillo cuya campaña avalora é ilustra con su saber y su talento.

Dicen que es un hábil diplomático. Mucho tiene adelantado para ello con su distinguida figura; mas procure no meterse en asuntos como el de los tabacos no sea cosa que naufraguen de nuevo su perspicacia y su trastienda.

Como orador le aplaudo, como economista le respeto profundamente, como diplomático me gusta el córte de su persona, como diputado de oposicion no me inspiraria miedo.

Tal es el juicio que me merece el bello Segismundo.

OLÓZAGA.

¡Dios salve mi libro! ¡Dios salve al editor!

D. Salustiano *de* Olózaga (con su *de* y todo, como Martinez *de* Campos), cae ahora sobre mi pluma y amenaza aplastarla; como que viene con todo el peso de su voluminosa humanidad, con todas las vanidades de su amor propio, con todos los dias de veinticinco años de anti-dinastismo, con todas las consecuencias de la *salve*, con todos los platos de los Campos Elíseos, con todos los emolumentos de la embajada de París, con todos los rencores contra Espartero, con todos los celos de su envidia, con toda la soberbia de su Toison, con toda la elocuencia de su palabra, con todas las pequeñeces y grandezas de su eminente y respetable personalidad.

Calculen Vds. ahora si no tengo motivo, ante aprieto tan apurado, para exclamar con todas las veras de mi alma: ¡Dios salve mi libro! ¡Dios salve al editor!

¡Olózaga!... El jóven gallardo y hermoso de 1820, el tribuno exaltado de *Lorencini*, el alcalde de distrito que ofrece su apoyo al gobierno en 1835, el gobernador de Madrid que luce en las procesiones las charreteras de estambre de miliciano nacional, el que llamó *relumbrones* á las cruces y de la noche á la mañana se presenta ostentando el Toison de Oro, el presidente del Consejo de ministros en 1843, el acusado de desacato á la reina, el elocuente y mordaz orador de 1847, el embajador en París de 1855, el comilon de los Campos Elíseos en 1864, el conspirador de 1867, el presidente de la comision de Constitucion en 1869.

La tarea ¡vive Dios! es prolija y difícil, la más difícil y prolija de todas. No sé por dónde empezar, qué hacer en presencia de tantos materiales como tengo á mano, qué puntos de vista escoger y cuáles otros desechar. ¡Ah! Cervantes lo dijo: no es trabajo tan llano hinchar un perro.

En fin, á Dios me encomiendo y con D. Salustiano principio. Si sale con barba, San Anton; y si no, la Purísima.

Digo más arriba que Olózaga fué en sus mocedades un jóven gallardo y hermoso, y así es la verdad. Hasta tal punto era simpática su figura, que no ha faltado un curioso que á ella ha atribuido ciertos éxitos de la carrera política de Olózaga, empezada en las conspiraciones que produjeron el triunfo de 1820.

Enamoraba por lo bello y varonil. De buena estatura, ni alto ni bajo; bien formado y recio; de ojos grandes, negros y rasgados; de nariz correcta; de boca cuyos finísimos lábios eran la expresion de la envidia; de cabeza grande adornada de romántica y rizada cabellera; de patillas aristocráticas que le daban cierto aspecto severo; de maneras y ademanes distinguidos, Olózaga fué durante muchos años el más pasable y elegante de los antiguos progresistas.

Su aparicion en la tribuna era saludada con un murmullo de agrado y simpatía. Levantábase sereno y magestuoso, digno sin ser afectado, sencillo sir ser chabacano. La misma robustez de su naturaleza favorecia sus prendas oratorias. Todos le veian y á todos dominaba. La célebre sonrisita que retozaba constantemente en sus lábios, denotaba la ironía y el desden que tanto resaltan en sus discursos. Al distinguirla el adversario, palidecia; los amigos, se regocijaban. Olózaga continuaba sonriendo y paseando su profunda é inteligente mirada por todas partes. Reconocido el campo, visto el órden y el número de los enemigos, arrojábase sobre ellos pausado y cauteloso, como si quisiera distraer su atencion; simulaba las estocadas sin darlas, metíase poco á poco entre sus filas, y cuando ménos lo esperaban de su boca salia una lluvia de dardos envenenados que sembraban el terror y la muerte. Despues seguia sonriendo, haciendo gestos y movimientos de cabeza que aumentaban el sonrojo y la ira de la derrota. No conocia la misericordia ni la compasion; no se limitaba á golpear, heria; no heria, mataba.

Discutíase en 1839 una enmienda al dictámen sobre

la concesion de los fueros á las Provincias Vascongadas. Olózaga niega en estos términos depresivos la competencia é idoneidad de los ministros:

«Porque este ministerio, compuesto de hombres que no se han conocido ántes entre sí, que no podian tener por consiguiente un pensamiento comun, que no estaban designados ni por la opinion parlamentaria ni por la pública para formar un gabinete...»

El enérgico Arrazola, ministro de Gracia y Justicia, se considera justamente ofendido, y exclama:

«Señor presidente, pido que se diga si los ministros son aquí reos sentenciados en un banquillo, ó son ministros, son un poder constitucional del Estado... Se están haciendo cargos...»

«Mayores se esperan—le contesta Olózaga sin dejar la risa.—Muy pronto se ha alarmado el señor ministro por lo que he dicho; eso no ha sido nada en comparacion de lo que tengo que decir. Pues qué, señores, el elevarse de la nada, el pasar á hacer parte de un gabinete y gobernar á una nacion, y venir luego aquí hablando de su situacion particular, de su época, como pudiera hablar un Napoleon ó un Alejandro, ¿no ha de costar sinsabores? Súfralos el señor ministro; otros sufrimos las consecuencias de ciertos ministerios, y la nacion las sufre, que es lo peor.»

Calló Arrazola por el momento; pero como el implacable orador continuara sangriento y terrible, llamóle al órden de nuevo con grandes voces. Olózaga, sin perder aquella calma que era una de sus mejores armas así para el ataque como para la defensa, le replicó en el mismo tono:

«Si alguna duda pudiera caberme de lo ciertos y

graves que son los cargos que voy haciendo, me confirmaria en ello la vejiga que levantan en la cabeza del señor ministro de Gracia y Justicia. ¿No puede sufrirlos S. S.? Pues más tiene que sufrir aún.»

Y todo esto dicho con la naturalidad más grande del mundo, sin enardecerse, sin sofocarse, con lo cual desconcertaba al adversario, que concluia entregándose á discrecion. No declamaba Olózaga cuando queria ser enérgico, contundente, severo. Su incomparable elocuencia parlamentaria pasaba sin brusca transicion de lo irónico y lo desdeñoso á lo sério y lo sublime. Tenia todas las aptitudes; su palabra obedecia dócil á los giros de su pensamiento, el cual ora se levantaba, ora descendia, teniendo en constante espectacion al auditorio. En aquel mismo debate pronunció este viril y elocuente período:

«Los hombres que se han visto en los cadalsos, los hombres que se han visto en las prisiones, los hombres que se han visto en la emigracion, los que han hecho todo género de sacrificios porque la España sea libre, no pueden ménos de levantar su voz cuando creen que la libertad corre peligro; y lo corre, señores, y muy grande, si no se consigna aquí el respeto inviolable á la Constitucion.»

Hizo Olózaga por entónces campañas elocuentísimas en defensa de los principios liberales, que encontraron en él un decidido sostenedor, un valioso adalid.

Pero en lo que no tenia rival era en la burla y el epígrama. ¡Cuántas veces mató con su ironía cosas y personas que habrian resistido los más profundos y meditados discursos! Un diputado atrevióse á decir en una ocasion que los diputados progresistas no entendian el reglamento.

«¡Que no entendemos el reglamento! ¡Se nos considera desprovistos de inteligencia! Sin duda son ellos, los moderados, los que la han absorbido toda... Sr. Alcalá Galiano, sírvase V. S. decirnos en qué está la duda, y no faltarán acá entendimientos claros que respondan á ella y la desvanezcan.»

Aquí estuvo doblemente oportuno y sangriento, pues que se habia lastimado lo que él no perdió jamás: su vanidad de hombre de mucho talento, su orgullo de lince y perspícuo. Olózaga podia perdonarlo todo, olvidarlo todo, pasar por todo; pero no perdonaba las ofensas, no olvidaba su vanidad, no pasaba por la humillacion.

¡Bien amargamente pagó el partido progresista estos defectos de carácter del más hábil y popular de sus oradores!

No tenia Olózaga fuera de las Córtes nada del Cid; cuentan sus mismos panegiristas que en cuanto le alzaban un poco la voz era hombre muerto; pero en la tribuna, como diputado, atrevíase con todo y con todos, mostrábase valiente y áun temerario. Se entusiasma demasiado una mayoría.—«¡Al órden esos diputados, que no sé lo que tienen que así gritan!» exclama el orador.—Un ministro da pruebas de que ha olvidado la Constitucion:—«¡Que se la lea un señor Secretario!» dice en medio de los aplausos de unos y la cólera de otros.—Se lee un dictámen de redaccion poco literaria:—«Está visto que además de libertad tenemos que enseñar gramática.»—Un representante pronuncia la palabra *recur-*

so chabacano:—«¡Qué distinguida educacion parlamentaria la de S. S.!»

Por supuesto, que á esto se aventuraba allí, en plena sesion; pues en los pasillos lo explicaba todo diciendo á los ofendidos:—«¡Qué quiere Vd., amigo mio! Son triquiñuelas parlamentarias.»

Alguna vez tuvo, porque no siempre fué Olózaga puritano ni consecuente, que sufrir la difícil prueba de las tribunas, y sufrióla sin desconcertarse, sin perder el hilo de su discurso, sin alterarse en lo más mínimo, recurriendo, por el contrario, con éxito á aquella agudeza de ingenio, á aquella oportunidad que sólo él ha tenido. Estaba reñido con los progresistas, á quienes habia abandonado para defender al entónces *poderoso* Espartero y conseguir la embajada, y audaz como siempre decia:—«Yo no sé en qué consiste que mi lengua no se presta á ensalzar á los poderosos.»—Las toses y los murmullos de las tribunas fué la respuesta que obtuvo.—«Me parece—continuó despreciativo y sarcástico—que hoy hay muchos constipados en las tribunas.»

En este género no tenia ni tiene igual D. Salustiano, ninguno como él. Cáustico, punzante, satírico, venenoso, capaz de hacer perder los estribos al más sereno, de irritar al más pacífico, de producir sangre en la epidermis más dura. Dueño de la tribuna como de la mesa de su despacho, familiarizado con el Congreso y sus huéspedes como con una tertulia de amigos, pero nunca chocarrero en el lenguaje ni bajo en los conceptos, enseñoreábase de todos sin que nadie llegara donde él llegó siempre. Encantaba verle barajar las palabras, los hechos y los hombres en los asuntos más sérios é importantes sin que nunca declamara, sin que nunca descendiera, sin que ni un momento le faltaran la atencion, el interés, las simpatías de propios y extraños.

Sus mismas veleidades políticas, sus evoluciones incomprensibles, su *coquetería* diplomática, sus habilidades y distingos, sus dejos y visos de dómine intolerante; aquello, en fin, que fué su eterna manera de vivir en la política y en el Parlamento, si contra él concitaba ódios y rencores de partido que palpitaban ántes de verle aparecer en la tribuna, cuando empezaba á hablar con la suavidad, con la parsimonia que solia hacerlo, y sus recursos inagotables arrancaban protestas, risas ó aplausos, los mismos que le censuraban concluian diciendo:—¡Cuidado que habla bien D. Salustiano! ¡Lástima que sea tan pastelero!

Un dia, en las Córtes de 1841 que tan poco favorables le eran á causa de haber defendido la Regencia única, se propuso conseguir los aplausos y las risas de todos á costa de un diputado que venia representando sin interrupcion el papel de Proteo. ¿Cómo lo logra? Resucitando una anécdota.—«Pero S. S.—dice dirigiéndose al diputado reaccionario—puede contestar como el embajador inglés á Mazarino. ¿No sabe S. S. lo que contestó el embajador inglés á Mazarino? Pues voy á decírselo.—«¿Por quién estais? preguntó éste á aquél, ¿por la república ó por el pretendiente? Yo soy, contestó el embajador, *humildísimo servidor de los acontecimientos.*»—Pues eso es S. S., humildísimo servidor de los acontecimientos.»

Pero fué una gran calamidad para su partido, un

obstáculo para todo. ¿Quién no se acuerda, ó no ha oido hablar, de 1843? ¿Quién ignora su discurso de la *salve*?

Espartero, político adocenado y amigo hasta la imprudencia de sus amigos, empeñábase en sacar airoso á su protegido Linaje contra la voluntad de los consejeros responsables de la Regencia. D. Joaquin María Lopez habia sido reemplazado por D. Antonio Gonzalez, quien no podia gobernar con aquellas Córtes, progresistas en su mayoría y favorables al poético y elocuentísimo orador. Leyóse un oficio del nuevo presidente del Consejo pidiendo la suspension de las sesiones. El descontento y la indignacion fueron unánimes. Olózaga, atizando la llama del voraz incendio que amenazaba dar al traste con el caudillo de Luchana, habia pronunciado el dia ántes estas alarmantes y enérgicas palabras que parecen tomadas á la Convencion:

«No hablo, señores, de otros riesgos que correria voluntariamente; estos riesgos no me intimidan, pero bueno es que se sepa; á mí poco me importa que haya asechanzas hasta contra la vida de los diputados. Esto me ha obligado á ser el primero en tomar la palabra para provocar á esos asesinos á que vengan á descargar su brazo contra mi pecho, en el que siempre ha latido el amor á la libertad... ¡Que vengan, aquí los esperamos!»

El efecto de estas palabras contra la política indiscreta de Espartero fué terrible. Inflamáronse las pasiones, los ánimos se irritaron, Olózaga triunfaba así de su constante enemigo.

Cuando, como decimos más arriba, tratóse de la

suspension de las sesiones, Olózaga, más rencoroso que político, más encarnizado que prudente, pronunció su famoso discurso de la *salve* arrastrando tras sí á todos los oyentes. En el aturdimiento habíase olvidado comunicar el nombramiento de los ministros. Olózaga exclama aprovechando la disposicion de los ánimos:

«Yo no quiero ver en esto lo que otros acaso verán: ni áun en los momentos de mayor peligro quiero tener la suspicacia por guía. No quiero pensar que se faltara de intento á las fórmulas constitucionales, pero sí podremos decir al ménos que fué efecto de la precipitacion y de la turbacion de los ánimos de las personas que dirigian ayer los consejos de las altas regiones. Y ¡ay del país, señores, que se entrega en manos de hombres de ánimo turbado, de consejeros trémulos! Y ¡ay tambien, señores, del regente que siga consejos imprudentes en circunstancias tan críticas!

»¡Pero Dios salvará, señores, como ha dicho muy bien un órgano respetable de la prensa; Dios salvará al país y salvará á la reina!

»¡Yo deseo, sobre todo, que los consejos del regente le hagan oir una voz muy dura, pero la única que puede salvar con el país el trono. Un estorbo se ha puesto entre el regente y el país, y ese estorbo es un hombre, cuya destitucion habian propüesto los ministros pasados. Aquí se presenta un dilema terrible: escoja el regente entre ese hombre y la nacion entera, representada por el Congreso unánime de sus diputados.

»Despues de esto, cualquiera que sea nuestra opinion particular ó privada, retirémonos tranquilos; donde quieran que nos vean nuestros comitentes, dirán:—«Ahí va un representante digno, independiente y enérgico, que merece ser enviado cien veces á representar esta gran nacion, que tiene que salvarse de tantos peligros.»—¡Dios la salve, señores, y salve á nuestra reina!»

Despues de este violento y amenazador discurso cerráronse las Córtes, y la revolucion, así iniciada por el funesto Olózaga, triunfaba á poco en las provincias cayendo al suelo la regencia de Espartero.

La famosa esclamacion: «¡Dios salve al país y á la reina!» no fué original de Olózaga. Él mismo dice que la toma de un periódico, cuyo nombre no he podido comprobar. Quede, pues, cada cosa en su sitio, y no atribuyamos al orador progresista sino las lágrimas, la sangre, las consecuencias de haberla repetido en momentos tan decisivos y con fortuna tan extraordinaria.

Victoriosa la revolucion, Olózaga vió colmados sus deseos entrando en palacio como ayo de la jóven reina. Vanidoso y pueril, lisonjeábale por todo extremo su representacion cerca de Isabel, é hinchóse de ridículo orgullo y satánica soberbia. Queria ser más que nadie, mandar más que nadie, ser el *primero* en palacio y fuera de palacio. Acostumbrada la reina á hacer su santa voluntad, resentíase del dominio, suave, sí, pero absoluto, que Olózaga pretendia ejercer sobre ella. No se limitó á dar á la reina ciertos oportunos consejos, como el de que dejara de *tutear* á los ministros, hombres respetables y encanecidos, sino que, segun todas las noticias, trató de sujetarla por entero á su capricho, por lo cual el partido progresista, en lugar de encontrar despues en palacio cariñosa acogida, vióse siempre desairado y pospuesto.

Ambicioso de la presidencia del Consejo empezó á predicar una política templada y tolerante. Realizóse su ambicion. ¡Ojalá no se hubiera realizado jamás, que de aquí partieron todos los males del gran partido progresista!

Poco tiempo fué ministro. Acusado de desacato á la reina obligándola contra su voluntad á firmar un decreto disolviendo las Córtes, Olózaga cayó de la manera más estrepitosa que registra nuestra curiosísima y accidentada historia política en lo que va de siglo. Pero si el ministro cayó, el orador parlamentario levantóse á una altura prodigiosa, y el hombre de honor y animoso quedó justificado ante la opinion.

La resonancia de este suceso fué inmensa, la duda terrible, la situacion de Olózaga crítica por demás. Unos creian que apelaria á la fuga, otros que no saldria de su casa, todos que no se presentaria en las Córtes. Los caidos vacilaban, los vencedores amenazaban, los indiferentes en profunda espectacion. El caso era nuevo, original, inusitado. Tenido Olózaga por hombre de poco corazon, esperábase que no poseeria el valor de ir á las Córtes á defenderse pasando ántes por entre grupos que escondian asesinos pagados y dispuestos. Porque el trance era duro: ó en efecto, habia cometido desacato de lesa magestad, ó la reina mentia. Situacion terrible la suya, calificacion espantosa la de la conducta de una reina. ¿Quién decia la verdad, el ministro ó la soberana? Habia que escoger, habia que optar, habia que absolver á uno y condenar á otro. ¿Quién iba á ser el absuelto? ¿quién el condenado? Olózaga, caballero y ministro horas ántes de su reina, ¿atreveríase á desmentirla en plenas Córtes, á la faz del país, á los ojos de Europa espectante? La reina, niña tierna y candorosa, ¿osaría arrojar sobre el honor de un caballero, de un ministro, el desprecio de las gentes honradas por el solo placer de justificar una intriga?

Véase si era apurada la situacion de D. Salustiano. Era el 3 de Diciembre de 1843. Las Córtes, suspendidas sus sesiones durante tres dias, reanudábanlas en medio de una agitacion general, profunda, inmensa. Olózaga iba á ser acusado; se ignoraba si iria á las Córtes. La muchedumbre que se agolpaba al teatro de Oriente era numerosa, medio Madrid; la que llenaba las tribunas revelaba su impaciencia. Los mismos diputados estaban inquietos y violentos esperando la sesion, quizá temiéndola.

Gonzalez Brabo formula arrogante la acusacion: el silencio es grande, la duda aún general. Todos miran á Olózaga que está en su banco sereno, aunque pálido; digno, pero sin violencia. Pide la palabra para defenderse. Ruido en todos los lados del teatro, curiosidad y extrañeza en todos los semblantes. Olózaga se levanta como siempre, sencillo, resuelto, magestuoso. La risa ha huido de sus lábios. La tarde no está para bromitas.

Oigamos al gran parlamentario.

. . . .

«Antes de entrar en esta delicada materia, permitido me será rechazar las expresiones que no creo haberse dicho deliberadamente, de que es menester escoger entre una reina y un hombre.

»Ese es un sacrilegio político, señores: yo abono la intencion con que se dijeron; no las supongo, ni es mi ánimo en este dia el suponerlas sino buenas, cualquiera que fuese el modo de pensar en otras circunstancias; pero á mí me toca más que á nadie, puesto que yo soy el hombre á quien se alude, decir, que bajo mi cabeza reverente no puedo consentir la comparacion que equivocadamente se ha establecido: no me ganará, señores, nadie en este acatamiento profundo al poder salvador de los pueblos modernos, al que conservando el prestigio, la tradicion, la fuerza, que no se puede definir, de la antigüedad, logra amalgamarse por constituciones como la nuestra en el movimiento continuo, con las necesidades diarias, con la fuerza voluble de la opinion. Así, señores, es profundo mi acatamiento por los siglos que nos lo trajeron, por los siglos por los que podamos conservarlo: yo no soy nada, señores, ni ningun hombre; no hay poder, no hay institucion, no hay fuerza ninguna que admita con él término de comparacion, ni próximo ni lejano; yo, señores, bajo mi cabeza, como he dicho, reverentemente; no sólo al poder, sino al uso, de cualquiera manera que se haga, de la persona y de la institucion; me entrego todo, señores, á esto; yo me doy en holocausto de ese poder; yo le entrego mi vida, y con gusto la daria, si afirmase constitucionalmente un poder que sólo así puede salvar al país; yo entrego mi reputacion, señores, en lo que valga de hombre entendido, en lo que valga de ministro hábil y de hombre público; pero mi vida es mi honra, mi vida es este sentimiento de mi conciencia que me ha hecho vivir conmigo siempre tranquilo y contento; mi vida es, señores, la que debo á un padre honrado. (*Rompió en sollozos que le embargaron la voz, y entre los cuales continuó diciendo lo que resta del párrafo.*) Mi vida es la que he pasado con una persona de mi corazon, con mi hija... la que he pasado con mis amigos... con mis compañeros que me han creido siempre hombre de bien, incapaz de faltar á mis deberes... y, señores, ¡esto no puedo yo sacrificarlo ni á la reina, ni á Dios, ni al universo entero! ¡Hombre de bien, inocente, he de aparecer ante el mundo aunque fuera en la escalera de la horca! (*Aplausos en unos lados, agitacion en otros, el presidente mandó á los celadores del Congreso que hicieran salir fuera á los que alborotasen en las tribunas.*)

»A todas partes voy, señores; todo lo hago, todo lo sacrifico, todo lo acepto, ménos el pasar por hombre indigno... ménos el pasar por hombre capaz de cometer un atentado que horroriza solo el pensarlo...

»Yo suplico al Congreso que vea los altos fueros de la dignidad real, que considere la alta mision que ejerce para hacer el bien del país; pero que no olvide tampoco ni por espíritu de partido, que no lo creo, ni por miras personales mucho ménos, ni por motivos particulares de ninguna especie, el sentimiento de la humanidad, la voz de la inocencia; que concilie cómo el hombre puede aparecer de la manera que él quiere aparecer, áun á costa de su vida, con honor, con nobleza, como es y ha sido siempre, sin el más ligero lunar que la empañe y que acaso pudiera ser extensiva á una familia que adora... (*Rompió de nuevo en sollozos*) y que no tiene más patrimonio que su buen nombre; que concilie, repito, todo esto, si puede el Congreso, y entónces yo me entrego gustoso en sus manos. Mientras tanto, señores, de la manera que me sea posible, y siendo testigo de mi sinceridad el estado en que me advierte el Congreso (*Continuaba llorando*), yo no puedo ménos de decir lo ménos que decir pueda, sin tocar á lo que no puedo tocar; yo no puedo ménos de decir que en cumplimiento de mi deber fuí la noche del 28 del pasado Noviembre á despachar diferentes negocios que en aquel dia estaban prontos para el despacho en el ministerio de Estado; que subí á la hora acostumbrada, llevando en la cartera todos estos decretos; que me seguia, como sigue siempre, un portero; que estaban en la real cámara las personas á quien por su obligacion incumbia estar allí á aquella hora; que se pasó el oportuno recado de atencion, y que empezó el despacho ordinario.

»Eran muchos los negocios, si bien no me es posible recordar el número, porque la inocencia no se cuida de buscar detalles y pormenores que no necesita; eran varios los decretos que estaban preparados para aquella noche; los leí como era de mi deber, venciendo alguna impaciencia muy natural, y que yo no necesito explicar más; se rubricaron como debian rubricarse; pasado el despacho, hubo ocasion de ocuparse en otros incidentes que pedian algun tiempo; se me dió una nota, un apunte sobre las circunstancias recomendables de cierta persona á quien se deseaba premiar sus servicios con una condecoracion;

merecí, señores, una fineza que, no porque no fuese la primera vez, perdia para mí toda su importancia, un recuerdo á lo que hace las delicias de mi vida, un recuerdo para mi niña, entregado delante de personas que no necesitan atestiguar mi palabra, que mi palabra ha sido siempre estimada como la de todo hombre honrado y caballero.»

Este es el mejor, el más hábil, el más intencionado, el más parlamentario de todos los discursos de Olózaga. Parece imposible que la palabra humana obedezca tan dócil y propiamente al pensamiento. Todo está dicho ahí, todo, hasta lo más audaz; ¡pero con qué destreza, con qué maestría, con qué arte, con qué delicadeza, con qué insinuaciones, con qué consumada habilidad!... Olózaga, mientras otros hechos no digan lo contrario, quedó justificado; la reina, mal parada.

Era tambien D. Salustiano enérgico y conmovedor, como lo prueba este período que copio de sus célebres discursos de 11 y 12 de Diciembre de 1861. Combate la tolerancia dispensada al clero por el Gobierno, y se indigna ante los hechos repetidos de sacerdotes que no daban sepultura á los que morian tildados de poco ortodoxos.

«Pero hay, señores, otros sentimientos, los más nobles, los más gratos, los más profundos, en el corazon de los hombres y de las familias, á los cuales se atenta bárbaramente por los mismos favorecidos de esa suerte por el Gobierno. ¡Qué hechos, señores, tan terribles; qué hechos, por desgracia todavía tan poco conocidos en sus pormenores, tan odiosos y repugnantes, nos presenta el espíritu de intolerancia que se propaga por todas partes, como si obedeciera á una voz suprema, erigiéndose en sistema de opresion y crueldad é intolerancia, negando la sepultura á españoles, dignos por sus costumbres religiosas, y dignos por sus virtudes del aprecio de sus conciudadanos! ¡La sepultura es lo más indiferente que hay para los vivos; aquello en que ménos pensamos los hombres, y sin embargo, es aquello que encierra el consuelo, que trae á la memoria los más dulces recuerdos de la vida, que forma el lazo de las familias, y que consuela, aunque tristemente, de la pérdida de las esposas, de los padres y de los hijos! ¡La sepultura, la primera señal de la civilizacion de los pueblos, que no ha existido ninguno, no ha empezado á formarse sociedad ninguna, sin que la primera señal sea el respeto á los muertos y el deseo de la conservacion digna de sus restos, y los recuerdos más tristes, y las esperanzas para la otra vida, como lo único que queda de la materia de las personas que hemos amado! ¡Y hay quien se atreva á privar de la sepultura á los padres, á los hijos y á las familias, cuando no sólo es interés de ésta, sino de la moral cristiana, de la moral pública, de la conservacion de los más tiernos sentimientos de las familias, que es lo más sagrado y más respetable sobre la tierra.»

Los incorregibles progresistas, entusiasmados con su funesto D. Salustiano, acuñaron, en memoria de estos elocuentes discursos, una medalla con el busto de Olózaga. ¡Nuevo motivo de vanidad para el hábil orador, quien recordando las medallas de César y Augusto, tendríase, sin duda, por tan grande é inmoral como ellos!

Su vanidad era profunda. Un dia en las Córtes de 1847, en las que hablaba despues de cuatro años de voluntario destierro, dijo hinchado de presuncion:—«Desde que yo falto de estos bancos ha habido una caliginosa noche en España.»—A lo cual le replicó Pidal llamando la risa á todos los labios:—«Sin duda lo ha dicho porque el astro del Sr. Olózaga ha estado eclipsado en ese tiempo.»

Amenazador y enérgico fué siempre que quiso; pero nunca como en el famoso banquete de los Campos Elíseos, donde despues de comer bien, como tenia de costumbre, metió al partido progresista en nuevo callejon sin salida pronunciando estas gravísimas palabras:

«Pero si estos servicios se olvidan; si no se piensa en el porvenir; si continúa el indigno simulacro de gobierno representativo del que noblemente nos hemos alejado; si han de hacerse las elecciones como se han hecho hasta aquí, no saldremos de nuestro retraimiento, no tomaremos ninguna parte en la vida pública, no juraremos al príncipe de Asturias. (*No, no, gritan de todas partes.*) No, yo os lo prometo en nombre del partido progresista, que me honra con su confianza; no, porque lo único que nos pueden pedir es la obediencia; pero nuestra cooperacion, jamás. Respetaremos todo lo que debe respetarse, no intentaremos sobreponernos á la ley, que acataremos siempre; pero cuando venga el dia del peligro que no hayan querido conjurar, nos cruzaremos de brazos...»

¡Cándidos progresistas que seguian en sus ódios al que fué antidinástico desde 1843! ¡Sencillos patriotas que, en su pasion por D. Salustiano, comian garbanzos caros y duros sólo porque eran de la tienda que surtia la despensa del grande hombre!

En las Córtes de 1869 su decadencia era ya clara, evidente, incuestionable para sus mismos amigos. Subiéronsele á las barbas Castelar, Figueras, Martos, cuantos quisieron, sin embargo de que á veces descubria las artes y la frescura de sus buenos tiempos. Pensó hallarlo todo como lo dejara, y encontróse con que habia pasado como pasan todas las cosas en este pícaro mundo. La política era otra, otros los ideales, ménos bonachones los hombres. Hizo buenos discursos; pero se le oia con respeto, no con entusiasmo; con cierta curiosidad por su gran fama; pero sin allegar al suyo un solo voto. Era un astro sin calor, sin luz, sin atraccion. Y aunque se movia, hacíalo jadeante y pedigüeño detrás de su embajada de París. Diósela Prim como homenaje á un gran recuerdo.

Olózaga hizo buenas frases. Cuando teníamos Córtes nuevas cada veinticuatro horas, él sustituyó el refran «en un abrir y cerrar de ojos,» por este otro:—«En un abrir y cerrar de Córtes.»

Otro dia le dijo un competidor que abusaba de los galicismos.—«No me precio de retórico y sí solo de patriota,»—le contestó Olózaga.

Fué gran diplomático, orador habilísimo, político veleidoso y pastelero, la personificacion de la vanidad y de la envidia, el progresista más lloron de todos los progresistas.

PÍ Y MARGALL.

El hombre de hielo, segun Prefumo; la ilustre calamidad, segun yo. No debe, sin embargo, el lector ponerse en la alternativa de optar por una opinion dejando la otra. No: quédese con las dos y estará en lo firme. Pí es hombre, hielo, ilustre y calamidad. Todo en una pieza.

A Pí se le conoce poco ó no se le conoce nada; generalmente se le juzga deprisa y mal. Todos hablan de Pí, censuran á Pí, antaematizan á Pí, algunos maldicen á Pí, y lo gracioso del caso está en que casi todos hablan, censuran, anatematizan, maldicen lo que no entienden. Es una personalidad que no se presta, como otras, al golpe de vista del momento, á esos juicios rápidos y categóricos que solemos hacer de los hombres públicos equivocándonos pocas veces. Pí es todo lo que se dice y nada de lo que se dice. Pí es un geroglífico, un enigma, un misterio, una X tremenda sin resolver. Pí es—perdóneme algun federal si me oye—Pí es la cuadratura del círculo, la direccion de los globos, el movimiento continuo. Más claro: Pí es un imposible.

Pero ha sido, es y será siempre uno de los caractéres más dignos, más modestos, más puros de España. Le presentan como un ogro, y es un caballero; le presentan como intratable, y es finísimo; le presentan como feroz, y es una malva. Dicen de él que se come los niños crudos, y lo más fuerte que ha hecho en toda su larga vida ha sido defenderse del que le insulta. Esto es, hace ni más ni ménos que lo que haria yo, que lo que harian Vds., que lo que haria el aristócrata más tieso y empergaminado. Se defiende: hé ahí todo. ¿Qué merece por ello? Un aplauso aquí donde se dan bofetones y bastonazos y no hay hombre importante que no se los guarde en el bolsillo yéndose á su casa tan contento, satisfecho, golpeado y abofeteado.

¿Es esto decir que Pí es un gran carácter? No, porque ahí está 1873 pidiendo un gran carácter, y Pí fué una gran calamidad. Lo que quiero decir es que el patriarca del federalismo no es un ogro, un tragahombres, un valenton de gorra colorada; sino un hombre que no tolera que se le insulte y amenace.

No crean Vds., por consiguiente, que la federal seria por voluntad de Pí una sociedad de mónstruos untados de petróleo y quemándolo todo. Nada de eso. La federal de Pí seria... no seria nada, porque no puede ser. Persigue una quimera que seduce á los incautos, un sueño que trastorna á los ignorantes, un ideal que extravía á hombres muy ilustrados y de muy buena fé. Pí quiere una pescada que sea grande y que pese poco, y ya ven Vds. si esto es imposible. No conozco más que un ejemplo: Aurioles, que es grande y, sin embargo, no tiene medio adarme de peso como ministro.

Pí se figura que España es un pueblo de literatos, un pueblo de atenienses, y no quiere comprender que el dia que existiera la federacion casi todos los ayuntamientos, en uso de su autonomía municipal, suprimirian la triste plaza del maestro. Pí entiende que las provincias deben tener cierta personalidad, y no quiere comprender que la federacion las arrojaria unas contra otras hasta que no les quedasen más que los rabos. Pí supone que el Estado debe ser una especie de espantajo, un palo y en la punta del palo un sombrero enorme, y el Estado es un caballero con todas las necesidades de otro cualquiera. Pí afirma que la federacion es la fórmula más propia para nuestro régimen interior, y no quiere comprender que es como si á un niño que está echando los dientes le dan á comer una perdiz porque la perdiz es un manjar exquisito. Pí sostiene que la federacion es lo que está más indicado para nuestro progreso, y no quiere comprender que lo más indicado cuando se tiene hambre es hartarse, y los hartazgos producen mortales indigestiones. Pí intenta separar lo que vive unido para unirlo luego de nuevo, y no quiere comprender que esto es como cortar á un hombre la cabeza, los brazos, las piernas, el pecho y todo lo demás, para despues darse el gusto de volver á poner cada miembro en su sitio.

Vamos, mi respetable D. Francisco, ¿no es esto estar loco, rematadamente loco, dejado de la mano de Dios? Ya sé que ántes de que Dios le dejara le tomó usted la delantera dejándole á él; pero convenga usted conmigo en que el resúmen de su profunda sabiduría política es una profunda calamidad, un lio que sólo se deshace á cañonazos. Digo de Vd. ahora lo que ántes dije de Aparisi: que pide cotufas en el golfo.

Y parece mentira, porque Pí es, á mi humilde juicio, el político de más sólido y universal saber que tenemos en España. No es un diamante americano; sino un diamante de Golconda, bueno, verdadero, legítimo. Sabe mucho. En artes, en historia, en letras, en filosofía, en industrias, en ciencias, en lingüística, en hacienda, en política, en derecho, en todo es una notabilidad. Y todo macizo, apretado, positivo. El mal consiste en que le decimos que escriba y haga política, y con toda su sabiduría nos pone á dos dedos de la muerte. ¿Con mala intencion? No, creyendo que nos hace un gran favor mandándonos al otro mundo, como aquel que nos saluda cariñosísimamente dando un terrible bastonazo sobre el sombrero de copa que acabamos de estrenar. Lo mismo hace Pí: le mete al país el sombrero hasta los ojos, y despues le dice meciéndose la barba:—«Ahora, echa á andar.»—Pero, señor mio, ¿no conoce Vd. que no vé y puede precipitarse en el abismo sin fondo de las aguas de Cartagena?

Ese es Pí y Margall; un sábio metido á político, y

no hay políticos más torpes é imposibles que los sábios. Creen que el arte de gobernar es una línea recta, y es una curva que se pierde en las vueltas y revueltas de lo real y lo posible. De aquí que los que no son sábios, como Romero Robledo, sean más políticos que todos los Platones y Aristóteles del mundo. Si Pí no supiera tanto, si no viviera constantemente entregado á especulaciones metafísicas y problemas filosóficos, seria un ministro posible. Vive como vive, y su triunfo es tan quimérico como el de D. Cárlos. Sólo una sorpresa puede darle la victoria.

Pero como orador ¡qué limpia es su palabra! ¡qué profundos sus conceptos! ¡qué sóbrio y enérgico su estilo! ¡qué formas tan distinguidas y severas las suyas!

No es altisonante, declamador, figuron de tribuna. Es un filósofo que, abrochada la negra levita y sin pretensiones de ningun género, comunica al auditorio su pensamiento sin sofocarse ni gesticular, más atento á lo que se propone decir que al efecto que pueda hacer. Jamás se altera, jamás pierde la calma, jamás tampoco produce tempestades. Las cosas más duras, las ideas más disolventes, las proposiciones más temerarias las expone sin ruido ni aparato. Salen de sus lábios frias y serenas, y el auditorio no se apercibe hasta que ha concluido. Rehuye las cuestiones personales, porque su mision no es otra que sembrar principios para recoger hombres. Pí ha sido siempre en todos los debates el descanso y la meditacion. Cuando hablaba en las Córtes, los diputados de poco más ó ménos se salian; pero se clavaban en su asiento y no perdian una palabra de sus discursos Rivero,

Martos, Echegaray, Rios Rosas, Cánovas, Salmeron, Castelar, todos los colosos del saber y de la tribuna. Escuchaban respetuosos la ciencia y la sabiduría de la ilustre calamidad.

Su postura es siempre la misma: erguido, sereno, inmutable; acciona con la mano derecha, cuyo índice apunta sin cesar no sé á qué ó á quién; pocas veces juega las dos manos, diríase que huye deliberadamente de la notoriedad hasta en los más mínimos detalles; no se pasea como otros por el espacio que dejan libre los bancos, no golpea, no se enardece; es como una estátua griega que moviera una mano y pronunciara discursos. Por eso no entusiasma, no arrebata, no conmueve: razona, discurre, trata de persuadir. Acaba como empieza y empieza como acaba. De aquí que resulte algo monótono si monótono puede ser un mérito tan reconocido. Para una cátedra no tiene precio, para una asamblea de intrigas y pasiones es demasiado frio. Por eso decia Prefumo:—«¡Ese hombre es de hielo, un terron de nieve, un cuerpo yerto!»—Y tenia razon el diputado cartagenero. Pí es inconmovible. Lo mismo le dá ocho que ochenta, arriba que abajo, Julio César que Julian Cerezas.

Contempladle en la izquierda—en ella estará siempre—hácia los bancos de en medio, sentado reposadamente, con los brazos cruzados, los pequeños ojos clavados en lo que tiene delante, sereno, impasible como una figura decorativa. A su lado hablan, corren, declaman, gritan; él quieto. Se produce un escándalo, todos accionan, todos gesticulan, todos van y vienen, todos piden la palabra y se la toman; Pí como si tal cosa. Cuando más se mece la barba, sonríe sin que nadie se lo conozca, y hasta que se levanta la sesion. ¿Tira el presidente la campanilla á algun orador? Pí la vé ir, cae sobre la cabeza del agredido, hacerle un chichon, correr la sangre: ni siquiera se mueve. ¿Dicen que el Congreso se vá á hundir? Todos salen escapados: él permanece en su sitio.

Ni sus hábitos, ni sus estudios, ni su educacion le permiten tener otra naturaleza. Es como Dios le ha hecho. Empero frio y todo, sus trabajos cunden, su nombre está en todos los labios, sus ideas se extienden á la manera de una sombra. Esta sombra huirá ante los resplandores de la luz, no lo dudo un momento, lo creo firmemente; mas en el *ínterin* asusta y amedrenta. Es un coco que nos dará mucho que hacer.

Oidle cómo expone sus doctrinas, y admirad la sobriedad, la energía, la templanza á la vez de sus formas. Defendia en las Constituyentes del 69 la soberanía de la razon. Véd cómo se va al bulto:

«Nuestra razon es tan soberana, que hasta el mismo Dios, esa eterna incógnita para el hombre, viene á ser en último resultado producto de la razon misma. Dios podrá existir ó no: no tengo razones para afirmarlo ni para negarlo; pero es indudable que si el hombre ha llegado á adquirir la idea de ese Sér, no lo ha conseguido sino por un esfuerzo de su propia razon. Somos nosotros los que hasta cierto punto le hemos creado por una série de abstracciones á que el hombre se ha ido elevando, merced á sus continuos progresos.

»En un principio, cuando se encuentra el hombre

en un estado salvaje, ó poco ménos, ve en torno suyo una infinidad de séres, ya animados, ya inanimados, que mira como superiores porque son un obstáculo á su desarrollo, á su marcha. No acertando á explicarse esos séres, cree por de pronto que esos séres tienen como él voluntad y por actos de su voluntad ejercen las funciones que están llamados á desempeñar: ó cree cuando más, que si no tienen voluntad, depende cada uno de un sér especial que viene á ser el alma de sus movimientos y el secreto de su vida. Pero pronto el hombre se eleva á la idea de los séres colectivos, y entónces concibe, no aún una fuerza sobre todos los séres, sino fuerzas colectivas que presiden cada uno de los grupos en que aparecen distribuidos los séres creados; y entónces sube así del fetichismo al politeismo y ve un Dios en cada uno de los grupos de la naturaleza y en cada órden de las manifestaciones humanas. Despues, haciendo otro esfuerzo de entendimiento y subiendo á una abstraccion más elevada, llega á creer que hay una ley general á que obedece el universo, y personificando esa ley general, se eleva á la idea del Dios único, al monoteismo. De modo que la idea de Dios tal como la concibe ya el hombre salvaje, ya el hombre culto, es siempre un resultado del entendimiento mismo del hombre, es siempre una especie de creacion de la razon humana. ¿Y decís que no es soberana la razon? Sí: la razon es completamente soberana.

»Tan soberana es la razon que lo vemos comprobado á cada momento por la historia. Recordad á Sócrates, á ese hombre que en pleno politeismo llega á concebir la unidad de Dios. Sus conciudadanos, creyendo que sus ideas destruian la religion del Estado, le condenaron á muerte. En el momento mismo de estar ese hombre bebiendo la cicuta que le habia de dar la muerte, seguia afirmando su idea, porque la razon le estaba diciendo que esa idea era la verdadera y no la de sus jueces.

»Viniendo á tiempos más cercanos á nosotros, hallamos á Galileo, que por temor á la persecucion y al tormento llega á retractarse de su idea. Inmediatamente despues de haberse retractado, dícese que dando una patada en el suelo pronunció las célebres palabras *e pur si muove*, prueba inconcusa de que aquel hombre, áun en el momento de abjurar por un acto de debilidad sus opiniones, le estaba diciendo la razon: «tú eres el que estás en la verdad, y al decir lo contrario eres cobarde é indigno de tí mismo.» Sí, la autonomía de la razon humana es ya un hecho fuera de toda duda.»

Ya ven Vds. cómo se explicaba nuestro filósofo nada ménos que cara á cara de Monescillo, Manterola y Cuesta. Pues yo le ví, y afirmo que lo hizo sin jactancia, sin prevencion, sin fijarse en que le escuchaba la Iglesia. Una naturalidad grande, un exterior tranquilo, una palabra que, sin ser abundante, es fácil y pronta. Oíanle tales sacerdotes con marcada atencion, las tribunas con respeto, los diputados queriendo leer en la fisonomía inalterable del orador la pasion, la vanidad ó las ambiciones. Pero Pí hablaba razonando sin cuidarse de más. Pone cuidado en la forma literaria de sus discursos, sin que pueda decirse que es violento y rebuscon. Ocúrrensele las ideas y las palabras espontáneamente, cómo á hombre muy acostumbrado á ellas, notándose desde luego que hay en él convencimiento profundo de lo que expone. Es un pensamiento hecho á fuerza de discurrir, de ahondar, de estudiar mucho y de todo. Aquel dia cogió por su cuenta la fé católica, y me parece que no lo hizo mal. Fué una paliza en toda regla, dada con el desembarazo que se ofrece un cigarrillo á un amigo.

Pero su fuerte, el fuerte de este político débil era ya la malhadada federacion que tantas desdichas nos trajo. Enamorado de Proudhon y de su *Principio federativo*, empeñóse en que debiamos ser federales á toda prisa, aunque en fuerza de correr fuéramos á estrellarnos los sesos contra los muros de Cartagena.

No creo molestar á Vds. copiando un período de uno de sus discursos. Se le dijo ya entónces que España debe su unidad á la gran federacion del siglo XV, y pretende persuadirnos de lo contrario. Es la opinion de un hombre respetable, el credo de una escuela que no se dá por vencida, el coco de que hablé ántes y que no debemos perder de vista por lo que pueda tronar. Oigamos:

«Pero se dice, y se nos ha dicho desde los bancos de enfrente: ¿cómo podeis pensar hoy en la federacion si formais parte de un pueblo que está ya constituido, de un pueblo uno, de un pueblo cuya unidad ha sido el producto de largos esfuerzos y de largos sacrificios? Se concibe perfectamente que fueseis á constituir una república federal con pueblos que no estuviesen unidos por el lazo de la nacionalidad; pero cuando se trata de pueblos á quienes une ese lazo, ¿cómo es posible pensar en la federacion?

»Este argumento, que parece muy fuerte á primera vista, no lo es cuando se examinan las condiciones de este país. En tiempo de Fernando el Santo se encontraba la España dividida en una porcion de reinos; existian entónces el reino de Castilla, el reino de Astúrias y Leon, el reino de Portugal, el reino de Navarra, el reino de Aragon, y luego existian otra porcion de reinos sentados en la España árabe sobre las ruinas del califato de Córdoba. Cuando se procedió á la unidad de esos pueblos, ¿se procedió consultando la voluntad de los pueblos mismos? No: esa unidad vino hecha de una manera que los pueblos no aprobaron, es decir, vino hecha parte por la conquista, parte por la sucesion, parte por el matrimonio de los reyes: Astúrias, Leon y Castilla vinieron á reunirse en la cabeza de Fernando el Santo por sucesion; los reinos de Aragon y de Castilla vinieron á unirse por el matrimonio de Fernando é Isabel los Católicos; el reino de Navarra vino á formar parte de la unidad española por la extrategia de Fernando el Católico; los reinos árabes vinieron á formar parte de la corona de Castilla por la fuerza de la conquista. Mas nótese bien: cuando los diversos pueblos cristianos se fueron incorporando á la corona de Castilla, lo hicieron conservando su antigua autonomía, conservando lo que llamaban sus fueros, es decir, sus antiguas leyes civiles, sus instituciones políticas, sus costumbres, su manera de vivir, su manera de ser especial. Nótese además, que cuando á fuerza de querer conquistar esa unidad tan ponderada se quiso acabar con esos fueros, no se pudo alcanzar sino por medio de la violencia; para acabar con los fueros políticos de Aragon, hubo necesidad de ahogarlos en la sangre de Lanuza; cuando se quiso concluir con los fueros de Cataluña, hubo necesidad de ahogarlos en la sangre que derramó en Barcelona Felipe V. Nótese más; nótese que cuando se ha encontrado un pueblo que por su situacion topográfica, por la indomable energía de sus hijos, por el fuerte sentimiento que tiene de su libertad y de su autonomía, ha podido oponer una gran resistencia al quebrantamiento de esos fueros, ese pueblo ha resistido y está aún conservándolos contra vuestra voluntad. Ahí teneis sí no á las Provincias Vascongadas, que viven aún con sus fueros políticos y civiles, enteramente distintos de los del resto de España. Cuando han creido que sus fueros podian peligrar, han tirado de la espada y han peleado durante siete años á la sombra de las banderas de Cárlos V, y podeis estar seguros de que si volvieran á ver sus fueros en peligro volverian á tirar de la espada para sostener otros siete años de guerra.»

¡Desgraciadamente la hemos tenido, hemos tenido esa nueva guerra, y no fué poca parte á fomentarla y extenderla la política de 1873, con especialidad la de Pí, quien por lo mismo que no hizo nada lo hizo todo con su falta de coraje y resolucion.

Sí, D. Francisco, Vd. más que nadie, y siento decírselo porque me merece como hombre el más alto concepto, aunque no he tenido el gusto de cambiar una sola vez mi saludo con el suyo. Vd. vacilando, usted sin atreverse, Vd. dejándolo todo al patriotismo, usted gobernando con consejos, Vd. poniendo telégramas inocentes, Vd. apelando á la razon cuando apenas habia español que la conservara, Vd. queriendo hacer la federal poco ménos que como se hace un milagro, Vd. es responsable de mucho de lo que pasó entónces. ¿Responsable de un delito cometido á sabiendas? No, no le hago esa injusticia. He leido su vindicacion y estoy convencido de que fué—permítame que se lo diga—un niño. Los sábios en la política son tan funestos como los muchachos en las visitas. Todo lo echan á perder.

Pues qué, ¿no es cándido, no es pueril, no es torpe pensar en política que el consejo y la prudencia hacen las cosas? ¿No es cándido, pueril y torpe, no resolver nada cuando todos resuelven algo? ¿Qué hacia Vd. con los brazos cruzados? Le decian que tal ó cual ciudad proyectaba levantarse en canton, acudia usted á ella, la mareaba á partes y oficios, poníase á predicar cuando era sazon de corregir, y no era malo si lograba contener por el pronto la tormenta. Detrás de aquella provincia otra, despues las demás, y usted sin acordarse de Santa Bárbara hasta que tronaba. ¿Por qué en la actitud de una no precavió Vd. la actitud de las demás? ¿Por qué no acudia Vd. ántes de que la cosa no tuviera remedio?... Lo dicho, fué usted imprevisor. Es lo mismo que si yo me pusiera gabanes á medida que me diesen pulmonías. No, señor. Antes de que venga la primera, muy abrigadito; y si soy víctima de una, nada de melindres ni abandonos: camiseta de franela, chaleco de Bayona, gaban, capa, y hasta una bufanda récia y abundante, por si acaso.

Esto hubiera sido gobernar; aquello fué la anarquía.

¿Porque quiso Pí? No, porque en medio de su serenidad no sabia por dónde andaba ni qué hacer; porque tuvo miedo, porque le faltó resolucion, porque no sabe gobernar. Leed su curiosísimo libro *La República de 1873*, y él mismo os confirmará lo que yo digo. En todas sus páginas, magistralmente escritas, se vé la ineptitud gubernamental de un sábio que quiere realizar un principio, y tan tímido y vacilante anda que no realiza ninguno, sume al país en la anarquía y prepara el advenimiento irremisible de sus adversarios. Esta es la verdad, y deploro decirla á persona tan digna, tan ilustrada, tan respetable. ¿Pero qué remedio? La verdad no es Jano que tiene dos caras: la verdad no tiene más que una, severa, sí, mas noble y hermosa.

Tengo todavía que hacer á Pí otro cargo, es decir, tengo que reproducir lo que todo el mundo se preguntó y se pregunta aún.

La especialidad de Pí hasta el 11 de Febrero habian sido las cuestiones de Hacienda, que trataba con una profundidad, con una competencia admirables. Todos pensábamos que, elevado al poder, encargaríase de la cartera de Hacienda. Entró, sin embargo, en Gobernacion. ¿Por qué esta inconsecuencia? ¿Por qué este fracaso de todas las esperanzas?... ¿Es que tuvo miedo á la casa de la calle de Alcalá? ¿Es que no le dejaron? Oscuro esta todavía este punto, y más de cuatro no aciertan á armonizarlo con el carácter sério y formal de Pí. Quizá en Hacienda hubiera hecho algo bueno, y en Gobernacion no pudo hacerlo peor; quizá en Hacienda necesitábase perentoriamente el radicalismo de sus principios, y en Gobernacion otro hombre más práctico y de ménos sabiduría. Esta contradiccion no he podido explicármela nunca. ¿Por qué no entró Pí en Hacienda?...

Ahora bien; por lo mismo que soy justo debo poner el elogio al lado de la censura. Pí buscó hombres y no los encontró. Esto para mí es evidente; pero bueno es que lo oigan Vds. de sus propios lábios. Dice en el prólogo de su vindicacion, año de 1874:

«Aspiro, sobre todo, á sacar ilesa mi honra. Mi rehabilitacion política es lo que ménos me preocupa. Han sido tantas mis amarguras en el poder, que no puedo codiciarle. He perdido en el gobierno mi tranquilidad, mi reposo, mis ilusiones, mi confianza en los hombres, que constituia el fondo de mi carácter. Por cada hombre leal, he encontrado diez traidores; por cada hombre agradecido, cien ingratos; por cada hombre desinteresado y patriota, ciento que no buscaban en la política sino la satisfaccion de sus apetitos.»

Esto se llama escribir con valentía, decir la verdad á los mismos amigos, tener carácter fuera del poder, pues en Gobernacion dió pruebas de carecer de él. Por supuesto, que yo casi me alegro, porque si hubiera tenido carácter y encontrado hombres, ¿á dónde habriamos ido á parar?

Este hombre severo y honrado dice más adelante, refiriéndose á las Constituyentes federales de 1873, estas palabras enérgicas y vigorosas que tanto favorecen la índole de su carácter, toda vez que habla de unas Córtes elegidas bajo su direccion:

«Eran, sin duda, inexpertas, no muy alto su nivel intelectual, poco determinadas sus aspiraciones, no muy fijas sus ideas sobre los principios que debia tener la federacion por base...»

¿Lo ven Vds.? Pí no es un hipócrita. Él mismo declara que las Córtes federales no sabian qué era la federacion. Lo malo para Pí es que todavía lo ignora todo el mundo, todo el mundo ménos él. Unos quieren que se haga de arriba abajo, otros de abajo arriba, y todos inconscientemente y de buena fé tiran á descuartizar á España de arriba abajo y de abajo arriba.

Más adelante hace este reto, que por lo extraordinario en un hombre político le honra un poco:

«Se ha buscado por algunos en la ambicion el motivo de mi supuesta complicidad con los cantonales. ¿Dónde la he demostrado? Si hay en España un hombre á quien desde la Revolucion de Setiembre acá haya pedido el voto para ser diputado ó presidente de las Asambleas federales, ó jefe del Directorio ó ministro, que levante la voz y lo diga.»

En otra parte hay esta exclamacion amarga y valiente:—«¡Que á tanto llegue el interés de partido y la maldad de los hombres!»

En resúmen: Pí es un sábio, no un político; un sectario, no un hombre de partido; un espíritu soñador, no un talento práctico. Su notabilísima obra *Las Nacionalidades*, que he leido y releido porque vale mucho, no es otra cosa que el delirio de un filósofo sin más mundo que los libros y mapas de su despacho. No se sabe dónde empieza y dónde acaba la autonomía municipal, dónde empieza y dónde acaba la autonomía provincial, dónde empieza y dónde acaba la accion de la personalidad jurídica Estado. Su socialismo es lo más impracticable que se conoce, lo cual no obsta para que diga con todo el funesto teson de un sectario:—«Si tambien estas proyectadas reformas son en mí dignas de censura, no me importa. Me aplaudo por haberlas intentado, y sólo siento que no me haya permitido el tiempo llevarlas á cabo.»

Pí como orador es notable, aunque le faltan la voz y el fuego de los grandes oradores. Sus discursos se leen mejor que se oyen, y se oyen con agrado, sin duda alguna. Como los de Demóstenes, no tienen una palabra de más ni una palabra de ménos. Pero son frios como el hielo, lo mismo que su autor.

Como ministro ha hecho lo que pocos: dejar casi íntegros los muchos miles de duros destinados á los gastos secretos de Gobernacion. ¡Qué contraste con aquel ministro inverosímil que, hambriento y desarrapado, se llevó los suyos y los agenos, el tintero, las plumas, los armarios... ¡hasta las esteras viejas que se podrian y apolillaban en los desvanes del edificio!

Pí es un hombre honradísimo que, despues de haber pasado por el poder ejerciendo poco ménos que la dictadura, vive de lo que vivo yo: de su bufete, sus libros y sus artículos.

Es el único ex-ministro que no ha querido cobrar la cesantía, y no la cobra.

¡Lástima que un hombre tan ilustre sea la calamidad más grande, el peligro más profundo, el sectario más incorregible de la política española!

POSADA HERRERA.

Tomo el *Diccionario Enciclopédico de la lengua castellana*, busco la L, llego á la página 316, y leo:

«*Lagarto*: adj. s. germ.: el que se disfraza para que no le conozcan. Adj.: pícaro, taimado, astuto.»

Esta explicacion no me satisface. Sigo hojeando, doy con la T, me detengo en la página 1.254, y leo de nuevo:

«*Trucha*: adj. s. met.: la persona sagaz y difícil de engañar. En este sentido se dice: *es Vd. muy trucha.*»

Tampoco me llena esta acepcion metafísica. Cojo el tomo primero, vóime derecho á la A, y en la página 160 se detienen mis ojos:

«*Anguila*: zool.: pez de agua dulce, del género murena, algo parecido á la culebra, que á veces tiene más de una vara de largo. Su cuerpo, que es cilíndrico, y en la cola aplanado, está cubierto de una sustancia viciosa que lo hace sumamente escurridizo...»

¡Alto! Escurridizo y suele tener más de una vara... esto es lo que busco, este es el hombre, es decir, la anguila. Porque si en política existe algo que se escurra, algo que se escape sin sentirlo escapar, algo que se escabulla y desaparezca cuando se piensa tenerlo más seguro, algo que se vá de entre los dedos, ese algo es, sin duda alguna, D. José Posada Herrera: asturiano fino, finísimo, insinuante, dulzon, licurgo si los hay. Es el titiritero parlamentario, el escamoteador, el gran sofista. Su política son las circunstancias; su ley, la necesidad; sus argumentos, sutilezas que se pierden de vista. En este sentido Posada Herrera es la consecuencia personificada: siempre ha sido lo mismo. Ni ha cambiado, ni cambia, ni cambiará. Tiene ya los huesos muy duros para hacer mudanzas en su naturaleza.

Los principios, las ideas, las leyes, todo lo sujeta Posada Herrera á las circunstancias. De ahí que hoy aplauda lo que ayer censuró, que mañana acepte lo que hoy rechaza. Es un gran escéptico con un profundo sentido práctico, un hombre que se rie de lo más sério si en la piedra de toque de la realidad no dá resultados, un político que busca lo positivo y desdeña lo dudoso ó problemático. Por eso fué progresita en las Córtes de 1841, moderado despues de 1843, luego puritano, más tarde unionista, posteriormente defensor de los derechos individuales, hace poco conservador-liberal, á seguida centralista tapado, y en estos momentos nada.

¿Es inconsecuente? Así lo parece; mas parece lo que no es. Desde que vino á la política hasta hoy su bandera ha sido esta: las circunstancias. En nombre de las circunstancias fué ministro, siendo ministro escudábase con las circunstancias, las circunstancias le llevaron el 69 á la comision de Constitucion, á Roma marchó de embajador por las circunstancias, presidió las Córtes de 1876 aceptando las circunstancias, dió vida á los centralistas confiado en las circunstancias, y las circunstancias le tienen hoy en Llanes, donde espera tranquilo y sosegado que cambien las circunstancias.

De manera que, careciendo de política, tiene la mejor de todas: la que se encuentra ó la que le dan. Puede ser ministro á cualquiera hora, porque á cualquiera hora, como hijo de las circunstancias, inclínase ante ellas y pónese á su servicio. ¿No le favorecen las circunstancias? Pues no se apura. Hace la maleta, toma el billete, se despide de D. Bonifacio Cortés, dirige á Madrid una mirada de filosófica compasion, le dice ¡abur! á Barca, y á Llanes se vuelve á cuidar flores y hortalizas.

Su oratoria es tan indefinible como su política: tiene todos los tonos, desde el pretencioso y elocuente hasta el burlon y sofístico. Su palabra, cual dócil cera que se presta á todas las formas, lo mismo discute la democracia con Rivero, que ridiculiza entre las risas del público las pero-grulladas de Orense; lo mismo cede y se modera con Rios Rosas, que arremete audaz contra los progresistas y los llama *héroes de barricadas*.

Un dia parecióle que habian querido atribuirle

mezquinas ambiciones, y pronunció estas arrogantes palabras:

«Yo he nacido, señores, en un país donde se vé el sol muy pocas veces; en un país sombrío, donde no hay imaginacion, donde no pueden presentarse las cosas con colores muy vivos; pero en mi país hay en cambio montañas tan altas que tocan con su cima las nubes, y yo tengo un corazon tan alto y tan elevado como aquellas montañas.»

Hay elocuencia en este arranque de su amor propio; pero Posada Herrera, si bien es un político notable, como orador no pasa de la medianía. Si como tiene ingenio, agudeza, travesura, buen golpe de vista, sofismas para todo, tuviera gala, facilidad, entonacion en la palabra, seria un gran orador. El no lo cree así y descubre ciertas pretensiones, singularmente en los exordios, los cuales dice con aparato que promete mucho y luego no cumple nada, como ha sucedido con las ilusiones que hiciera abrigar de soslayo á los centralistas. En una ocasion D. Joaquin María Lopez aplicó estos versos á los discursos de Posada Herrera:

«Y en este monte y líquida laguna,
A decir la verdad, como hombre honrado,
Jamás nos sucedió cosa ninguna.»

Su accion es lánguida, monótona, fria; sus ademanes, pretenciosos; su entonacion, igual y molesta; su expresion, tarda y difícil; propio y escogido el lenguaje; viva y simpática la fisonomía. Una sonrisita que abandona pocas veces cuando habla, dále ese carácter irónico, burlon é intencionado que tanto mortificaba á las oposiciones. Su frescura, su calma, su cachaza, su serenidad constante hacen que su oratoria gane en recursos y ventajas lo que pierde en fuego y elocuencia. Para huir el bulto, para escaparse por la tangente, para desesperar al contrario, para desconcertarle con una sutileza vestida con el ropaje de un argumento, para estarse horas enteras en la cuerda floja de un sofisma sin perder el equilibrio, sin vacilar, sin distraerse, difícilmente habrá otro orador como Posada Herrera.

No le falta fondo, que es hombre muy ilustrado en ciencias morales y políticas; pero su especialidad es salir del paso sin comprometerse, burlar al enemigo, hablar horas enteras sin decir nada. En este terreno no tiene rival. Defiende lo indefendible, acomete lo inexpugnable, convierte en victorias las derrotas.

¡Cuántas veces le estrecharon, le redujeron, le aprisionaron con su lógica Calvo Asensio, Olózaga, Sagasta, Rivero, Gonzalez Brabo; y cuando todo el mundo creia que Posada Herrera apelaria á la fuga, cuando su réplica teníase por imposible, cuando oposiciones y tribunas regocijábanse por el triunfo, el ministro de O'Donnell, sin inquietud, sin impaciencia, sin gritos ni declamaciones trataba de romper el cerco; lo quebrantaba con un chiste, ponia medio cuerpo fuera con una argucia, asomaba la cabeza con un sofisma, escurríase, por último, con un rasgo de ingénio y defraudaba las esperanzas de los contrarios. Entónces el despecho irritaba á sus enemigos y acometíanle de nuevo. Posada Herrera, sin dejar de sonreirse con sonrisa escéptica y burlona, aguantaba á pié firme el ataque, del que salia ileso y áun dándose aires de triunfador.

Por eso se dijo que era el *ministro-sofisma*, porque para todo tenia una salida, un recurso, un medio de escapar.

Algunas veces, pocas, por supuesto, porque no le llama Dios por tal camino, ha sido poético y florido. Hé aquí un párrafo del discurso que pronunció combatiendo la reforma constitucional de Bravo Murillo:

«Cuando una nave está en peligro; cuando las velas se han roto; cuando la tempestad brama por todas partes; cuando están prontos los marineros á tirarse al agua; cuando el jefe ha abandonado el timon, si un hombre atrevido lo coge y lleva el barco hasta el puerto y dá el grito de *tierra*, ese hombre ha salvado la nave, ese hombre es el poder constituyente. Cuando en épocas de desórden hay en una nacion un hombre, una institucion, un cuerpo de bastante prestigio que se atreve á coger el timon de la nave del Estado, y poseido del pensamiento público, realiza lo que la nacion desea, ese hombre, ese cuerpo, esa institucion es el poder constituyente; pero hacer de un cuerpo regular ordinario un poder constituyente; establecer el precedente de que en todas épocas, en todas circunstancias pueden las Córtes con el rey reformar la Constitucion del Estado, es plantar en la cúspide del poder social una bandera perpétua de revolucion.»

Pero repito que no es este su fuerte; su fuerte es el balanceo, hacer frases, marear al contrincante, hablar mucho sin decir nada, columpiarse, ir y venir de un lado á otro sin hacer parada en ninguno, moverse sin cesar, sostener el pró y el contra de todas las cuestiones, pintar como blanco lo que es negro, como negro lo que es blanco, y hacerlo con tal arte, con mañas tan ingeniosas y sutiles, que, á no estar prevenido, convendríase en que tiene razon. Tal fué su gran trabajo, su táctica, su estrategia como ministro de la Gobernacion durante los cinco años de union liberal.

En una ocasion acusáronle de que con sus mistificaciones el sistema representativo no seria perfecto jamás. No se incomoda, pide la palabra, y sin asentir ni negar dice:

«No hay ninguna forma de gobierno, ninguna institucion que haya nacido formada ya completamente; que haya llegado á ser práctica y se haya establecido en cuatro ni en diez años.

»Todas las formas de gobierno, todas las instituciones necesitan largos períodos históricos para desenvolverse, porque sólo así son fuertes y pueden defender la sociedad; pues no se cria un árbol fuerte en un solo dia, y se necesitan muchos años para que una encina sea frondosa y pueda extender sus ramas, y cubrir á los que acoge bajo su sombra.»

¡Pero, señor, si no es eso lo que se discute, si no se trata de eso, si nadie siquiera lo duda! Lo que se dice es que Vd. lo está echando á perder, que es Vd. un solemne mistificador, que su política es una política de desprestigio... ¡Que si quieres! Posada Herrera se escurre una vez más, y las oposiciones tienen que desistir de su empeño. Coger á Posada Herrera en una discusion, es tan difícil como coger agua en una criba. Se escapa por todos los agujeros.

Cuando la democracia era una escuela más que un partido, una aspiracion más que una realidad, propaganda más que accion, Posada sostuvo debates reñidísimos con Rivero. ¿Creeis que el ex-moderado y unionista negó la democracia? Ni por asomo. Lo que hacia era divagar sin rechazarla, dar un quiebro y quedarse tan tranquilo. Rivero, lógico y contundente como pocos, fruncia el entrecejo cuando le veia escabullirse de esta manera:

«No quiero el gobierno de la democracia, porque cuando ella mande gobernarán los tiranos. Quiero el gobierno de las clases medias, de las clases que tienen responsabilidad, porque cuando esas clases manden gobernará la democracia, ó al ménos se gobernará conforme á los intereses de la democracia.»

Y no sólo no negaba la democracia, sino que parecia confirmarla con estas generalidades tan propias de su política y de su oratoria:

«Donde quiera que veais un país con gran libertad; donde quiera que halleis una poblacion que disfrute de grandes derechos políticos, estad seguros de que allí, en una ú otra forma, encontrareis siempre un poder fuerte, robusto, para contener todos los ataques que vengan contra la seguridad del Estado.»

En una sesion memorable, como abusara ya demasiado de sus sutilezas y sofismas en una cuestion precisa y concreta, los diputados prorumpen en murmullos. Posada Herrera no se desconcierta.— «Sus señorías pueden ser todo lo intolerantes que quieran; pero nunca llegarán, por intolerantes que sean, á la paciencia y la tolerancia del ministro de la Gobernacion.»

¿Quién no se calla al oir una contestacion tan mesurada, tan prudente, tan oportuna como esa? Callaron los diputados, y Posada Herrera siguió hablando todavía más de una hora sin decir nada, sin dar su brazo á torcer.

En aquellas célebres campañas parlamentarias salieron de sus labios dos frases que usamos aún en el dia: la *influencia moral* de los gobiernos en las elecciones, y el *tacto de codos* en las mayorías. Porque para hacer elecciones y barajar mayorías no ha tenido más que un rival: Romero Robledo. Olózaga llamóle un dia el *Gran Elector*. Lo era, en efecto. Costábale tanto trabajo dirigir y ganar unas elecciones, como pronunciar un discurso *en blanco* sobre cualquier cosa. ¡Le cabe la responsabilidad, responsabilidad tremenda, de que en su época empezó la verdadera corrupcion electoral!

Pasados aquellos tiempos Posada Herrera vino por tres distritos diputado á las Constituyentes del 69. Poco lució como miembro de la comision de Constitucion. Aceptó y firmó los derechos individuales que exigian las circunstancias, esto es, los derechos individuales que exigia su política de siempre, sin que le mortificara la idea de que algun audaz pudiera recordarle su famosa pregunta á Rivero:—«Qué pedazo de pan dá S. S. al pueblo con los derechos individuales?»—Estaba allí, en plenas Córtes revolucionarias, como si se hallara en su casa. Fué uno de los padres del gran Código democrático. Ya van Vds. viendo cómo acepta Posada Herrera las circunstancias y cómo vive con ellas.

En 1869 no hizo un sólo discurso, siendo el único

individuo de la comision de Constitucion que permaneció silencioso en aquel clamoreo general. Su palabra limitóse á defender brevísimamente el título de príncipe de Astúrias aplicado al sucesor inmediato de la corona. Sus amigos dicen que vió claro en medio de tantas nubes y no quiso aventurarse. Tal vez; pero aceptó luego, cuando habia las mismas nubes, la embajada de Roma.

A propósito de la embajada de Roma se cuenta una anécdota.

Dícese que visitó un dia un magnífico templo de grandes bellezas artísticas. Al pié de un altar rezaba triste y compungido un fraile capuchino que no quitó ojo al curioso cuando notó que miraba y remiraba todas las cosas con sin igual desembarazo y despreocupacion, como si estuviera en mitad de la calle. Nuestro embajador continuó su paseo por las anchas galerías sin hacer alto en el escandalizado religioso. Este se amosca y váse derecho á la sacristía, de donde á poco sale otro fraile que se dirige al irreverente volteriano.

—Señor—le dice—la Reverencia del Padre Tal me manda á manifestarle que mientras esté Vd. en el templo guarde la humildad y la devocion debidas.

Posada Herrera no se inmuta ni dice quién es. Finge la gravedad más profunda del mundo y le contesta muy sériamente:

—Dígale á Vd. á Su Reverencia que estoy en el secreto.

Despues de dejar la embajada de Roma, Posada Herrera retiróse á Llanes. El primer Congreso de la restauracion le eligió su presidente poco ménos que por unanimidad. Tan equívoca empezó á ser ya su actitud, que los mismos constitucionales, ignorando en realidad cuál era su pensamiento, pero acordándose de que fué uno de los progenitores del Código de 1869, no le pusieron enfrente candidato. Posada Herrera, nadando y guardando la ropa, siguió así algun tiempo, es decir, sin manifestar á qué partido pertenecia, sin exponer su opinion acerca de la política, sin comprometerse con nadie y estando á bien con todos. Pero en su cabeza bullia, sin duda, un plan. ¿Cuál?... Este es el misterio. Voy, sin embargo, á arriesgar algunos informes que tengo por fidedignos.

Cuando la disidencia constitucional que capitaneaba Alonso Martinez no habia roto aún decididamente con Cánovas, Posada tuvo noticia de que aquél habia celebrado una cordial conferencia con éste; y no gustándole mandó á Vega Armijo que hablase con Alonso Martinez y le dijere, de su parte, que no adquiriera compromiso alguno con el Gobierno; que permaneciera á igual distancia de Cánovas que de Sagasta; que podrian venir circunstancias—¡otra vez las circunstancias!—en que el justo medio del grupo alcanzara el poder. Fiáronse todos de un hombre de tanto prestigio en aquellos momentos, y el centralismo nació al calor y bajo los auspicios del Presidente del Congreso.

Posada, siempre el mismo, empezó entónces á querer y á no querer, á servir directamente al Gobierno é indirectamente á los centralistas; á permitirse consejos y advertencias á los disidentes; á decirles cuándo debian hablar y cuándo callar; á inquietar á unos y á otros; á tenerlos á todos en jaque y sin saber á qué carta quedarse; á inspirar recelos á Cánovas, indiferencia á los constitucionales y brios á los medrosos del relój. Faltaba una espada á la gran falange, y todos vieron en la de Zavala la que querian. El partido quedó hecho. Luego veremos cómo fué partido el partido en menudas tajadas que no saben en qué plato ponerse.

Por una de esas cosas casuales, Posada pudo hablar diez minutos con el rey en un coche del ferrocarril en un viaje en que se encontraron. Despues de aquella conferencia los centralistas no cabian en Alonso Martinez de gozo. El suceso no era para ménos. Posada habia enviado á Rico á Madrid con noticias de su conversacion con el rey, y cuando Rico dijo á los suyos la alegre novedad tanto se entusiasmaron, que el simpático director de *El Parlamento* salió al dia siguiente poniendo por las nubes á Posada y por las estrellas á Martinez Campos. Pareciónos á todos que esta era la candidatura convenida en el tren.

Pero ¡oh dolor! Poquito á poco todo se deshace, los castillos levantados vienen al suelo con estrépito, las ilusiones mueren en flor. De lo dicho no resulta nada. Cánovas sigue gobernando, Sagasta arremetiendo, los centralistas con la boca abierta sin saber qué decir de Posada Herrera. Y Posada Herrera impasible, tranquilo como un patriarca en su sillon presidencial, ayudando á la mayoría, inspirando á los centralistas, respetando á los constitucionales.

«¿Pero qué es esto?»—preguntábanse unos á otros los diputados del relój.—«¿Y laconferencia del tren?» —Hombre hubo que, dudando ya de todo, hasta en duda puso que hubiera trenes de ferro-carril.

Llegó un dia en que los centralistas, cansados de tantas dudas por su parte y de tanto pasteleo por la de Posada, resolvieron abordar de frente la incierta y poco formal situacion. Posada les dió un quiebro más, aunque nunca una mala respuesta, y presidió la discusion de las capitulaciones matrimoniales. ¿Qué hacer? Las cartas traidas y llevadas por Rico entre el pié y la suela del zapato, como traen y llevan sus papeles los más feroces y perseguidos conspiradores, ¿se habian convertido en agua de cerrajas? Los cabildeos de Lorenzana con personajes de la revolucion para tenerlo todo preparado y formar un Gabinete de ancha base, ¿serian tiempo perdido? Es lo cierto que Posada dijo ¡ahí queda eso!, y hasta el dia no hemos vuelto á ver sus grandes y hermosas orejas.

Ahora bien: ¿cuál es la verdad de todas estas contradicciones, de tan profunda y curiosa confusion? Tengo para mí que Posada quiso y no pudo; pensó, y no se atrevió, esperaba, y vióse defraudado. Estuvo tirando y aflojando, dejándose ir y echándose para atrás, creyendo hasta el último momento que la política de hoy y los hombres de hoy son los mismos de 1862; ¡como si hubieran pasado en balde para cosas y personas seis años de revolucion! La táctica de Posada, fecunda entónces, hoy no pasa. Retirado por tanto tiempo de tirios y troyanos, indiferente á sus pasiones é intereses, ageno á los pequeños estímulos que tanto pueden en la política, aunque yo no dudo que hubiera perturbado desde el ministerio las huestes de todos los partidos y formado con los desprendimientos de ellos uno grande y vigoroso á semejanza de la antigua union liberal, es lo cierto que la figura de Posada resulta ya algo antigua, y que sus quiebros y pasteleos no han dado los frutos que todos esperaban.

¿Es esto decir que Posada es un imposible? No, por cierto. Hombre de las circunstancias ántes que nada, tal vez en algunas pueda venir de Llanes y realizar lo que ahora ha sido irrealizable con gran dolor del ayuntamiento de Barbastro, único ayuntamiento centralista que tiene el partido en toda España y sus islas adyacentes, pero por lo mismo digno de la mayor consideracion y respeto.

En resúmen: Posada Herrera es un orador mediano, ingenioso, arguciero, sofístico cual no otro; un político de circunstancias, aunque sério y de grandes miras; un hombre práctico y de administracion; una inteligencia clara y de cultura poco comun; un pastelero de primer órden.

Para más pormenores, dirigirse á Barca, Lorenzana y Compañía.

PRIM.

No fué un gran orador; pero fué un carácter, un corazon, un verdadero hombre de Estado.

Ó amigo ó jefe de todos los oradores que forman esta galería de bustos y perfiles parlamentarios; figura interesantísima que se destaca severa é imponente en aquel cuadro de tan vivos colores; alma de las Córtes del 69, fuera olvido censurable en mí no consagrarle un recuerdo, un lugar al lado de tantos como le querian y todos respetaban.

Asesinado villanamente por miserables instrumentos de nuestras enconadas pasiones políticas, si entre nosotros no existe, si no nos ayuda con su fortaleza ni nos aconseja con su templanza, la historia de mañana, más justa que la historia y los hombres de hoy, legará su ejemplo á los pueblos, su nombre á la inmortalidad.

Circunscribiéndome á sus aptitudes como orador, diré que Prim dió pruebas el 69 de ser sereno, hábil y oportuno. Jamás se le escapó una palabra indiscreta, una frase inconveniente; y con ser de naturaleza tan fogosa y apasionada, siempre supo dominarse y contenerse como los más diestros políticos y parlamentarios.

Permitidme el silencio ante el recuerdo de su gran memoria.

RIOS ROSAS.

"Como rio, se desborda;
Como rosa, huele mal;
Es feo, tiene talento,
Nació en Ronda y nada más."
(*Cabezas y Calabazas.*)

"Orador de gran empuge
Y de ademan brusco y fiero,
Cuando habla, el techo cruge;
Si hace una súplica, ruge;
Si pide rey, es de acero.
Si no llega á dominar
Su carácter singular
Que salta al menor revés,
De fijo vendrá á parar
En héroe ó en Leganés."
(*Gil Blas.*)

¡Este busto sí que es difícil!... Se trata nada ménos que de pintar la tempestad: el trueno, el relámpago, el rayo, la tormenta; de pedir al primero su pavor, al segundo su luz, al tercero su fuerza, á la última su espantoso ruido. Y al lado de la tempestad de aquella palabra sin ejemplo, pintar un corazon valiente, un talento profundo, un génio inspirado, un carácter fiero, indomable, desigual, lunático, arisco, perturbador, duro como el bronce. Y formando contraste con lo tempestuoso de su elocuencia y lo enérgico de su condicion, un estado patológico que salta del niño al tigre y del tigre al niño.

Decidme ahora que esto es fácil, y os contestaré que los toros se ven muy bien desde la barrera... Pero ¿quién dijo miedo? Todas las cosas son hasta empezar. Empiezo, pues.

En la tribuna parecia un leon furioso, en la calle un leon domesticado. En lo alto de aquélla todos le temblaban, en medio de ésta mirábanle todos de reojo. Inspiraba admiracion, miedo y curiosidad; admiracion, por su elocuencia; miedo, por su carácter; curiosidad, por su extraña manera de ser y de vivir. Tenia muchos apasionados y pocos amigos, mucho nombre y poca fortuna, mucho talento y poca diplomacia. Era sólo, vivia sólo, sólo formaba un partido. Cuando se levantaba de buen humor, nada habia más explícito, más benévolo, más jovial; cuando se levantaba de mal humor él mismo no se podia sufrir. Lo prudente entónces era marcharse cuanto ántes, tomar la puerta en seguida. Lo más leve podia malograr la visita.

Rios Rosas fué moderado, puritano, unionista, revolucionario, constitucional, casi republicano en 1873. Pero jamás fué inconsecuente en el sentido que se dá hoy á esta palabra. Cambió tanto, porque nunca sometia su criterio al de otro, su opinion á la de su partido, la justicia á las conveniencias. Inflexible como la lógica, allí estaba donde creia deber estar; contra sus amigos, contra sus deudos, contra las mayorías, contra las minorías, contra el pueblo, contra el trono, contra todo el mundo. ¿Quedábase solo? Pues recordaba estos versos:

«A mis soledades voy,
De mis soledades vengo;
Que para vivir conmigo
Me basta mi pensamiento.»

ó pronunciaba estas palabras:

«Creo que estoy un poco solitario; pero no me importa, porque espero y confio en el porvenir de mi país, y espero estar bien acompañado, si no dentro de un año, dentro de cuatro ó de seis, porque la vida política es larga; no es la vida política para ser ministro, no, sino para sostener una idea, para sacrificarse por ella, hacerla llegar á su madurez, y entónces desarrollarla; y si la vida se le acaba ántes al hombre político, legar su idea á sus amigos y sucesores.»

Llegaba una hora en que consideraba que no debia apoyar á un ministerio. Dejaba la cartera, la embajada, la presidencia del Congreso, la del Consejo de Estado, la posicion oficial que tuviere, y sentábase en los bancos de las minorías. A poco rompia el fuego de bala rasa, de bombas y metralla. A su voz todo se conmovia, todo vacilaba, todo caia en escombros.

No vaya á creerse que un orador tan grande habló el dia mismo que fué diputado. Callóse algun tiempo, durante el cual vió, oyó, aprendió. Cuando hizo su primer discurso llevaba algunos años de diputado. Crecióse luego como la espuma, y no poco contribuyó á la coalicion parlamentaria del 43 redactando la protesta de la prensa. En 1849 y 1852 dió muestras de su gran iniciativa política y pronunció discursos bastante notables, si bien carecen de aquella profundidad filosófica, de aquella estudiada armonía, de aquellas bellezas oratorias que descubrió despues combatiendo el proyecto constitucional de 1854.

Vais á empezar á oirle. Prefiero que hable él á hablar yo, y de este modo encontrareme poco ménos que hecho su busto. Con que le dé luego algunas pinceladas quedará terminado.

Discutíase el dogma de la soberanía nacional, y Rios Rosas, que era revolucionario sin saberlo, proclamaba esta teoría que no es otra cosa que la fuerza de los más:

«Sin el consentimiento del pueblo no hay verdadero poder: el hombre tiene libre albedrío, y la sociedad tambien; para doblegarse al poder, se necesita la voluntad, y por eso decian los antiguos *voluntas atque coacta, voluntas est.* No puede doblegarse ante ningun poder un pueblo, si no tiene voluntad de ello; cuando no quiere doblegarse, perece, pero no se doblega. Numancia no se rinde, perece; mata á todos sus hijos y se entrega á las llamas.

»Cuando el hombre no quiere que le gobierne un poder, muere; podrá rendírsele, se le hará esclavo, pero resiste y no consiente. ¿Cuál es, pues, cualquiera que sea el orígen del poder, cuál es en el terreno de la doctrina la verdadera constitucion del poder, la verdadera estabilidad del poder? El consentimiento, nò la soberanía nacional. El consentimiento, ya explícito, ya implícito, es la legitimidad, es la sancion de todo poder que lo explica todo. Sin consentimiento, no puede existir relacion de súbdito á poder; no se concibe, no hay poder.»

. . . .

«Tan impíos son los que proclaman el derecho divino absoluto, como los que proclaman el derecho humano absoluto. ¡Sí, tan impíos.»

Ya veis que cuando quiere es metafísico, abstracto; que hay belleza y energía en su frase.

En aquellas mismas Córtes, 1854, combatió la libertad de cultos, y aunque todo su discurso es notable, este arranque de su elocuencia es hermoso y sublime:

«Los griegos conquistaron la libertad con diez años de lucha por la union del principio liberal y del espíritu religioso en esa *Iliada* de los tiempos modernos, más grande, más brillante, más heróica que la *Iliada* de Homero; nosotros hemos tenido una *Iliada* en el año 1808; nosotros hemos tenido una inmensa vergüenza en el año 1823. ¿Qué nos guarda para el porvenir la Providencia? ¿A dónde nos conducirá en el porvenir nuestra locura? ¿A la *Iliada* de 1808, ó á la vergüenza de 1823?»

Para comprender todo el efecto oratorio de este párrafo es preciso mirar su fisonomía en la tribuna: alto, recio, altivo; fruncido el áspero entrecejo, relampagueando la mirada, enérgicos y nobles los movimientos, vibrante y clara la voz, imponente y fiero el conjunto.

Hombre político de conciencia, decia á gritos lo que su conciencia creia, sin ficcion ni disimulos. Oid una de sus muchas *claridades*:

«La libertad, señores, permitidme que os lo diga con franqueza, es una fuerza esencialmente agresiva, disolvente, desorganizadora; y si bien es un elemento necesario de la vida de las naciones modernas, no es toda su vida, sino una parte de su vida y de su sustancia, que nosotros debemos defender con nuestros pechos y á costa de nuestra sangre. ¿Qué es la libertad considerada en sí misma? No es más que una fuerza invasora; por sí sola nada funda, nada crea; es un disolvente absoluto.»

Esto es indiscreto, crudo; pero es verdad. Y lo dijo en aquellas Córtes del 54, tan apasionadas de la palabra más que de la sustancia de la libertad; lo dijo ante diputados que veian en él al ministro moderado que quiso ahogar la revolucion en virtud de la cual eran representantes del país. Rios Rosas no conoció el miedo jamás. Debia decirlo y lo dijo.

En otra ocasion, como se hubieran hecho indicaciones de que poderes misteriosos trabajaban la abdicacion de la reina y el entronizamiento de Montemolin, Rios Rosas exclamó entre los aplausos de toda la Cámara, de amigos y adversarios:

«Yo no me despojaré jamás de ese sentimiento, mezcla de deber y de afecto, que así en las monarquías como en las mismas repúblicas une al ciudadano, une al súbdito con el poder; yo no me despojaré jamás de ese sentimiento de fidelidad que suaviza el mando, que ennoblece la obediencia en las monarquías constitucionales. No; yo no me postraré jamás ante los poderes ficticios; yo no doblaré jamás mi rodilla ante dinastías artificiales; porque sé cómo resguardan la nacionalidad, cómo respetan la libertad, cómo labran la prosperidad de las naciones los poderes ficticios y las dinastías artificiales; no; yo no doblaré jamás mi cabeza al yugo de dinastías amasadas por la traicion é impuestas por el extranjero.»

Se vé, se vé claramente la especialidad de su oratoria: la independencia, la arrogancia, las amplificaciones más bellas y enérgicas. Esta virilidad no era sólo ante un suceso quimérico, era tambien ante los ministros, ante los diputados, ante todos juntos. Sostenia en 1855 que la Constitucion vigente era la del 45. Las interrupciones y los murmullos apagaban su voz, la campanilla del presidente tocaba en balde; nadie oia, todos hablaban. Rios Rosas se cruza de brazos, y aprovechando una conyuntura favorable dice con voz de trueno haciéndose aplaudir de los que un momento ántes no le dejaban continuar:

«Bueno ó malo, ó mediano, lo que diga será excelente, porque será la expresion de mis sinceras opiniones (*Bien, bien*); opiniones expresadas en uso de mi derecho absoluto, como todo cuanto digan todos los señores diputados en uso de su derecho y de su inviolabilidad, será escuchado y no interrumpido por mí (*Bien*), por mí, que he defendido y he salvado aquí la inviolabilidad de los diputados de la nacion (*Bien, bien*).

«*Presidente.*—Está V. S. en el uso de su derecho...

«*Rios Rosas.*—Estoy en el uso de mi derecho; no tiene V. S. que molestarse; no faltaré al decoro que se debe á este cuerpo y á esa mesa; descanse V. S. y no me interrumpa, porque serán muchas más las interrupciones, añadiéndose á las otras las de V. S.»

Cesan las interrupciones ante tanta valentía; pero pasada la sorpresa reprodúcense de nuevo y con más clamoreo. El orador lanza á la mayoría esta exclamacion que parece aún chorrear sangre:

«¡Qué intolerancia, señores! ¡Estoy temblando al pensar que uno de estos dias, en uno de esos raptos de indulgencia, anochezcais en Madrid y amanezcais en San Petersburgo ó en Constantinopla!...»

Los buenos de los progresittas se aguantaron, y Rios Rosas pudo terminar su discurso.

Otra vez y por aquel tiempo, estando casi sólo en las Córtes, la Cámara se levanta en masa contra algunas palabras suyas y pide que se retracte, que se humille. ¡Qué escena! El Congreso en pié y en el mayor desórden; gritos por todas partes, exclamaciones, apóstrofes, amenazas; quiere hablar, explicarse segun su conciencia, no segun el miedo, y no le dejan; la confusion es grande, el ruido inmenso, la irritacion espantosa. Rios Rosas, lívido y contrariado, calla y se prepara para acometer... Sus ojos se arquean violentamente, se enverdece su tez, agólpasele toda la sangre á la cabeza, encorva el alto cuerpo, extiende los brazos, pasea su vaga y terrible mirada por todos lados, y pide hablar porque sabe que hablando triunfa del auditorio. Por fin se hace oir.

«Sí: estoy en mi derecho, estoy en mi deber, y es de vuestra dignidad el escucharme, señores diputados. ¿Qué diria la opinion de vosotros si ahogáseis mi palabra en estas circunstancias? Por ventura, aunque no tuviese ningunos títulos á vuestra estimacion, aunque no tuviese derecho á mi honor, que es el patrimonio de todo hombre de bien, aunque fuese el más vil y abyecto del mundo, ¿os creeriais con el derecho de ahogar ahora mi palabra? Escuchadme, señores, escuchadme; yo no os pido justicia, yo no os pido más que silencio.»

Apreciadas estas palabras aquí, en la frialdad del papel, carecen de su mérito principal; de la enérgica entonacion, de la imponente solemnidad con que fueron pronunciadas. La Cámara comprendió que no podia nada toda entera contra aquel hombre solo, pero decidido á no retractarse, y le hizo la justicia de oir sus explicaciones. Esta como otras muchas veces, Rios Rosas demostró que sabia apelar á esos recursos oratorios que, basados en el conocimiento de las Asambleas deliberantes, en su índole y disposicion, suelen dar la victoria.

D. Antonio de los Rios Rosas no era naturalmente agresivo como se cree por algunos. Era templado y empleaba buenas formas. Pero cuando se creia ofendido, cuando consideraba lastimada su prenda más querida, la pureza de sus actos y de su conciencia, entónces era despiadado, feroz, terrible. Hé aquí las palabras, por muchos conocidas y celebradas, que pronunció un dia discutiendo con Nocedal:

«Ha sido mi conducta pública una conducta séria, no una conducta frívola, escéptica, inconstante, insustancial, vanidosa.

»Yo creo que la conducta contraria se apoya en el sofisma, en la inconsecuencia, en el egoismo partidario, impasible, implacable, incurable.»

La rabia, la fuerza, la ira con que salieron de su boca estas palabras sangrientas y mortales, desconcertaron á su adversario que no tuvo más remedio que callar: que era Rios Rosas tan bravo y tremendon en el Parlamento como fuera del Parlamento, como lo prueba su desafío con Gonzalez Brabo, no ménos valiente que el hijo de Ronda.

En ocasiones tuvo respuestas felicísimas, como esta á un constituyente del 54 que le preguntó si representaba allí al partido moderado:

«El partido moderado ha muerto, y yo no me acompaño con los difuntos.»

Nadie como él para decir verdades á todo el mundo, á sus mismos amigos, á sí propio. Entusiasmado con el proyecto de formar un gran partido término medio entre el moderado y el progresista, el de la union liberal, decia sin que nadie se atreviera á replicarle:

«Se ha levantado una punta del velo, preciso es descorrerlo todo. No es mia la responsabilidad. Sí, señores, es preciso decirlo todo; es preciso decir al país lo que no se le ha dicho en veinte años; es preciso decirle que hace veinte años que el partido liberal manda en España y ejerce en la nacion una dictadura; que nosotros y vosotros, mandando en el país, hemos sido una perpétua dictadura; es preciso decirle que no ha tenido, ni tiene, ni tendrá libertad hasta que se hallen los partidos en condiciones diferentes; es preciso decirle que todo lo que se diga fuera de este terreno, de este punto de vista, es mentira, es impostura, es decepcion.»

Y más adelante añadia:

«Los partidos se han conducido aquí como facciones; no han sido partidos políticos que se han disputado el Gobierno, sino facciones que se han disputado la dictadura. En todos terrenos, de mala manera, con malas armas, sin profesar ningun principio con sinceridad y buena fé, es como han combatido. ¿Sabeis qué se necesita para que no seamos dos facciones? Que se abra un núcleo robusto; que se forme un corazon grande, fuerte, que haga latir este cuerpo político; un corazon con grandes venas, con venas fuertes, con arterias que no estén sujetas ni á apoplegías ni á neurismas.»

Esta fué su eterna manía, formar un gran partido; y cuando el partido se formaba, como Rios Rosas no era otra cosa que un elocuentísimo disidente, como no podia estar á bien con nadie ni con nada mucho tiempo, como sus asperezas eran impolíticas las más de las veces, la piqueta de su palabra demoledora empezaba muy luego á producir escombros y ruinas en el seno de aquel mismo partido. Y como era puro, honrado, equitativo, digno en todos sus actos, claro es que su palabra tenia profunda resonancia y sus actitudes justa trascendencia. Tal fué su fuerza en momentos dados, tan escrupulosamente escogia las ocasiones, tan buen golpe de vista tenia, que sus discursos eran muchas veces los funerales de los ministros. Le llamaron el Vargas-Machuca de los malos gobiernos. Hablaba de tarde en tarde, preparábase en la soledad de su gabinete, pulia y limaba sus discursos como Demóstenes sus filípicas; y cuando se levantaba, cuando combatia cara á cara una política, su elocuencia caia sobre ella hasta destruirla y pulverizarla. Era la maza de Fraga.

La union liberal nombróle embajador en Roma, y allá fué el leon vestido de diplomático. No tardó mucho en ser disidente, y de la noche á la mañana se encaja en Madrid dispuesto á dar un disgusto á sus amigos políticos. Pero permítanme Vds. que les cuente una anécdota de miga ántes de proseguir. Cae bien en este lugar porque se refiere á su viaje por Italia, donde nunca hasta entónces habia estado.

Fué á darle la bienvenida su amigo D. Fermin Gonzalo Moron.

—Vamos, Antonio—le dijo—¿qué te ha parecido Italia?

—Hombre, te diré—contestóle Rios Rosas—de medio cuerpo arriba merece mi estimacion personal; pero de medio cuerpo abajo es *azotable.*

¿Eh, qué tal es la frase? No puede hacerse mejor.

Ahora que conoceis la anécdota y el estilo grave y profundo de sus anteriores discursos, escuchad otro género no ménos notable de su elocuencia: la burla y el desden con que combatió á la union liberal. Alude á la política seguida en Méjico:

«Entónces aparecen en toda su fea desnudez, en toda su triste realidad, el móvil y el impulso secreto de ese Gobierno, que si mira afuera tiene miedo; si mira adentro, tiene miedo; si mira arriba, tiene miedo; si mira abajo, tiene miedo; si mira alrededor, tiene miedo. ¡Siempre miedo! ¡Ese Gobierno tan fuerte, tan grande, tan poderoso, ese Gobierno á caballo... ¡víctima siempre del miedo! (*Aplausos generales.*) ¿Y por qué, señores? ¿Es porque falte valor individual á las personas que lo componen? No; es simplemente por una razon fisiológica; es porque nadie es más medroso que aquel que tiene infinito apego á la vida. (*Grandes risas.*) Este Gobierno es un enfermo egoista y aprensivo que tiembla hasta del aire. Así no se gobierna, así no se hace política, así no se desempeñan esos puestos, así se puede vivir eternamente y herir el trono y matar la nacion.

»Lo digo con la conviccion más íntima y profunda. En estos tiempos de tempestades es necesario el valor político, el valor civil; no basta el valor militar, el valor de la espada; ese es el valor del granadero. (*Estrepitosas muestras de aprobacion en los bancos y en las tribunas.*)»

Vuelve en el mismo discurso á su estilo habitual, y habla así de la centralizacion en este período que me recuerda la pintura que de la centralizacion hace Cormenin.

«¿Sabe S. S., que nos hablaba de panteismo, qué es la centralizacion? Pues es el panteismo político. Con la centralizacion, abajo el poder de la imprenta; con la centralizacion, abajo la eficacia de la tribuna; con la centralizacion, abajo el prestigio de la riqueza; con la centralizacion, abajo la influencia del talento; con la centralizacion, abajo el ascendiente de la Iglesia; con la centralizacion, abajo todos los poderes, abajo todos los derechos, abajo todas las influencias morales; no hay más Dios que el Estado, no hay más poder que el cañon, no hay más ministro que el telégrafo.»

Escuso decir á Vds. el efecto de esta filípica tremebunda. El ministerio cayó á su empuje incontrastable, el gran disidente triunfó con su palabra una vez más. Pero no satisfecho todavía, incapaz de sentir compasion política, burlon é incompasivo como el dia anterior, exclamaba al darse cuenta de la dimision de los ministros y viendo á la mayoría inquieta y amenazadora contra él y víctima del más profundo desórden:

«Al contemplar el espectáculo que ha ofrecido esta tarde el Congreso, he dicho para mí: ¡Digno término á la vida, dignos funerales á la muerte del ministerio caido!

»Ese ministerio que aspiraba á suprimir las oposiciones, porque no podia gobernar con ellas, esto es, porque no podia gobernar con las condiciones del régimen representativo: ese ministerio, que aspiraba á más, que aspiraba á suprimir la mayoría, necesitaba, no la mayoría fiel, la mayoría constante, la mayoría disciplinada que habia tenido; necesitaba una nueva mayoría de autómatas. Esto es la verdad; lo proclamo á la faz de la nacion, sin temor de ser desmentido por nadie.»

Más adelante afirma que se puede retirar un proyecto de ley sin que afecte al decoro de un Gobierno, y deja caer sobre los pobres ministros este terrible y nunca oido apóstrofe:

«¿Qué nociones tienen SS. SS. de los rudimentos de la vida pública? (*Aplausos.*) ¡Pues qué! ¿No han visto SS. SS. á los gobiernos más grandes de Inglaterra, de Francia, de todas las naciones donde se halla establecido este régimen, retirar proyectos de ley? ¿No han visto á las comisiones á que pertenecian un Perier, un Royer-Collard, modificar sus dictámenes? ¿Creen tener más talla, más consecuencia, más dignidad, más conciencia que Casimiro Perier y Royer-

Collard? (*Grandes aplausos.*) ¡Qué miseria! (*Estrepitosos aplausos durante algunos minutos.*)»

La altivez y soberbia de su carácter están retratados en estas palabras con que contesta á los murmullos de la mayoría:

«No comprendo esos murmullos, y si los comprendo... no me digno contestar á ellos.»

Pero oigan Vds. una comparacion feliz, felicísima, como quizá no hay otra, ni tan exacta, ni tan oportuna, ni tan desdeñosa, en nuestra historia parlamentaria:

«Lo que vosotros sois, imitando yo el estilo de un eminente orador, valiéndome de una fórmula aritmética, progresistas y moderados de la mayoría, sois una série de ceros con una unidad á la cabeza... (*Sensacion profunda; las risas y los aplausos interrumpen al orador y no le dejan continuar.*) Decia que unos y otros, progresistas y moderados, que estos señores que se sientan en este lado eran una série de ceros con una unidad á la cabeza. Y me decia yo á mí mismo: en desapareciendo la unidad, ¿qué sereis? claro está, una série de ceros. (*Suspension, risas estrepitosas, generales aplausos.*)»

¡Qué inspiracion tan feliz para retratar al partido de la union liberal en aquella época!... O'Donnell era la unidad; los otros, todos ellos, una fila de ceros.

Rios Rosas, ya lo veis, tenia como orador varias aptitudes: el apóstrofe, la fuerza del razonamiento, la lógica contundente de las ideas y las cosas; la expresion, el tono, la forma de la solemnidad; la ironía, el epígrama, el sarcasmo, la burla. Nada le resistia, todo cejaba ante su abrumadora elocuencia. ¿Hace falta herir? Pues no hiere; mata. ¿Hace falta aplastar? Pues no aplasta; pulveriza. ¿Hace faltar punzar? Pues no punza, no dá alfilerazos; mete la espada hasta el puño. ¿Hace falta ridiculizar? Pues no ridiculiza, lastima, ofende, desprecia.

No servia para otra cosa el feroz D. Antonio. Fuera de la tribuna era un político rudo, inflexible, esquinado. Para destruir, el único; para edificar, completamente nulo. ¡Desgraciado el partido que le tuviera en su seno! Moria á manos de su poderosa y segura disidencia. Si no hacia su santa y vírgen voluntad, ya podia contarse entre los difuntos. Rios Rosas habia nacido para tribuno de las muchedumbres, para encender el ánimo, para forjar la tempestad. Comparado con él, Danton resulta un si es no es diplomático. No conocia el disimulo, la ficcion, la hipocresía. Pensaba alto, discurria en público, hablaba con su voz natural un tanto educada por su amor propio de orador terrible y tormentoso.

¿Se acuerdan Vds. del discurso que pronunció cuando los sucesos de la célebre noche de San Daniel? Jamás estuvo tan contundente, tan vigoroso, tan oportuno, tan justo, tan implacable, tan atroz. Prefiero que me llamen Vds. pesado á privarles del placer (que placer es recordar y aprender en carácter tan noble y entero) de leer algo, no más que algo, de aquella famosa sesion, en la que se elevó á una altura prodigiosa como tribuno. Por entónces no se hablaba de otra cosa; hoy mismo se menciona por todos cuando se quiere ensalzar la condicion y la elocuencia de Rios Rosas.

Prepárense Vds. y no hagan caso del ruido: es la

tempestad que estalla violenta y estruendosa sobre la cabeza de un ministerio moderado.

Habia víctimas inocentes, heridos graves, algunos muertos, sangre derramada en las calles por un gobierno tiránico. La queja estaba en todos los labios, la indignacion en todos los pechos, el coraje en todos los corazones, la ira en todos los semblantes... Faltaba una palabra que hablara por todos, un defensor resuelto, un acusador implacable como el delito cometido... Sábese que esta palabra, que este defensor, que este acusador lo va á ser Rios Rosas. El público acude inquieto á las tribunas, la gente se agolpa á las puertas del Congreso, Gonzalez Brabo se prepara, Narvaez está á punto de presentarse de uniforme, los diputados ocupan sin excepcion sus asientos, la ansiedad es general, profunda, inmensa.

Cuando Rios Rosas se levanta el silencio no puede ser mayor, ni siquiera se respira.

. . . .

«No gobernais, no gobernareis; estais destituidos de todos los medios de gobernar. ¿Y por qué, señores diputados? ¿Es porque habeis prescindido de la legalidad exterior en una cuestion determinada, en un conflicto lamentable? ¿Es porque habeis prescindido de las formas legales? ¿Es porque habeis prescindido del cumplimiento ritual de alguna ley? ¿Es porque habeis prescindido del cumplimiento ritual de varias leyes? ¿Es por eso? No, señores; es por eso y por mucho más; es porque al prescindir del cumplimiento de una ley, del cumplimiento de varias leyes, habeis prescindido del cumplimiento de las leyes más inviolables, de las leyes más santas, del cumplimiento de las leyes cuya infraccion trae consecuencias enormes, consecuencias deplorables; habeis prescindido de las leyes penales; y al paso que habeis prescindido de las leyes penales y de la letra de otras muchas leyes, habeis violado la sustancia, el espíritu, la médula de las leyes morales, de las leyes inmortales del derecho eterno, de todas las leyes divinas y humanas. (*Aplausos.*)

. . . .

»Ahora no se dió bando, no se hicieron las intimaciones; no se hizo nada de lo que era justo, de lo que era conveniente, de lo que era moral y legalmente necesario. Despues de no haber hecho esto en una multitud de parajes y calles de esta populosa ciudad, en la calle de Carretas, en la Red de San Luis, en la calle Mayor, en la Carrera de San Jerónimo, en la plaza del Progreso y hasta en la puerta de Atocha, hubo cargas de caballería, se dispararon armas, se acometió á ciudadanos inofensivos que transitaban descuidadamente por las calles, se hicieron víctimas: 190 segun unos, 160 segun otros, 90, 80, 70 segun el Gobierno. No examino la cifra: me es igual bajo el punto de vista jurídico que los heridos sean 100 ó 200 y que los muertos sean 3, 7 ó 10: como quiera que esto se considere, todo es tiranía, todo es iniquidad, todo es sangre inhumanamente derramada. Se cometieron estos actos, que son públicos y de notoriedad, y de los cuales dan testimonio 100 ó 200 víctimas, 4.000 espectadores y 300.000 habitantes de Madrid: estos actos se han negado, se negarán; se ha lavado y se volverá á lavar esta sangre con la esponja del sofisma; nada basta, nada bastará;

la sangre esta ahí, indeleble, invocando nuestra justicia y la vindicta pública. (*Aplausos.*) Esa sangre pesa sobre vuestras cabezas.

»Hubo, pues, una porcion de hechos parciales de ese crímen; hubo, pues, una suma de hechos que constituyen un crímen, un hecho general. ¿Qué supone esto? ¿Podremos detenernos en los miserables instrumentos? Y los llamo miserables, porque lo son; y los llamo miserables, porque han deshonrado su uniforme; y los llamo miserables, porque afortunadamente son una minoría.

»*Varios diputados*: No, no.

»*Otros diputados*: Sí, sí.

»*Presidente*: ¡Orden! señores.

»*Elduayen*: Orden á la mayoría.

»*Presidente*: A la mayoría y á la minoría.

»*Sanz*: Pido que se escriban esas palabras.

»*Presidente*: Sr. Rios Rosas, V. S. que ha ocupado este puesto, V. S. que ha llamado la atencion de los oradores sobre la necesidad de evitar palabras peligrosas que el reglamento prohibe pronunciar en este sitio, no extrañará que yo con sentimiento mio le ruegue que haga todo lo posible, sin quitar fuerza á su razonamiento, por economizar, por no usar absolutamente palabras semejantes. El ejército español...

»*Rios Rosas*: No hablamos del ejército.

»*Presidente*: La guardia veterana forma parte del ejército; cualquiera que vista el uniforme del ejército español merece respeto en este sitio, hasta que como V. S. dijo ántes, los tribunales, que son los que tienen derecho para juzgarlos, los juzguen.

»Ruego, pues, á V. S., y apelo á su discrecion y á su buen juicio, para que comprenda la necesidad en que me he visto de dirigirle esta advertencia sensible para mí.

»*Rios Rosas*: Yo respeto como debo la autoridad del señor presidente, no sólo por la consideracion que le tengo personalmente, que ya es grande, sino por el respeto que me impone la autoridad que ejerce; y así yo no discuto con el señor presidente; no estamos en igualdad de circunstancias para discutir. El señor presidente manda: yo obedezco.

»Yo he dicho, y repito ahora, que los autores de los crímenes, así los he calificado, así tengo derecho á calificarlos, así los califica todo el mundo, así los califica mi conciencia, unísona con la conciencia pública; yo he dicho que los autores de los crímenes son unos miserables; yo repito que son unos miserables...

»*Riquelme*: Y yo digo que pido la palabra para defender á esos miserables á quienes se refiere el señor Rios Rosas.

»*Presidente*: Cuando acabe el orador podrá V. S. hablar. (*Rumores.*) Orden, señores.

»*Rios Rosas*: ¡Cuán doloroso, señores, es este espectáculo que estamos presenciando! Suponiendo que yo me hubiese excedido; suponiendo que no hubiese dicho verdad; suponiendo que hubiese faltado, no digo á esos hombres más ó ménos criminales, sino que os hubiese faltado á vosotros mismos; que hubiese faltado á vuestra dignidad; suponiendo que hubiese herido vuestro honor, vuestra conciencia, ¿qué más habriais hecho que ahogar mi voz? Escuchadme, que ese es vuestro deber; el deber de la oposicion es discutir; vuestro deber, el deber de las mayorías, es oir y votar. Oid y votad.

»*Varios diputados*: No, no. Muy mal.

»*Otros diputados*: Sí, sí. Muy bien.»

Rios Rosas termina su discurso en medio de la más espantosa confusion. Las minorías y las tribunas aplauden, los ministeriales gritan, el general Sanz pide la palabra para defender su honor (lo cual hizo decir á Castelar en *La Democracia* que dicho señor al lado de Rios Rosas parecia «una mosca en el pico de un águila)» la pide para lo mismo el general Reina, la pide Narvaez, la pide todo el mundo. Rios Rosas, pálido y nervioso, enjuga mientras tanto el sudor de su rostro, descompuesto y enverdecido. Por fin el presidente, D. Fernando Alvarez, logra hacerse oir y concede la palabra á Narvaez.

«*Presidente del Consejo de ministros* (duque de Valencia): Señor presidente, si la justísima satisfaccion que piden los diputados que visten el uniforme militar hay inconveniente en que se les otorgue, como es debido entre hombres de honor, yo, como presidente del Consejo de ministros y capitan general del ejército, reclamo en mi nombre esa satisfaccion. (*Nueva confusion y desórden.*)

»*Presidente*: Señores, ¡silencio! Así es imposible entendernos. Sr. Rios Rosas, iba á decir, como S. S. sabe que es práctica en estos casos, que le ruego, si como yo creo, no ha sido su ánimo el proferir esas palabras de una manera que pueda lastimar á ningun señor diputado ó á clase alguna, se sirva manifestarlo así del modo que le parezca más á propósito para que este incidente se corte en su principio.

»*Rios Rosas*: No he oido del todo las palabras que ha pronunciado el señor presidente del Consejo de ministros; pero ha sonado en sus lábios la palabra de honor. Yo tengo tanto honor como el primero, como el más alto, como el más importante.

»Señores: dejando ya aparte las palabras del señor presidente del Consejo de ministros, deploro la inexperiencia y la injusticia (que tambien hay gran injusticia), deploro la inexperiencia de los que han promovido este incidente; deploro su ceguedad. Escritas están en las notas taquigráficas las palabras que he pronunciado; para tratar de condenarlas, para tratar de censurarlas ha sido menester adulterarlas; ha sido menester pronunciarlas ahí adulteradas, hacer una version errónea de ellas. Como están escritas, están escritas; como están escritas, las he pronunciado; como están escritas, no dan márgen á ninguna objecion, ni en la forma ni en el fondo. Yo no he pronunciado ninguna expresion malsonante; yo no me permito pronunciarlas nunca; si alguna vez las pronunciase, las retiraria, haciéndome justicia á mí mismo, y haciendo honor al profundo respeto que tengo á esta Cámara y á su digno presidente. Yo no he proferido ninguna expresion malsonante; yo no he proferido ningun concepto injurioso; yo he calificado de miserables á los culpables, y lo son, y mantengo esa palabra, y pido que se escriba; si no hubiera salido de mis lábios, diria que se esculpiera, no que se escribiera.

»De consiguiente, no tengo que hacer ninguna salvedad por lo que dije ántes, y en ningun caso la haria; respeto demasiado la inviolabilidad que me dan, no mis servicios, no mis antecedentes y mis circunstancias personales, sino el mandato de que estoy investido y que sostendré siempre incólume en presencia de todo el mundo, en presencia de todas las personas, en presencia de todas las corporaciones, en presencia de todos; sostengo, pues, lo que he dicho, y digo que no tengo que hacer ninguna salvedad. (*Rumores.*) Sépanlo los que me interrumpen, los que se levantan, los que alborotan; no tengo que hacer una salvedad, porque escrita está esa salvedad en las palabras espontáneas de mi primer discurso, á las que no añado ni quito una sola tilde; y porque están escritas, están escritas, y lo que está escrito, lo mantengo.

»*Presidente del Consejo de ministros* (duque de Valencia): He pedido la palabra para... (*Rumores.*) Esperen V. SS. y tengan un poco de consideracion; tengan un poco de consideracion, que bastante paciencia estamos teniendo nosotros; y cuando se trata del honor es preciso que tengan V. SS. consideracion, porque cada uno quiere conservar el suyo... (*Murmullos.*)

»*Presidente*: Ruego encarecidamente al Sr. Rios Rosas que tenga la bondad de explicar sus palabras.

»*Rios Rosas:* Abundando en el espíritu más benévolo posible hácia la autoridad del señor presidente, le ruego que designe las palabras que quiera que explique.

»*Presidente*: Las de miserables instrumentos.

»*Rios Rosas*: Aplicadas á las personas á quienes las he aplicado, las mantengo. (*Momentos de agitacion.*)

»*Reina*: Pido la palabra...

»*Un diputado*: ¡Orden!

»*Reina:* Yo tambien reclamo el órden; en uso de mi derecho pido la palabra. (*Rumores.*)

»*Presidente*: ¡Orden, órden, señores diputados.»

En fin, el espectáculo fué bueno, la acusacion, como ninguna; el discurso del gran tribuno, como ustedes han visto. Quedaron en pié todas y cada una de sus palabras; ni una sola recogió, ni una sola atenuó, ni una sola dulcificó á pesar de militares y paisanos, de las voces y las amenazas, de los gritos y las imprecaciones. ¡Cuánto se elevó aquel dia la fiera parlamentaria! Habia satisfecho la espectacion pública, vengado á las víctimas del 10 de Abril, puesto la entereza y el vigor de su carácter por encima de su propia reputacion.

Pero quedaba aún lo burlesco de la jornada, el fin de fiesta, la burla de Rios Rosas al fecundo y elocuente Gonzalez Brabo, que fué el que le contestó.

Oidle, y con esto no hablo más de la famosa sesion llamada *del 10 de Abril*. Se levanta á rectificar más sereno, más irónico, más epigramático que nunca.

«He vacilado mucho en pedir la palabra para rectificar, al ver que á pesar de las grandes cosas que con su acostumbrada maestría y especial elocuencia nos ha dicho el señor ministro de la Gobernacion, quedaba en pié la trama y sustancia de mis razonamientos, de tal modo, que podia ser completamente inútil el que molestase vuestra atencion, ni áun con la breve réplica. Pero más que ninguna consideracion política me ha movido á levantarme lo que he oido decir que significó el señor ministro al comenzar su soberbio discurso. Yo no estaba en aquel momento en el salon, y no soy juez de sus palabras; pero tengo entendido que manifestó S. S. que en esta ocasion, en este debate, he estado inferior á mí mismo, que he defraudado la espectacion de mis amigos y de mis adversarios, y que he defraudado la espectacion pública. Lo siento mucho, pero no he podido remediarlo. Con las fuerzas que he tenido, con esas he luchado; si no lo he hecho bien, si no lo he hecho á satisfaccion de los que esperaban más de mí, y sobre todo del Gobierno de S. M., me duele en el alma. Cuando yo hablo aquí, hablo para cumplir un deber, porque por mi carácter y hábitos soy enemigo de toda exhibicion, de todo aparato, de todo ruido, de toda pompa; y como tengo este carácter, cuando he de cumplir aquel deber, procuro por mi parte hacerlo con modestia y no darme á luz con tambores y clarines, como tal vez hacen otros oradores. Están en su derecho; yo lo reconozco, como reconozco que este es asunto de gusto, y que el suyo puede ser muy bueno.

»Tras este sentimiento de mi propia incapacidad, que no deja de dolerme en ocasion tan importante y tan sagrada, y en lo cual ha podido influir el hallarme hace dias enfermo, aunque hoy mejor, despues de haber dado este testimonio á la opinion y á mi conciencia; tras este sentimiento, tengo una satisfaccion y un consuelo, el de que nunca he visto al señor ministro de la Gobernacion más feliz, más razonador, más contundente, más profundo, más elevado, más esplayado, más categórico, más concluyente, más admirable, más sublime, más Demóstenes, más Ciceron que hoy. (*Grandes risas.*) Y pues que ya es tar de, y pues me parece que ahora no lo he hecho del todo mal al rendir el sincero tributo de mis elogios al señor ministro, con permiso de S. S. doy aquí punto y me siento.»

*
* *

A últimos de 1866 el partido unionista, arrojado inopinadamente del poder despues del 22 de Junio, estaba muy descontento. La marejada empezaba ya á subir. Rios Rosas, presidente del Congreso, debia presentar á la reina una exposicion de los diputados contra la política de Narvaez y Gonzalez Brabo. Se ordena su prision. Él lo sabe y no huye. La noche del 28 de Diciembre retiróse á su casa temprano, diciendo á la criada ántes de acostarse:—«Esta noche llamarán á la puerta; llamarán mucho, llamarán fuerte, echarán abajo la campanilla. Pues bien; Vd. se calla y no abre ni da una sola voz. ¿Lo oye Vd.?»—La pobre criada creyóse una vez más que su amo estaba loco.

En efecto, un teniente de la Guardia civil acompañado de otros sugetos llamaba poco despues en el cuarto de Rios Rosas. La campanilla vino al suelo; pero nadie le contestó. Se retira nuestro teniente y vuelve con un cerrajero que descerraja la puerta. Rios Rosas se presenta entónces rujiendo como un leon. El militar enmudece, limitándose á decirle que cumple una órden. De su casa fué trasladado en un coche á las prisiones de San Francisco; aquella misma tarde salió para Cartagena, donde estuvo en el castillo de Galeras. Y el dia 1.° de Enero, casi al mismo tiempo que hacia su entrada en el puerto entre festejos y algazaras la fragata *Resolucion* que tanto se distinguiera en el combate del Callao, el dia 1.° de Enero, digo, Rios Rosas era embarcado en la goleta de guerra *Vigilante* con rumbo á Cádiz. De Cádiz pasó á las Baleares, al destierro.

Triunfa la revolucion en Alcolea, se convocan las Córtes, y Rios Rosas viene á ellas siendo nombrado individuo de la comision de Constitucion, con cuyo motivo pronunció nuevos y muy notables discursos aceptando y defendiendo con calor los derechos consignados en el título primero del proyecto. Nadie pudo notar en él la más leve decadencia, era el que habia sido; profundo, ámplio, vigoroso, elocuentísimo. El Código del 69 tuvo en él quizá su más elocuente defensor. Hombre de progreso, espíritu elevado, á ninguno cedió en acatamiento á los principios democráticos. Tampoco hubo mudanza en sus bríos personales. Todavía viven casi todos los que presenciaron la escena siguiente, tan propia de su carácter irascible y soberbia arrogancia:

Hablaba no sé de qué, y un diputado—cimbrio por cierto—atrévese á decirle crudamente:—«Eso no es verdad.»—Rios Rosas se extremece de los piés á la cabeza y pregunta en medio del espanto de la Cámara, atronadora la voz, descompuesta la fisonomía, las manos abiertas y amenazadoras:—«¿Quién ha dicho que yo falto á la verdad? ¿Quién?»—Sale como un tigre de su banco, dirígese al interruptor, le mira de arriba abajo, y cambiando de parecer le dice desdeñosamente volviéndole la espalda con el ademan más despreciativo:—«No conozco á S. S.»

En aquellas mismas Córtes, al discutirse su disolucion, tuvo elocuentes arrebatos tribunicios, calificaciones duras como suyas. Era contrario á la disolucion, y decia injustamente encarándose con la mayoría primero y con el Gobierno despues:

«Yo he conocido mayorías disciplinadas, yo he conocido mayorías compactas, yo he conocido mayorías demasiado complacientes, yo he conocido mayorías ciegas; no he conocido nunca, ni deseo conocer jamás en mi patria, mayorías indignas. (*Aplausos en la minoría.*)

. . . .

»Si yo fuera hombre de violencia, si yo fuera hombre de dictadura, yo no me esconderia detrás de otros para ejercer la violencia y la dictadura, sino que tendria al ménos el valor de romper la Constitucion con la punta de las bayonetas y arrojarle al pueblo los pedazos á la cara.»

Fué grande el efecto que produjo en los federales este discurso, más revolucionario que político. *El Combate*, aquel periódico que á nadie respetaba, y ménos que á nadie á los conservadores, escribia al dia siguiente en su número 50—20 de Diciembre—un entusiasta artículo ensalzando á Rios Rosas. Titulábase el artículo *A un César un Bruto*, y terminaba con estas palabras:

«De las Córtes setembristas nació en la sesion de ayer tarde el Bruto español. Este Bruto se llama Antonio Rios Rosas. A un César un Bruto. ¡Viva el Bruto español Rios Rosas!»

En las Córtes posteriores nuestro rondeño continuó siendo el mismo, pronunciando palabras tan felices como las siguientes, dirigidas á Martos que se revolvia inquieto por la solucion dada á una crísis: —«Señor Juan Bravo, ayer fué dia de pelear como caballeros, hoy es dia de morir como cristianos.»

Pero donde Rios Rosas demostró cuán grande era el poder de su elocuencia y cuán profundo su amor á la libertad, fué en las Córtes federales del 73, donde estuvo casi sólo en frente de aquellos diputados tan intransigentes en su loco delirio, tan mal prevenidos contra todo lo que olia á conservador.

Un dia les dijo que tenian *todas las legalidades* necesarias para gobernar, y los aplausos cubrieron su voz.

Otro dia los entusiasma y conmueve con este magnífico exordio:

«Cuando he oido el último parte telegráfico leido por el señor ministro de la Gobernacion, en que se refieren los actos heróicos de Estella, me he electrizado al ver que la España de 1873 es la España de 1834 y 1837. Cuando he oido ese parte, he adquirido la completa seguridad de que el tercer pretendiente será confundido como lo fueron sus antecesores. (*Grandes aplausos.*) Esta España desgraciada ha sufrido mucho; puede sufrir hasta la anarquía por un período de tiempo: lo que no sufrirá nunca es el despotismo de D. Cárlos ni de sus descendientes; lo que no sufrirá jamás es la teocracia, la Inquisicion. (*Aplausos prolongados.*) Es menester decirlo muy alto para que lo sepa la nacion y para que lo sepa la Europa entera: jamás, jamás sucumbiremos ni á

D. Cárlos ni á los satélites de la antigua tiranía. (*Aplausos.*) Todo menos eso.»

Más adelante les dirige este consejo, noble y digno como todos sus actos: que no era Rios Rosas de esos políticos egoistas que quieren la destruccion y la vergüenza de la pátria si esto puede darles el codiciado y mezquino poder de los empleos.

«Pues bien; oid el consejo de un adversario leal, no de un enemigo: no tengais una desconfianza atroz, excesiva, porque es el modo de perderlo todo: tened vosotros los de la oposicion una desconfianza limitada, prudente, razonable; pero tened todos la confianza relativa que deben abrigar los hombres patriotas en los gobiernos parlamentarios para salvarlo todo en las crísis supremas. (*Grandes, reiterados aplausos.*)»

Si la República no hubiera muerto el 3 de Enero, si se hubiera consolidado empleando principios y procedimientos conservadores, quizá Rios Rosas, al levantarse un dia, habríase encontrado republicano.

No quiero ni puedo ser más extenso.

Rios Rosas era tribuno más que orador parlamentario. Su temperamento, sus arranques, sus mismas incorrecciones eran de tribuno. Ponia mucho cuidado al escribir sus discursos; pero nunca fué ni puro ni castizo. Preferia el efecto en el ánimo á las leyes literarias. A un apóstrofe, á una frase original, sacrificaba la gramática lo mismo que las más altas posiciones. En una ocasion llamó *ranciosa* á una ley antigua: en otra dijo que habia *mentiras lícitas y supercherías provechosas*. La elocuencia era su amiga, su pasion, su novia. Abusaba de la repeticion y la sinonimia, si bien las más de las veces daba con ellas fuerza y energía á su pensamiento. Su accion, un tanto exagerada, gustaba, sin embargo, por ser propia de su oratoria sin igual. No hemos tenido, no tenemos, no creo que tengamos en mucho tiempo una palabra, un corazon, un carácter como los suyos.

¿Me dice alguno que estaba loco? ¿Que tenia la preocupacion constante de que sus adversarios querian envenenarle para deshacerse de él? Loco, excéntrico ó maniático, era un orador eminentísimo, una razon clara, un talento profundo, una intencion recta y generosa. No añadiré que era tambien un sábio; pero afirmo que tenia una ilustracion bastante general. Como abogado valió poco.

Aunque fué hombre de genialidades y de rasgos, aparatoso en sus discursos y hasta en el atavío de su persona, en su vida privada fué siempre modesto, sencillo, austero, pobre. ¿Quién ignora que doña Isabel y don Amadeo pretendieron darle un título de nobleza, que él rechazó orgulloso diciendo que no queria *motes*? ¿Quién no sabe que cuando murióse encontraron en sus bolsillos, en los bolsillos del que habia sido ministro, embajador, presidente del Congreso y del Consejo de Estado, *sesenta reales*, toda su fortuna? Público y oficial es que la extremada pobreza de hombre tan grande, resolvió á Castelar á costear sus funerales por cuenta del Estado.

Una anécdota y concluyo.

Cuando supo en 1866 que el Gobierno habia dado órden de prenderle, acompañado de D. Mauricio Lopez Robers fuése á ver á Narvaez para enterarse de la verdad. Esperóle en la puerta Lopez Robers, y el subió encontrando á Narvaez todavía en la cama, y, como era calvo, con su correspondiente gorro de dormir. La agarrada que tuvieron fué grande, cambiándose entre los dos los cargos y las palabras más duras.

Cuando Rios Rosas salió del dormitorio de Narvaez su semblante estaba lívido, alterado, descompuesto.

—D. Antonio—le dijo Robers impaciente—¿qué tal se ha presentado Narvaez, ¿qué le ha parecido á Vd.?

—¿Qué quiere Vd. que me parezca un tirano con gorro de dormir?

RIVERO.

Este libro no es otra cosa que cuatro rasgos acerca de la fisonomía parlamentaria de sus protagonistas; pero queriendo á la vez decir ó contar algo que revele las condiciones del carácter de cada uno de ellos, empezaré el busto de D. Nicolás refiriendo una de sus muchas genialidades.

Era en 1854 gobernador de Valladolid; y como le molestaran con sus continuas y prolongadas visitas los patriotas de la provincia, que entraban en su despacho por la mañana y no salian de él hasta la noche no hablándole de otra cosa que de Espartero y de la milicia nacional, Rivero, que fué siempre ejecutivo y no gustaba de perder el tiempo néciamente, levántase un dia de mal humor y llama al ordenanza.

—¿Qué manda V. S.?

—Que se lleve Vd. todas las sillas de este despacho.

—Pero señor, si no hay otras con que sustituirlas...

—Mejor que mejor.

—Pues no comprendo...

—No sea Vd. estúpido y llévese las sillas ántes de cinco minutos. ¿Me ha entendido Vd.?... Con que quede mi sillon tengo bastante. A ver si consigo por este medio que las visitas, cansadas de estar de pié, se marchen pronto dejándome en paz.

El ordenanza cumplió la órden quitando las sillas, y las visitas fueron en lo sucesivo visitas de médico.

Por este hilo pueden sacar Vds. el ovillo que me propongo desenredar poniendo cada hebra en su sitio correspondiente. No es empeño ménos que difícil, pues tibias aún las cenizas del grande hombre, la verdad de las cosas y las personas no nos pertenece por entero. Cúbrenla numerosas razones, y no he de ser yo el que ose quebrantar las conveniencias, políticas unas, personales otras, en que se apoyan. A la historia tocan los secretos, á mí los actos públicos. Allá ella, acá yo.

Médico sin enfermos y abogado sin pleitos en Sevilla, Rivero se trasladó á Madrid, donde si no tuvo enfermos porque para Galeno no servia, como abogado de mérito conquistóse un nombre respetable. Sus ideas democráticas y la elocucneia de su palabra le hicieron á poco notorio y popular. Era el jefe de todos los descontentos, el tribuno de todos los exaltados, el primer demócrata que predicaba la buena nueva con razones, ideas y argumentos. Hasta entónces habian pululado vanos declamadores que ahuyentaban en vez de atraer. Rivero atraia con su democracia individualista, pacífica, respetuosa. Necesitó un balcon á donde asomarse todos los dias á convertir la multitud, y *La Discusion* nació al empuje de su iniciativa y al calor de su entusiasmo. Fué proclamado por todos jefe de la democracia española.

Buscó luego una tribuna en frente de la de sus enemigos para discutir con ellos y persuadirlos, para intervenir en nombre del derecho moderno en las contiendas legislativas, y fué diputado. Oigamos cómo se explica delante de los que le consideran un utopista, un soñador, un imposible.

«No hablo nunca con ánimo de excitar los partidos; al contrario, apelo siempre á la alta razon. ¿Por qué quejarnos de eso? ¿Se queja uno de la atmósfera en que vive, ni de la luz que recibe? No, señores. Son cosas providenciales que vienen en un órden más alto, por una disposicion superior que rige nuestros destinos. Y yo, señores, me he dicho siempre: esta democracia que se presenta como la reconciliacion de todos los intereses y de todas las clases, ¿ha de aparecer al mundo vestida con la túnica sangrienta, con la tea de la discordia, con el puñal en la mano? No; creo lo contrario; y así como en donde se sobrepone á la legalidad la tiranía, allí hay necesidad de levantarse, de apelar á la fuerza moral, así creo tambien que las ideas civilizadoras y sintéticas no deben presentarse lujosamente ataviadas de objetos de destruccion y de sangre.

»Hé aquí por qué he dicho que todos nosotros estamos convencidos de que para conquistar la libertad, no debe la democracia española presentarse más que como ella es en sí, como idea de paz, de conciliacion y de armonía; con ella, lejos de haber perturbaciones y sediciones, lo que hay es reconciliacion entre todas las oposiciones, solucion de los antagonismos y la más profunda paz. Puedo engañarme: ¡ojalá que no me engañe! Pero si estos son sueños, son sueños dorados: ¡ojalá, repito, que no me engañe! Pero mucho temo que detrás de nosotros no haya un reguero de sangre, de humo y de incendio.

»No será por mi culpa, ni por la parte que pueda tener en los movimientos democráticos de España; porque dígase lo que se quiera (que lo que fuera de este recinto se diga me importa poco), yo creo que el interés democrático está en no producir ninguna discordia civil, ninguna perturbacion de ninguna clase, y usar solamente de la tribuna, de la cátedra y de la prensa, que son las espasiones naturales y legítimas de la especie humana.»

Tal fué la democracia que propagó Rivero en 1855 capitaneando en las Constituyentes á los pocos que votaron en contra de la monarquía. No hay en esos períodos ni follaje engañoso, ni ampulosidad ridícula, ni palabras huecas. Es la voz de un jóven viril y elocuente que rechaza con acento severo, pero simpático, las desconfianzas que inspira la doctrina que le ha nombrado su pontífice. Habla de paz, de concordia, de armonía, de hermanos. Es el verdadero propagandista.

En la exposicion era ordenado; en el lenguaje, correcto; en las formas exteriores, un poco aparatoso; en la pronunciacion, tardo y marcadamente andaluz; en el aspecto, grave; en los movimientos, expresivo; todo su conjunto, agradable y algo pretencioso. La Cámara oíale con gusto, sus amigos y apasionados no sabian dónde poner á D. Nicolás. Éste, por su parte, así los halagaba con una sonrisa, como los enmudecia con una reprension enérgica á cualquiera hora y en cualquier sitio.

En esta época Rivero explicó la democracia como no la ha explicado nadie despues, como no la han explicado ni Castelar, ni Pí, ni Salmeron. Su democracia era científica, razonadora, modesta, ductil, profundamente histórica y séria. Jamás declama ni apela á generalidades. Discurre, estudia nuestra Constitucion social y política, nuestro carácter, nuestras costumbres, y deduce sóbria y lógicamente las consecuencias que prueban la excelencia de su doctrina. Por eso hay tantas ideas en sus discursos, tanta sustancia, tanto nervio.

Mirad cómo explica el hecho de que la raza anglosajona sea superior á la nuestra en la vida de la libertad:

«Señores: el hecho más elevado, el hecho más culminante que presentan las nacionalidades anglo-sajonas, ya sean monarquías, ya sean repúblicas, ya pueblos nuevos, ó colonias, ya sea la diosa Inglaterra, es este: el reconocimiento por el Estado, la consagracion por la ley, el respeto inviolable por la autoridad de las libertades y de los derechos individuales. Este hecho es grandísimo, y este hecho, realizado en todos los pueblos anglo-sajones, ès el que, á pesar de todas nuestras sangrïentas revoluciones, no hemos podido aclimatar, asimilar, asegurar en nuestro sistema de gobierno.

»¿Y qué significa ese hecho? ¿Qué? Significa que la vida de los pueblos anglo-sajones, aparte de toda constitucion, aparte de toda ley, aparte de todo reglamento, aparte de toda manifestacion anterior, representa la seguridad individual perfectamente garantida, la libertad absoluta de imprenta, el derecho de reunion y de asociacion, la absoluta libertad del sufragio, el jurado para toda clase de delitos, la descentralizacion administrativa, esto es, la libertad individual aplicada á la administracion de los pueblos.»

De los lábios de Rivero aprendieron democracia todos los demócratas de entónces. No pocos de los de hoy no saben de ella sino lo que Rivero les enseñara. Habia demócratas por instinto, por sentimiento, por naturaleza; sólo él, que nunca fué demócrata por ninguna de estas tres cosas, era demócrata por la razon, por el convencimiento, por la filosofía. De aquí el prestigio que logró sobre sus correligionarios, á quienes mandaba y dirigia como maestro, si bien como maestro duro, inflexible, á las veces inaguantable. El era la cabeza; los demás el ruido, el movimiento.

Cuando Rivero hablaba, sus correligionarios, altos, medianos y bajos, limitábanse á oir y obedecer. ¡Y guay del que se atreviera con D. Nicolás! Salia, no por la puerta, sino por la ventana de la nueva iglesia.

Lo que más resaltaba en la elocuencia de Rivero era la energía. En una ocasion lanzó al rostro de los unionistas estas palabras:

«Pues si no sois un partido, no aspireis á hacer creer al país que porque votais juntos vais juntos;

yo conozco los lazos de vuestra union y me cubro la cara de vergüenza por no veros.»

Otro dia le dice el ministro Posada Herrera que es faccioso por defender una doctrina ilegal, la democrática, y exclama:

«¿Soy un faccioso? Si hay aquí algun faccioso, no soy yo; es quien no quiero nombrar; pero tenga el señor ministro de la Gobernacion una seguridad, y es, que este faccioso siempre presenta su pecho, siempre combate de frente, nunca presenta la espalda, como tiene por costumbre hacerlo el señor ministro de la Gobernacion. (*Momentos de alboroto y confusion. Las tribunas aplauden.*)

«¿Soy yo faccioso, señor ministro? Pues entónces el reproche no es á mí; entónces la censura es á la mayoría que permite que un faccioso se siente en este sitio. Señores diputados de la mayoría: si soy un faccioso, si soy un perturbador, echadme de aquí si os atreveis... ¿No me echais? (*Muchos diputados*: No, no.) Pues entónces censurais al ministro de la Gobernacion.»

Por aquella época dedicóse Rivero á la organizacion del partido democrático en comités que procuraba constituir donde quiera que podia, ya con muchos, ya con pocos amigos. Al formar el de Madrid, cuyo acto tuvo lugar en casa de Sorní, el representante de una provincia dióle motivo á Rivero para uno de esos chistes, para una de esas salidas que dejan corrido al más firme y sereno. Dispensadme que os refiera el ingenioso y oportuno correctivo de don Nicolás.

Habíase constituido ya el comité y la sesion iba á

darse por terminada, cuando un representante, que sin duda traia aprendido un discursito y queria soltarlo á todo trance, pidió la palabra.

—¿Para qué pide Vd. la palabra?—le preguntó Rivero.

—Señor presidente, para explicar los orígenes de la democracia.

—El momento no es el más oportuno, señor representante; pero le concedo la palabra á condicion de que sea breve.

—Señores—empezó tomando aliento el orador,—la tierra ha sido creada ó increada, esto no lo sabemos; mas está fuera de duda que su primer estado fué incandescente, luego vino el enfriamiento y con el enfriamiento aparecieron las especies. Despues de estas épocas paleontológicas...

—Permítame Vd.—interrumpióle gravemente Rivero—voy á pedir un paraguas para cuando lleguemos al diluvio.

Excuso deciros el efecto de esta sal andaluza. Levantóse la sesion en el acto, y el chasqueado fuése á su pueblo lamentando que una gracia de Rivero malograra un discurso que tanto prometia.

Hombre de corazon, D. Nicolás tomó un fusil el 22 de Junio y batióse al lado de algunos demócratas en la Plaza de Anton Martin. Al estallar la revolucion del 68 estaba en Madrid, donde su prestigio era grande, y de acuerdo todos los partidos le nombraron alcalde popular.

No voy á herir la memoria de Rivero; diré, por el contrario, que jamás hubo alcalde que comprendiera como él la importancia de su cargo. Llenábalo todo con su personalidad, con su influencia, con su baston y su ancho y famoso sombrero. Era el dueño de Madrid; y si en su administracion se cometieron torpezas y abusos, no es ménos cierto que en aquellos dias de fiebre y desbarajuste prestó grandes servicios á la causa del órden y la libertad. Lo disponia todo y en todo se metia como un czar de las Rusias; pero quizá sin esta conducta de Rivero Madrid no se hubiera contenido en los límites que entónces aplaudimos con entusiasmo y hoy recordamos con orgullo.

Jefe aún de toda la democracia, su voz era oida con respeto, sus mandatos obedecidos, sus caprichos y prontos tolerados. Serrano, Prim, Topete, la trinidad revolucionaria descansaba tranquila en el carácter y el patriotismo del gran alcalde popular. Victoriosos por otra parte sus principios, á nadie correspondia ántes que á él un puesto en aquellos dias tan distinguido y eminente. Supo ser alcalde, lo fué como ninguno. No escatimó su prestigio ni dejó de exponer cien veces su vida. Allí donde era menester, allí estaba; allí donde habia peligros, allí acudia el primero y en ocasiones completamente sólo, acompañado de su energía, de su popularidad, de su baston con borlas.

Aparece luego el Manifiesto de Noviembre en que se declara monárquico democrático. ¿Hizo mal? No, prestó un servicio á la causa de la libertad. Si Rivero hubiera perseverado en su ideal republicano, ni el Código del 69 ni sus leyes orgánicas habrian sido hechas teniendo por base los derechos del individuo y la descentralizacion administrativa. Obró como un hombre de gobierno de altas miras políticas.

Su prestigio despues del Manifiesto era tan grande entre las diversas fracciones monárquicas, que casi por unanimidad fué elegido presidente de las Córtes soberanas, puesto entónces el más elevado de la nacion. Ocupólo dignamente. Hé aquí algunos períodos del elocuentísimo é intencionado discurso que pronunció al posesionarse del codiciado sitial con gran regocijo de todos y la envidia más profunda de Olózaga.

. . . .

«Mi gratitud, por lo mismo, es vivísima y me conmueve hasta tal punto, que no acierto á expresarla más que inclinándome respetuoso ante el poder y ante la voluntad de las Córtes. Quieren que sea el Presidente yo, el último de todos; obedezco sumiso su mandato.

»Me anima el firme propósito de que ninguna opinion se encuentre aquí huérfana ni desvalida; porque toda opinion que acepta el criterio de la razon y de la controversia, es para mí santa é inviolable, como santo é inviolable es el pensamiento; santa é inviolable la conciencia; inviolable y santa la personalidad humana. Y sobre todo, señores, vosotros que me habeis elegido, sostenedme con vuestro aliento, iluminadme con vuestro consejo, fortalecedme con vuestra autoridad, pues solo así podré yo descender en su dia de este sitio con honor, única aspiracion que ya tengo, porque despues de haber alcanzado la honra de ocupar tan alto puesto, no puedo ni quiero ser nada más en España.

. . . .

»Señores: la España acaba de consumar la más

grande y la más maravillosa de las revoluciones, reflejando en ella el carácter que durante la larga historia de este glorioso pueblo le ha distinguido de todos los demás del mundo. Es una cualidad propia, es una cualidad distintiva de la nacionalidad española donde quiera que esté, que cuando parece más postrada, cuando parece más abatida, cuando ménos figura en el mundo, se levanta de repente, osténtase más fuerte y vigorosa que nunca, y viene á pesar con irresistible influjo en el movimiento de la civilizacion y en los destinos generales de la humanidad.

. . . .

»¡Cómo olvidar, señores, que nosotros somos los hijos y los herederos de aquella egregia estirpe de jigantes que hace sesenta años se levantaron contra el conquistador de los siglos, quebrantaron su poderío cuando estaba en el colmo de su grandeza, defendieron el territorio invadido por numerosos ejércitos, escribieron con la punta de su espada ese magnífico poema que comienza en los campos de Bailén y termina en los muros de Tolosa, ya dentro de la Francia, é hicieron en medio de los horrores de un sitio una Constitucion verdaderamente inmortal, porque vive eternamente en la historia para inmarcesible gloria de los legisladores de Cádiz!

. . . .

»Yo tengo, señores, el íntimo convencimiento de que una Constitucion que proclame la soberanía de la nacion, el sufragio universal y los derechos individuales, será aceptada unánimemente por el país. Yo creo que esa Constitucion no solamente asegura las conquistas revolucionarias, sino que abre ancha puerta para que España, siguiendo en adelante las vías del progreso, sin agitaciones y sin conflictos, llegue pacíficamente á esas trasformaciones que los pueblos modernos están llamados á experimentar por sus mismos adelantos y por el curso irresistible de la civilizacion.

»A la sabiduría de las Córtes Constituyentes toca, cumpliendo su alta mision, convertir en instituciones políticas y en leyes duraderas los principios dictados por la revolucion. A la obra que va á salir de sus manos deberemos cerrar para siempre el período, largo período constituyente, que nuestros padres abrieron con tanta gloria en las Córtes de Cádiz. La nueva Constitucion del Estado será estable, porque todos los ciudadanos verán en ella la sólida garantía de sus libertades, de sus personas y de sus derechos.

»¡Plegue á la Providencia iluminar el espíritu de las Constituyentes para que lleven á término tan difícil obra con acierto y con ventura!

»Concluiré, señores, con un voto ardiente que hago de lo íntimo de mi corazon: que los legisladores de 1869, cuando terminen la grande obra de la regeneracion del país, dejen su nombre unido con aplauso, al de los legisladores de Cádiz, para que su memoria imperecedera se trasmita con respeto y con admiracion á las generaciones venideras.»

¿He copiado mucho? Notad que es un discurso bellísimo, lleno de intencion, sóbrio, enérgico cual el caso lo requeria, elocuente como salido de su boca, estudiado y pulido como para momento tan notorio y supremo. Por sus lábios hablaba la revolucion, todavía incierta y agitada por las asechanzas de unos y las impaciencias de otros. Es un discurso digno de Rivero, digno de la revolucion, digno de las Constituyentes del 69 que tantos y tan magníficos y tan elocuentes habia de oir.

No prestó ménos servicios en la presidencia que en la alcaldía. Eran á propósito para sesiones tan tempestuosas é intereses tan encontrados, el carácter, el talento, la autoridad, hasta las imposiciones y genialidades de Rivero. Intransigente unas veces, templado otras, decidor cuando la razon lo queria, imparcial siempre y con todos, sólo él pudo presidir las primeras sesiones de aquellas Córtes sin ejemplo. ¡Cuántas veces terminó encarnizadas disputas con una sola palabra! ¡Cuántas otras con un llamamiento al patriotismo! ¡Cuántas tambien con un chiste de su gracia andaluza!

Razones políticas ó propósito firme de que se gastara en el poder—la verdad no se sabe aún,—lleváronle al ministerio de la Gobernacion, donde poco á poco fué su nombre desprestigiándose. Suyas son, sin embargo, las leyes orgánicas del 70, y á Barcelona fué cuando la fiebre amarilla á cumplir como bueno su deber, presentándose animoso en la aterrada ciudad á darla consuelos y energía para salvar el conflicto. No se mostró tiránico con la prensa, que tanto le mordia y maltrataba. Fué tolerante, expansivo, verdaderamente liberal. Recuerdo estas palabras suyas, pronunciadas al contestar una interpelacion de los federales quejosos de que no tenian libertad para escribir:

«Señores, se afirma que no hay libertad de imprenta. ¡Qué sarcasmo tan ridículo! Pues casi hay licencia. Aquí tengo un número de *El Combate* que dice de mí, del ministro de la Gobernacion, «que he vendido la república por un cuartillo de vino.» ¿Es esto libertad? No, esto es licencia incalificable. ¿Y sabeis lo que he hecho? Pues no he hecho nada; me lo han dicho, lo he leido con calma y lo he despreciado. Sí, lo desprecio, porque la prensa que así calumnia y á ese terreno desciende, no me merece más que compasion y asco.»

En 1872 fué presidente del Congreso radical, y al hacer el discurso de gracias cometió la ligereza, en un hombre de su talento imperdonable, de decir que si los conservadores no tenian representacion tampoco se necesitaba. ¡Cómo ciega la parcialidad las inteligencias más claras y cultas! Así salió ello, y bien caro lo hemos pagado. En el mes de Diciembre del mismo año hubo una algarada y algunos tiros en la plaza de Anton Martin. Rivero dirigióse al lugar de los sucesos acompañado de un secretario del Congreso. Era de noche, y, sin embargo, llovian balas en la calle de Leon. Rivero avanzaba como si tal cosa; el secretario, hombre de valor y digno, pero temeroso, como lo hubiera sido yo, de exponerse tontamente á un balazo, decíale que debia guardar su persona y retirarse al Congreso. Tanto insistió, que Rivero accede.—«Pero con una condicion, señor secretario; con la condicion de que seguirá Vd. hasta el lugar de los tiros, y una vez enterado de lo que sucede volverá á darme cuenta.»—Figúrense Vds. cómo se quedaria el pobre secretario, que lo que iba buscando era la retirada.

Su conducta el 11 de Febrero, por aclarar está todavía. Para mí es indudable que fué el primer causante de mucho de lo que aquel dia sucedió. Empeñóse en abrir la sesion del Congreso á la hora de costumbre, y por más recados que recibió de Ruiz Zorrilla, por más que hicieron Beranger y Juan Manuel Martinez para que esperase el resultado de las últimas gestiones cerca de D. Amadeo, D. Nicolás encastillóse en que no y abrió la sesion con gran alegría de los federales. Antes habia pronunciado estas palabras:—«A enemigo que huye, puente de plata.»—¿Cómo cayó de la presidencia? Bien pronto y con gran estrépito. No supo apreciar las circunstancias, quiso ser absoluto cuando debia ser diplomático, empezaron á mirarle de reojo, y bastaron unas palabras de Martos para que viniera al suelo como un dios en desuso.

Nadie puede, sin embargo, disputar á Rivero el título de jefe de la democracia española. Bien fresca está aún su sentida muerte, á cuyos funerales acudieron respetuosos y tristes todos los demócratas, desde los que han sido presidentes de la república hasta los más humildes artesanos. ¡Digno tributo á un talento esclarecido, á un carácter entero, á un jefe ilustre!

Como orador Rivero era más filósofo que parlamentario, más metafísico que práctico. De poca voz, aunque recia y agradable, hacíase admirar por la propiedad de sus palabras y lo profundo de su conceptos. No era igual en el tono, casi siempre se perdian sus finales de tanto como bajaba la voz creyendo dar más solemnidad á sus conclusiones. En la accion era arbitrario, volviendo la vista y el cuerpo de un lado á otro como buscando en la fisonomía del auditorio el efecto de sus períodos. Algo aparatoso, gustábale el silencio y que le oyeran como discípulos. Sus formas eran serenas y reposadas, conservando la calma en los momentos más difíciles y de más desórden. Un poco tardo al enunciar, este mismo defecto hacia que pronunciara con gran energía y precision.

Rivero fué un gran orador, un abogado eminente, un político de altas miras, un carácter duro y voluntarioso, un andaluz muy alegre y de mucha gracia en el Parlamento y fuera del Parlamento.

¿Verdad, amigo Moliní?

RUIZ ZORRILLA.

¡D. Manuel! ¡Sr. D. Manuel!... ¿Cómo van esas fuerzas? ¿Qué tal se encuentra Vd. léjos de la dulce patria?... Ya supongo que estará Vd. feroz, políticamente hablando; pero yo me refiero á la salud, que es lo principal, á esa salud por la cual hay hombre que se interesa más que por la suya propia. Unos me dicen que está Vd. lo mismo, lleno, fresco y cargado de hombros y de hombres; otros me aseguran que el negro pan de la emigracion no le presta ni poco ni mucho. Si es lo primero, que me alegro muy de veras; si es lo segundo, ¡qué diantre! detrás de estos tiempos vendrán otros, como detrás de Vd. vendrán Escoriaza, Fernandez de los Rios, Saulate, Solís y demás compañeros de glorias y fatigas.

Nada, D. Manuel, no hay que apurarse. Sírvale de consuelo que aquí se ocupan todos en Vd. por la mañana, por la tarde y por la noche, y lo que no va en lágrimas va en suspiros, es decir, si Vd. está mal, por acá no andamos mejor. Porque Vd. comerá pan negro—hemos convenido todos en que el pan que se come fuera de España es negro como la morcilla;—pero patriota hay que no sabe el color que tiene. Y no es figura retórica ni ganas de hablar, es el Evangelio.

Basta, pues, de pan cocido, y vamos al pan crudo, esto es, al grano.

Ante todo, Sr. D. Manuel, no vaya Vd. á creerse que el aparecer en este libro primero que Sagasta es debido á tal ó cual idea. No, señor, no quiero traer á él—al libro—preferencias que no tengo por nadie. Es porque, como Vd. sabe, Ruiz se escribe con R y Sagasta con S, y la R está ántes que la S en el alfabeto. Hé ahí la razon. Me acuerdo muy bien de la rivalidad que hubo entre Vds. dos, y no pretendo ser leña que, arrojada al fuego, aumente la combustion. Nada de eso. Ni soy de César ni de Pompeyo: soy de Roma.

Y basta tambien de alfabeto y de explicaciones.

No se me oculta—¡cómo ha de ocultárseme, á mí que le he oido tantas veces!—que Zorrilla no es un gran orador. No lo es; pero fué digno Presidente de las Córtes del 69, y paréceme feo y hasta injusto olvidar al que presidió á casi todos los oradores que honran con su nombre estas páginas. Si no tuviera otra consideracion, ella sola justificaria la entrada de Zorrilla en esta galería de bustos parlamentarios.

Gústame, por otra parte, ser benévolo y respetuoso con los que, llámense como se llamaren, no pueden vivir bajo el sol y en el seno de su patria.

Pues bien; Zorrilla no es un gran orador, una palabra arrebatadora, elocuente; una imaginacion rica de imágenes y colores; pero es una personalidad que juega papel importante en nuestra política: no seduce, no fascina, no encanta; pero posee la elocuencia del sentimiento, de la pasion, de las convicciones: no conmueve; pero atrae: no electriza; pero cumple: no hace llorar ni reir; pero interesa su calor, agrada su entusiasmo: no florea ni afiligrana; pero tiene intencion, energía, oportunidad.

Ningun literato aplaude su palabra, los hombres sencillos la admiran y la siguen. ¿Sabeis por qué? Porque Zorrilla habla como ellos, sin aliños, sin retóricas, sin artificios, con el corazon en la mano y la buena fé por delante. ¿Esto es decir que Zorrilla habla á la buena de Dios y salga lo que saliere? No; es que descubre ménos doblez, ménos cautela, ménos estudio que los demás. Él dice en estilo llano lo que dicen otros en estilo aparatoso, y esto es lo que gusta á la gente; otros afectan vehemencia, y él la tiene propia, natural, irremediable: los grandes oradores aparentan alterarse, y él se altera, se agita, se descompone de verdad. Para una academia no sirve, para un auditorio político sirve como el primero.

Miradle perorando.

Apenas empieza el discurso ya está trasformado, cambiado, desconocido. Pónese rojo como la grana, los mechones del cabello le caen sobre la frente, el nudo de la corbata se va de delante á atrás, la pechera de la camisa pierde su tersura, los faldones de la ámplia levita van y vienen de un lado para otro, sus labios se llenan de espuma, su cuerpo trabaja horriblemente, sus golpes en el pupitre amenazan hacer añicos la inofensiva madera, sus ojos brillan, sus cejas se contraen, se irrita, se posee, se enardece, se incomoda y suda. El público vé hablar como él habla, y aplaude. Castelar inspira admiracion, él inspira confianza; Martos enamora, él se hace creer. Esta es la elocuencia de Zorrilla, éste el secreto del ilustre proscripto, como diria mi amigo Joaquin Bañon.

No penseis, sin embargo, que su palabra carece por completo de efectos retóricos. A las veces recurre á ellos con éxito, pues como son en él una novedad producen resultados. Pero lo que caracteriza principalmente la oratoria de Zorrilla es la energía de su expresion. Pocos emplean palabras tan propias como él para manifestar el vigor de su temperamento y de sus convicciones. No las busca, no las estudia, no las pule; pero salen de sus labios con cierta facilidad y llegan á donde se propone que lleguen, y dicen lo que se propone decir. Y como se empeñe en una cosa, nada le hace cambiar, se sale con la suya irremisiblemente.

Ruiz Zorrilla es muy incorrecto, poco literato; pero tiene buena voz, quizá algo hueca, quizá demasiado profunda y llena. Su accion, espontánea y expresiva, me recordó siempre la oratoria viril y sencilla de los convencionales. No hay en él, como en éstos, arrebatos del génio, prontos irresistibles, llamaradas de fuego. Prefiere el fondo á la forma, es político de ideas ántes que retórico, narrador ántes que tribuno. Admira á Castelar, á Cánovas, á Martos; mas nótase en él que no quiere imitar, que se contenta con su palabra, que está satisfecho de ella y no la cambia por ninguna. ¿Es soberbia? No; es confianza en sí mismo, seguridad, condicion de su carácter.

Creen algunos que Zorrilla es candoroso é inofensivo, y no hay tal. Zorrilla es uno de los hombres de más instinto, más astutos, más recelosos, de la política española. Tiene talento natural, y cierto golpe de vista que le hace superior á muchos que pasan por más linces y agudos que él. No es muy fácil engañar á Zorrilla, y para Zorrilla no es difícil trastear y seducir á los más desconfiados. Sabe al dedillo el diccionario de la cautela, la reserva y las triquiñuelas políticas. Hay quien puede darle lecciones de formas oratorias; pero él puede dar lecciones de ver venir, dejarse ir, nadar y guardar la ropa. Es un diplomático sin título, un reclamo sin liga, una naturaleza que llama, que aproxima, que atrae.

Haced honrado á un hombre de tales condiciones, y os explicareis su fortuna de ayer, su importancia de hoy.

Zorrilla tiene fama de honrado, de íntegro, de inquebrantable; y como en nuestra desdicha política no hay muchos que sean eso, ni siquiera que tengan la fama de eso, naturalmente, lo que pierde como orador gánalo como hombre de bien. Nadie le deposita el tesoro de nuestras glorias tribunicias y parlamentarias; pero son muchos los que le depositan sus ideas, sus esperanzas y su dinero. Lamartine era más brillante que Dupont de l'Eure; Dupont de l'Eure inspiraba más confianza que Lamartine.

No soy amigo de Zorrilla, no sé si el cútis de su mano es áspero ó es suave, no le he saludado una sola vez; pero debo ser justo, y así como afirmo que no es un gran orador, me explico que su reputacion de honrado é incorruptible le haya servido tanto en su carrera. ¿Por qué no hemos de dar á la rectitud de la conciencia, siquiera lo que damos á la belleza de la palabra? Neguemos á Zorrilla una profunda educacion literaria, no le neguemos lo que hay en él más íntimo, más saliente, más notorio: honradez á toda prueba. Ha pasado por altísimas posiciones, ha podido hacer una gran fortuna, la han hecho, sin duda, á su sombra algunos señores; él tiene hoy el capital que tenia ayer, y á su pesar se han realizado aquellás inmoralidades. Como orador no es un modelo, como patriota de purísima honradez puede serlo para muchos.

Añaden sus amigos, y áun los indiferentes, que Zorrilla es un gran carácter. Vamos punto por punto, que esto toca ya á la política y en política merece algunas censuras. No serán fuertes, porque está emigrado y yo gusto de decir las cosas cara á cara; pero me explicaré, Dios mediante.

Nada es tan plausible como una noble ambicion. Solo las almas grandes son profundamente ambiciosas. ¿Pero justifica esto el célebre discurso de los *puntos negros*, lanzado contra la administracion de Prim desde la popa de la *Villa de Madrid* al zarpar para Italia? No; en aquella ocasion Zorrilla fué mal aconsejado por un personaje unionista que le metió en tales disidencias para mejor servir la causa del unionismo, herida de muerte por la política de Prim. ¡Qué pesar tan grande experimentó éste cuando leyó aquel discurso! Zorrilla no mentia, no exageraba, dijo la verdad; ¿mas se puede en política decir siempre la verdad? ¿era aquel el momento oportuno? ¡Cuánto daño hizo á la revolucion el desahogo juvenil de don Manuel!

Y posteriormente, ¿debió dejarse sin un paliativo el *oreo* que pidió Echegaray para Palacio? ¿respetábase así la monarquía democrática del caballeroso hijo de Víctor Manuel y de su virtuosísima esposa? ¿qué fé monárquica era aquella? Las escenas de la patriótica é ingénua *Tertulia* progresista, ¿á qué altas miras respondian?... Vamos, D. Manuel, convenga usted conmigo y con la opinion neutral y sensata del país, en que no se fué muy práctico ni muy político entónces. ¡Ah! Estoy seguro, segurísimo, de que usted, ahora que tiene más años y, por consiguiente, más experiencia, darame la razon en este punto, como maldecirá asimismo la coalicion electoral con los federales, carlistas y moderados.

La corazonada de irse á Tablada triste y pesaroso como víctima de cruel desengaño, ¿no fué una torpeza insigne? ¿Cómo habia de consolidarse una monarquía cuyos principales sostenedores retiraban el hombro al más leve contratiempo? Y la libertad, la casi licencia de la política que se hizo poco despues, ¿no fué peligrosísima? La benevolencia con los federales ¿no era contraproducente?... En cambio aplaudo con mis dos manos la disolucion del cuerpo de artillería. Obró en esto Zorrilla como debia, como un hombre de gobierno, como un carácter. Primero el principio de autoridad, luego las contemplaciones. ¿Eran éstas inútiles? Bien hecho fué lo hecho. Cien veces que ocurra lo mismo, otras tantas debe procederse como entónces. Aquella indisciplina trájonos más tarde la de 1873, la carnavalada que todos recordamos. ¡Ojalá hubiera tenido Estévanez la energía de Zorrilla, y procedido con todos como los radicales con los artilleros!

Porque no cabe duda que los radicales, en presencia de una guerra civil y del principio de autoridad quebrantado, no podian, no debian consentir la rebelion, pacífica, sí, pero rebelion al cabo, del cuerpo de artillería. Mil veces haria yo lo mismo, más quizá, porque no toleraria la impunidad de actos semejantes como la toleró Zorrilla. El ejército debe obedecer y no discutir, debe callar y no imponerse, debe ser fiel y respetuoso siempre que no se trate de uno de esos hechos, de una de esas situaciones extraordinarias que legitiman actos de dignidad é independencia: como socorrer la patria en 1808, como proclamar la libertad en 1820. Aplaudo, pues, á Zorrilla; y si la disolucion del cuerpo de artillería produjo lamentables consecuencías, que sí las produjo, no por eso es censurable. En política como en la vida privada, la dignidad es ántes que todo, el decoro ántes que la conveniencia, el honor ántes que el egoismo de prolongar una existencia falsa y miserable.

No puedo ¡oh, D. Manuel! decir lo mismo del 11 de Febrero. Quisiera, bien lo sabe Dios; pero no puedo. Todas las cosas tienen su nombre, y la cosa del 11 de Febrero, refiriéndome ahora á Vd., fué una gran falta primero, una gran debilidad despues.

Fué una gran falta, porque Zorrilla debió acallar en su pecho todas las rivalidades y aceptar el ministerio de conciliacion que, como última respuesta, propuso D. Amadeo. Negóse en absoluto segun dicen los que pasan por enterados, y vino la proclamacion inconstitucional de la república. Aplaudo su alejamiento del nuevo órden de cosas, su honrosísima delicadeza no queriendo acceder á los que le brindaron un instante con la dictadura para luego volverle la espalda en la Asamblea cuando quiso hablar y no le dejaron. ¡Ingratitud que merece todo mi desden, toda mi censura! ¿Era así como debian tratar al que momentos ántes no sabia qué hacer con tanta baja adulacion, con tanta peligrosísima lisonja? No, yo digo que no, yo digo que el espectáculo que presencié desde la tribuna y en el salon de conferencias la noche del 11 de Febrero, no fué el más edificante.

Voy á lo que he llamado una gran debilidad de Zorrilla.

Hizo bien retirándose del Gobierno; pero hizo mal en alejarse totalmente de la república, cuyo primer ministerio debió combinar con Serrano, Castelar y Rivero, echando los fundamentos de una fecunda y provechosa conciliacion. ¿Para servir los intereses de su partido? No; para servir los intereses de la libertad y de la patria, para evitar los sucesos posteriores, para demostrar lo que tanto pregonan sus amigos: un gran carácter. Desgraciadamente no lo hizo así, y marchóse á Elvas llorando como un niño y desesperanzado cual mozalvete que acaba de recibir de su novia inesperadas y furiosas calabazas.

De su conducta posterior no puedo hablar, limitándome á decirle que no se meta en filosofías ni metafísicas con Salmeron, cuyo socialismo y principios políticos, respetables como todo lo que es de su cosecha, son un sueño más aquí donde tanto se sueña.

Antes de hacer el resúmen del juicio que me merece D. Manuel, permítanme Vds. que le dé un abrazo por su decreto estableciendo la libertad de enseñanza, y un fuerte apreton de manos por el discurso que pronunció en las Córtes del 69 contra la milicia nacional. Aquél fué digno de un revolucionario, éste de un hombre de carácter dadas las circunstancias y los batallones de voluntarios de entónces.

Tampoco omitiré que D. Amadeo quiso hacerle duque y grande de España, y Zorrilla prefirió llamarse siempre D. Manuel.

Y allá va al resúmen.

Como orador es incorrecto, enérgico, ardiente, quizá algo prolijo; como político, liberal si los hay y honrado á carta cabal; como ministro, resuelto y muy sobre sí; como jefe de pelea, entero, vigoroso; como carácter, así así; como hombre, llano, agradable y un sí es no es progresista.

NOTA. De los trabucazos de la calle de San Roque no digo nada, porque caen bajo el dominio de la historia.

SAGASTA.

"Verde la color, grande la boca;
El tupé, recogido y aplastado;
Cuando habla, la bilis le sofoca
Y le zurra con gracia al más pintado."
(De un *Almanaque* del 76.)

¡Cuánto me gusta cuando habla!... Aquella mirada inquieta y vivísima que parece registrar todos los semblantes; aquella cabeza inteligente peinada con cierta estudiada coquetería; aquella nariz aguda como su ingenio parlamentario; aquel cuerpo que va y viene del ministerio á la mayoría dejando en todas partes la expresion de sus movimientos; aquellas manos cuyos índices parecen clavarse en el corazon del adversario; aquella sonrisa burlona, sarcástica, venenosa; aquellas palabras que salen de sus lábios limpias y cortantes como el filo de una espada; aquellos finales que siempre producen una tempestad ó una víctima; aquella destreza, aquella agilidad que semeja la de la ardilla; aquella bilis que ahoga al enemigo sin compasion; el tono, el gesto, la postura, todo lo que hace de Sagasta un temible y elocuente tribuno, ¡cómo me gusta y regocija! ¡cómo me seduce y enamora!

Alguna vez he ido á oirle con prevencion porque defendia malas causas. Fuíme dispuesto á callar, á no desplegar mis lábios, á negarle mis simpatías. Y cuando se ha levantado de su asiento sonriente y nervioso; cuando ha empezado á herir, á machucar con el arte que él sabe; cuando le he visto sortear los peligros y de vencido proclamarse vencedor con una ironía terrible ó un apóstrofe aplastante, el brillo de su talento y la atraccion irresistible de su persona han podido más que mi voluntad, trocándose la prevencion en entusiasmo secreto y profundo.

Se me dirá que carece de las formas de Castelar, de la correccion de Martos, de la abundancia de Cánovas. Pero tiene fuego, electricidad, mucha electricidad en su palabra y en su persona. Tiene, sobre todo, algo que cautiva, que retiene, que agrada, que regocija interiormente como pocos oradores, quizá como ninguno. Enérgico y apasionado, jóven su espíritu aunque canosa su barba, da á todo lo que dice tal expresion, tal arte, tal intencion política, que uno no puede ménos de exclamar:

—¡Bien, muy bien por D. Práxedes!—y nadie quisiera encontrarse en el pellejo de sus adversarios.

Lleva siempre abrochado el ceñido y elegante *chaquet*, por cuyo bolsillo exterior asoma, blanca como el color del enemigo, la punta del pañuelo. En el momento que va ha hablar desabrocha el casaquin como si esta leve sujecion le estorbara para la lucha de florete parlamentario que va á descargar sobre los que tiene enfrente. Apoya las manos sobre el banco, inclínase un momento hácia el suelo como si buscara algo, recoge los casi rizados cabellos que le caen sobre los ojos, pasea por todas partes una mirada que parece tocada de iman y una sonrisa que parece una promesa, y allá va cual torrente impetuoso que todo lo inunda y destruye.

A lo mejor le interrumpen, y dando un salto como si se sintiera herido, lánzase sobre el infeliz que se le atreve y lo aplasta bajo el peso de este apóstrofe:—«¿Quién me interrumpe? ¡Ah! es el general Primo de Rivera, á quien tuve el gusto de conocer de comandante en el puente de Alcolea.»—Censura otro dia la constitucion de los tribunales de imprenta, un Borrajo de la Bandera respira algo fuerte, y Sagasta le reduce al silencio con esta magnífica atrocidad:—«¡Miradle, miradle cómo se levanta á protestar de mis palabras como un energúmeno!»

El público aplaude, los enemigos tiemblan, los suyos se emboban, y él, satisfecho pero sin haber concluido, enjuga el sudor que baña su rostro lívido y trasfigurado. Sigue acometiendo y el hemiciclo recogiendo víctimas.

Sagasta reune dos clases de oratorias: la parlamentaria y la tribunicia. ¡Ventaja inmensa que le permite defenderse como pocos en el banco azul, y combatir como el primero en el banco encarnado! Como parlamentario arguye, discurre, mistifica, marea, aprovecha todos los claros y se mete por todas las rendijas; como tribuno, estrecha, confunde, aprisiona, desconcierta, mata. En el banco azul apenas cae de sus lábios la sonrisa; en el banco encarnado pónese sério cuando quiere y el acto toma profunda solemnidad. Tiene la intencion de Calvo Asensio, la energía de Madoz, el calor de Lopez, el veneno de Olózaga, los prontos, los rasgos, los giros inesperados que no he visto ni leido en nadie.

Hé aquí en qué términos tan valientes acusaba á la union liberal de inconsecuencia:

«Y los que vienen al Gobierno á plantear lo contrario de lo que dijeron en la oposicion; los Gobiernos que vienen á plantear lo mismo que en la oposicion combatieron, esos olvidan sus compromisos, faltan á su palabra, reniegan de su historia, defraudan las esperanzas del país y engañan al trono.»

En otra ocasion atrevióse á pronunciar, siendo individuo de la minoría progresista, estas palabras hasta entónces no oidas en aquellos bancos:

«Los tronos no son más que instituciones políticas llamadas á satisfacer las necesidades de los pueblos.»

Sagasta, que es hombre modestísimo en su trato, que no conoce el orgullo en su casa, que no sabe lo que es vanidad, en la vida pública suele ser altivo y arrogante cuando cree que se le humilla. Entónces arremete contra los que le juzgan equivocadamente, y dice:

«Tampoco yo soy rico, tambien soy humilde; pero

con mi humildad y todo, yo que apenas tengo valor para resistir á la súplica, nunca cedo á la exigencia; no me creo de ninguna manera superior al pobre, pero jamás me considero inferior al poderoso; se me encontrará siempre dispuesto á bajar mi cerviz ante la desgracia, pero jamás abatiré mi frente ante los potentados de la tierra.»

No es tampoco D. Práxedes hombre que se acobarda ni intimida así como así. Nada de eso. Si le hablan fuerte, responde echando fuego. O'Donnell, sin dar verdadero alcance á sus palabras, pero pronunciándolas con cierto retintin, dirigióle una vez esta amenaza:

«Lo digo con sentimiento, señores, lo digo con pena, porque el Sr. Sagasta es un jóven simpático y un talento distinguido; pero cuando oigo sus anárquicos discursos, sus discursos disolventes y revolucionarios, como que presagio que S. S. ha de morir fusilado por faccioso. (*Grandes risas.*)»

Réplica audaz de Sagasta:

«Y á mí me parece, señores diputados, á mí me parece que estoy viendo al general O'Donnell, si sigue por el camino que marcha, arrastrado por las calles de Madrid. (*Nuevas risas en toda la Cámara y aplausos en la tribuna pública.*)»

Es tambien poético y dulce, como lo prueban estos dos períodos del discurso que pronunció pidiendo gracia para los sublevados de Loja:

«Acostumbrado siempre á encontrarme en este sitio, con mis enemigos enfrente, obligado un dia y otro dia, constantemente, sin descanso, á luchar sin fortuna, es cierto, pero con ánimo sereno y con lealtad, veo con gusto que ha llegado el dia en que abandonando el casco, desnudándome de la cota de malla, puedo arrojar la lanza y penetrar confiadamente en las tiendas del campamento enemigo.

. . . .

»Señores diputados: seguid los impulsos de vuestro corazon; decid una palabra, pero no os equivoqueis, por Dios, al pronunciarla, y recibireis las felicitaciones de vuestros comitentes, los plácemes de vuestras esposas, de vuestros hijos y de vuestros amigos; la gratitud de la desgracia, que es la bendicion de Dios.»

En 1861, defendiendo la unidad de Italia en un discurso quizá el más profundo y erudito de todos los suyos, osó lanzar estas palabras á los que traian y llevan sin prudencia el derecho divino de Isabel II como base y fundamento de todos los demás.

«El gobierno de Isabel II, reina por la voluntad nacional, protesta contra la voluntad nacional de Italia, por defender unos derechos que no tiene, y un pretendiente que no tiene más títulos para presentarse como aspirante á la corona de España que los llamados derechos de familia, respeta la voluntad nacional de Italia, y renuncia á los derechos que por los tratados podia tener con más razon que Isabel II á la sucesion de aquellos Estados. Es decir, que se presenta al gobierno español ménos generoso que aquel pretendiente que no tiene más derechos que los de familia. Cesion oficiosa la de D. Juan, porque no la necesita el Rey del Piamonte para llevar una corona que le ciñe la voluntad nacional de su pueblo; pero protesta ridícula la del gobierno que sin derecho ninguno se opone á la voluntad nacional, cuando ese gobierno es de una reina que lo es por este principio, nada más que por este principio. (*Grandes murmullos, fuertes interrupciones. Se suspende la discusión por breves momentos. El presidente del Consejo de ministros pide que se escriban estas palabras. Calmada la agitacion y restablecido el órden, continúa el orador.*)

»Continúo, pues, mi discurso con tranquilidad, como conviene á este sitio, sin acaloramiento alguno; estoy más tranquilo, en efecto, que cuando empecé.»

Pero cuando Sagasta ha demostrado todo lo que vale y todo lo que puede soportar, cuando su nombre como orador se ha colocado entre los más ilustres, ha sido desde 1869 hasta el presente. Antes era una esperanza, una promesa, una de las figuras más morenas y simpáticas del partido progresista. A contar desde el 69 es una realidad, un balancin y un orador de primera fuerza. Ha medido su acerada y tajante palabra con la de Castelar, con la de Cánovas, con la de Martos, con la de Rios Rosas, con la de Rivero, con la de todos, y jamás le hemos visto inferior á su empeño, quedar deslucido ni derrotado. Por el contrario; parece como que la lucha le dá brios, el choque energía, las dificultades motivo para crecerse y elevarse cual si la pelea fuera su vida, el combate su elemento.

¿Quién no recuerda su brillante campaña contra los federales del 69, sus discursos llenos de intencion, su política resuelta, sus recursos oratorios, sus apóstrofes, sus ironías, sus habilidades parlamentarias? ¿Quién no sabe que era entónces la palabra más te mible del Gobierno, el polemista más vigoroso, la dialéctica más venenosa y provocativa? ¿Ha olvidado alguien sus sales contra Orense, sus amenazas contra Garrido y Paul y Angulo, sus sofismas contra Figueras, sus sarcasmos contra Cruz Ochoa, sus reproches contra el mismo Castelar, su ten con ten con cimbrios y unionistas?

Es verdad que alguna vez fué indiscreto; pero siempre estuvo brillante, entero, pronto para todo y contra todos. En viendo á Sagasta en el banco azul, ni Prim se alteraba ni la mayoría se sentia débil. En cambio los federales se lo hubieran comido con la mirada. Era el nervio, la palabra y el yunque de los primeros gobiernos de la revolucion. Sagasta lo afrontaba todo, á todo se atrevia, con todos venia á las manos, se arriesgaba á todo.

Llenaria muchas páginas de este libro si fuera á copiar las frases y los conceptos felices y oportunos que tuvo en las Constituyentes del 69. De la mayor parte de sus discursos podria sacar algo, aprovechar uno ó más períodos. Todo en ellos es bueno, sustancioso, elocuente. Ni Castelar le conmovia, ni Figueras le desorientaba, ni Paul le daba miedo. Inquieto y burlon al lado de Prim, diciendo á la mayoría con su sonrisa:—«no te apures, que aquí estoy yo;»—y á la minoría:—«todo eso es populachería y ganas de hablar;»—tomando breves apuntes para replicar al adversario, cuando el presidente le daba la palabra levantábase ágil y provocador, empezando desde el exordio á repartir tajos y mandobles sin compasion ni miramientos de ninguna especie.

«El Sr. Orense, hoy republicano federal, buscaba

no hace mucho un rey para España.»—«El Sr. Figueras fué monárquico y de los más fervorosos en 1851.»—«Cuando yo tenia las manos llenas de sangre porque componia clandestinamente y sin ser tipógrafo proclamas liberales que levantaran el espíritu público, el Sr. Castelar paseábase por las calles de París discurriendo poéticas correspondencias para periódicos de América.»—«Esos republicanos que tanto gritan ahora, ¿dónde estaban en 1865 y 66?»—«Todos hemos conquistado la libertad; pero vosotros los de la minoría la vais á peder con vuestras imprudencias insensatas y criminales.»—«El Sr. Rios Rosas dice que el gobierno tiene una partida de la porra. El que forma con sus empleados una partida de la porra en Cádiz y Málaga, es el Sr. Rios Rosas.»—«El Sr. Paul y Angulo grita mucho: son amenazas á la luna.»

Sagasta tiene, además, como orador de Parlamento, la ventaja de que contesta en el acto todas las interrupciones, sean las que fueren, con gracia y oportunidad.

Otros oradores se trastornan y caen. Sagasta replica en seguida y continúa su discurso.

En las Córtes del 76, quejándose de falta de libertad para la prensa, recordaba la impunidad en que quedaron los periódicos que dieron al público el manifiesto de Sandhurst en 1874. La mayoría le interrumpe:

«¿Por qué murmurais? ¿Sabeis lo que sucedió con aquellos periódicos? Pues publicaron el manifiesto y no les ocurrió nada. (*Risas.*) Al dia siguiente de la consulta publicaron el manifiesto de Sandhurst; y como el Gobierno creyó que no debia hacer nada, nada hizo. ¿Qué les pasaria á los periódicos hoy si publicasen un manifiesto de mucha menos importancia que el de Sandhurst? Interrumpidme ahora. (*Aplausos.*)»

En este mismo discurso, uno de los más enérgicos y elocuentes que han salido de sus labios, burlábase así de que en las monedas del D. Alfonso XII se hubiera suprimido que era rey por la gracia de la Constitucion:

«Por la gracia de Dios y por la Constitucion han reinado nuestros reyes constitucionales, así lo han dicho siempre al promulgar las leyes, así lo dicen las monedas de sus respectivas épocas. Por lo visto ahora es suficiente para reinar en España la gracia de Dios, sin que en ello para nada intervenga la Constitucion; y en efecto, ¿cómo ha de intervenir en esto la Constitucion, cómo han de reinar los reyes por la Constitucion, si son los reyes los que las decretan? En estos tiempos, señores diputados, es imposible decir ni hacer más para dar á la Constitucion hecha por las Córtes el carácter de carta otorgada. Un paso más y la cosa es completa. Pero, ¡buenos están los tiempos para cartas otorgadas!

«Doña Isabel II, por la gracia de Dios y la Constitucion, reina de España,»—deciamos ántes;—«Don Alfonso XII, por la gracia de Dios, rey constitucional de España,»—decimos ahora; y aquí tenemos á Dios convertido en liberal y parlamentario, influyendo en que los reyes sean constitucionales, y nada más que constitucionales.

«¿Pero de qué Constitucion ha de ser constitucional el rey por la gracia de Dios? ¿De la Constitucion de

1876? Creo que no; porque, en mi opinion, la Constitucion de 1876, no sólo no tiene la gracia de Dios, sino que no tiene gracia ninguna.»

Y añadia dando cortes al aire con el brazo derecho, desordenado el tupé, vivos y centelleantes los ojos, descompuesta la fisonomía, inclinado el flexible cuerpo, colérico y amenazador el ademan como si quisiera aplastar á Cánovas:

«¡Inútil cuanto desgraciada variacion! Lo que no puede ser, no es.

«Por la gracia de Dios reinan los reyes, por la gracia de Dios legislan los legisladores y obedecen los súbditos, y sucede todo; pero ni reinan los reyes, ni los legisladores legislan, ni obedecen los súbditos contra la voluntad de los pueblos. Estos por la manera de ser de las sociedades modernas y por la complicacion que han alcanzado los asuntos públicos, no pueden ejercer directamente su soberanía, como sucedia antiguamente en Atenas y en Roma, y como sucede en la actualidad en algunos cantones suizos y hasta cierto punto en los Estados-Unidos, y delegan en ciertas corporaciones y ciertas personas, no su soberanía, sino el ejercicio de algunos derechos que hacen parte de su soberanía, naciendo así natural y lógicamente el sistema representativo.»

Más adelante pronuncia este período, lleno de sarcasmo para los ministros, altivo y valiente en su final:

«La proposicion pide, ó un imposible, ó una violacion, ó un atentado, y las Córtes no pueden discutir ni aprobar imposibles violaciones, ni atentados. Puede la mayoría, señores diputados, con motivo de esta ó de otra proposicion, aprobar la conducta del Gobierno durante la dictadura; puede, si le parece poco, concederle un voto de gracias por lo bien que la ha ejercido; puede, si esto no le basta, acordar esculpir el nombre de los señores ministros en mármoles y en bronces; puede levantarles estátuas, puede convertirlos en ídolos, puede declararlos dioses, que de eso y más serán capaces los firmantes de esa proposicion, si á sus patronos no les parece todavía demasiado temprano para atravesar los umbrales de la inmortalidad dejando de ser ministros aunque míseros mortales; pero lo que la mayoría no puede ni por esa ni por otra proposicion es dar dictaduras, porque las dictaduras se toman, no se dan.»

Por lo que llevo dicho habráse deducido que no es Sagasta hombre de miramientos cuando no quiere guardarlos; pero á fin de que no les quede á Vds. duda alguna, allá vá una débil prueba de mi afirmacion:

«Ha estado el señor presidente del Consejo verdaderamente desgraciado esta noche. (*Rumores.*) Para la mayoría que aplaude la palabra *baratería* y otras por el estilo, nada tiene de particular que haya estado admirable.»

Paréceme que no fué mal despachada la mayoría. Esto se llama dar el peso corrido.

Respecto á su política, ¿qué quieren Vds. que les diga? En 1868, 69 y 70, buena; en 1871 y 72, mediana, algo intransigente, quizá demasiado personal y funesta para la fé en las elecciones; en 1874, imprevisora y exclusivista, porque la crísis del 13 de Mayo, la salida de Martos, Mosquera y Echegaray, tengo para mí que fué la torpeza más grande de su vida, el acto más impolítico de su historia, la pitada más horrorosa del partido constitucional. Con el partido radical pudo hacerse mucho y bueno; sin el partido radical se salió por la ventana y con las manos en la cabeza. Las intransigencias en política no conducen á ninguna parte, y son el peligro más cierto de todo y de todos. Hubiérase paliado entónces, y 1868 no habria muerto á manos de 1874.

En cuanto á su política desde 1874 al presente, diré una cosa, haré una confesion.

Jamás tuve á Sagasta por verdadero progresista, esto es, por cándido, por confiado, por bonachon, por miliciano nacional. He creido siempre que se separa de los progresistas hasta en la exterioridad de su persona. Ningun progresista se peina como él ni viste con su elegancia y distincion. Pero desde que presencié la asamblea del Circo de Rivas no las tengo todas conmigo. ¿Por la esencia de aquel acto? No, por la precipitacion con que se llevó á efecto. Dejarse querer en política, es muy útil: entregarse en seguida, muy tonto. Ya sé que tuvo la culpa Ulloa; pero Sagasta debió negarse rotundamente y se habria impuesto. Un dia de carácter, una hora, y no seria su situacion la que todos ven con dolor, yo con muchísimo dolor.

Ya embarcado, su política me parece digna de su talento y de sus altas miras. Quiere hacer el último ensayo, la última prueba, el último sacrificio. Obra como un hombre de Estado, no como un político de asperezas é impresiones. Conoce las circunstancias del país, sabe que éste está algo adormecido á consecuencia de las fatigas que todos le hicieron pasar, y no es hombre que cree en los milagros. Pero lo que no le perdono es que vaya arrojando al agua poco á poco los principios democráticos del Código del 69. Esto no se lo perdono yo ni se lo perdona ninguno que haya nacido, como Izquierdo, en el puente de Alcolea. Se puede ser muy monárquico sin dejar de ser demócrata, se puede ser dinástico sin dejar de ser muy liberal.

De todos modos Sagasta es un gran orador y un político hábil y de valer positivo. Ni los más elocuentes oradores le arredran, ni las *trasferencias* le anulan. Contesta brillantemente á los primeros, y su personalidad se levanta incólume sobre las segundas, cuyo secreto es ya notorio: fué un recurso electoral, de ninguna suerte un hecho privado.

No es Sagasta un orador erudito, metafísico, profundamente ilustrado; es un orador oportuno, enérgico, incisivo, de lógica contundente, de palabra bastante correcta y fácil, de giros y prontos tribunicios, de apóstrofes magníficos, de ironías mortales, de exposicion clara, de verdadera elocuencia política. Su talento es más práctico que teórico; su naturaleza, de lucha más que de paz. No ilustra cuando habla; pero enardece, entusiasma, agrada. Hiere el sentimiento y llama la risa, toca al corazon y produce regocijo.

Una de las cosas que más le favorecen es su figura. Sagasta es feo; pero tiene cierto ángel que engendra la simpatía. Vivo y expresivo, en cuanto empieza á hablar empieza á seducir. He visto pocas caras tan inteligentes, tan burlonas, tan animadas. ¡Lástima grande que su color sea verde!

El tupé, el famoso tupé de Sagasta, ese tupé que se vendió en graciosas aleluyas y se reproduce en chispeantes caricaturas, ese tupé no existe. Hace más de diez años que conozco de vista á D. Práxedes, y por más que miro y remiro su cabeza el tupé no parece. Falta sensible, porque Sagasta sin tupé deja de ser Sagasta. Como si desaparecieran de su lado los antiguos amigos que le rodean constantemente. ¿Comprenderiais á Sagasta sin Muñiz, Abascal y Moreno Benitez? No; como tampoco los derechos individuales sin el aditamento de *inaguantables*.

¡Pesaban sobre él cual losa de plomo!

SERRANO.

¿Come el duque? ¿Ayuna el duque? ¿Duerme el duque? ¿Pasea el duque? ¿Viene el duque? ¿Se va el duque? ¿Conferencia el duque? ¿Escribe el duque? ¿Se rie el duque? ¿Monta á caballo el duque?...

¿Pero habla el duque?—me preguntarán Vds. por ser lo que más les interesa en este momento.

Sí, habla. No es un gran orador; pero *navajea* como pocos, como ninguno, como un maestro consumado. No arrebata; mas tiene simpática y noble presencia, ademanes distinguidos, palabras de conciliacion y de paz. En 1869 evitó con su oportuna intervencion más de cuatro borrascas. Fué entónces la calma y la prudencia. Para todos tenia una sonrisa, un saludo, frases *en blanco* que hacian su efecto.

Figura principalísima en las Córtes del 69, hijas de su victoria de Alcolea; parlamentario hábil y veterano; jefe del Estado en dos distintas ocasiones y ámbas haciendo un sacrificio; repúblico eminente; diplomático que sabe más que Bismark, porque Bismark ignora lo que es *ver venir*; andaluz de setenta años á quien no es muy fácil coger por mucho que se corra, su busto debe figurar en esta galería al lado del de Prim.

Y, pues queda ya colocado en su sitio, réstame tan sólo dejar la pluma, llevarme la mano al sombrero y enviarle un saludo respetuoso.

Mi general... he dicho.

SEGUNDA PARTE.

PERFILES PARLAMENTARIOS.

ABARZUZA.

Si su posicion independiente le permitiera ser más activo y ambicioso, tendria envidiable porvenir en las letras y en la política. Pero dueño de una buena fortuna, preocúpase más de viajes y recreos que de seguir la conducta de casi todos los hombres públicos. Castelar nombróle embajador en París, y en verdad que las francesas y los franceses quedarian prendados de su esquisita educacion, elegante figura y claro talento.

Abarzuza es quizá el más conservador de los demócratas históricos. Le repugnan los demagogos y la demagogia. No le veo una sola vez que no me acuerde de los Girondinos.

Su palabra es fácil, correcta y elocuente. No declama ni alborota. Persuade, apostrofa con oportunidad, se conquista al auditorio.

Ha hablado pocas veces, y sus discursos saben á prolija y esmerada preparacion; pero los dice bien, tiene calor cuando es preciso, agrada por su aspecto reposado, digno, severo.

Lo que á mis ojos le hace más simpático es su democracia limpia, aseada, bien vestida, propia para seducir. Por eso no tiene amigos entre los díscolos, y sus camaradas son los prudentes é ilustrados. Fué federal por equivocacion. Toda su persona, todo su ser es diplomático y conservador.

En 1869 hizo varios discursos de mérito. Hé aquí algun párrafo del que pronunció combatiendo el proyecto constitucional:

«Todos vosotros, yo el primero, rendimos desde el fondo de nuestro corazon un tributo de gratitud á los ilustres patricios que han llevado á cabo esta gran revolucion. Los nombres de esos ilustres generales están escritos en nuestro corazon, como estarán mañana escritos en las páginas de la libertad española. ¿Pero sabeis por qué esos generales han podido arrojar aquella dinastía? ¿Sabeis por qué? Porque aquella monarquía no estaba rodeada de sus instituciones similares, no estaba rodeada de sus baluartes naturales, de sus naturales defensas.

»¡Ah, señores! Si aquella monarquía hubiera estado rodeada de todas esas instituciones de que os hablo, yo os aseguro que la monarquía de doña Isabel II no hubiera caido. No; si aquí hubiera existido una aristocracia, una nobleza poderosa é inteligente; si aquí hubiera habido un clero respetable; si aquí hubiera habido un Senado incorruptible, doña Isabel II no hubiera caido, os lo aseguro yo, no hubiera caido, como no cayó Jorge IV de Inglaterra, que era peor, cien veces peor que Isabel II, y no cayó, ¿sabeis por qué? Porque en Inglaterra habia estas instituciones similares, porque en Inglaterra la monarquía tiene sus naturales defensas, sus baluartes naturales, y aquí no los tiene, aquí no habia más que polvo y ruina; soplásteis vosotros y el polvo desapareció y las ruinas quedaron.»

Ya veis que el hombre que habla así es un distinguido orador.

Lo que no me he explicado nunca es que, siendo Abarzuza gaditano, jamás haya venido diputado por Andalucía, sino por Cataluña y Valencia.

Por lo visto no es profeta en su país.

AGUIRRE

(D. JOAQUIN).

Canonista eminente, abogado de nota, persona apreciable y progresista.

ALARCON.

Como literato, le quito el sombrero cual á maestro; como orador, póngomelo y hasta me lo encasqueto. Su *Sombrero de tres picos* me deleita como nada; su palabra, con ser pura y escogida, me produce cansancio. No le llama Dios por el camino de la oratoria. Bien lo sabe él, y por eso se limita á sus novelas y á su Consejo de Estado.

Y no es que hable mal Alarcon, no, señor; tiene su sal, su pimienta, sus golpes andaluces, sus epígramas oportunos.

Pero no es un buen orador.

Como tampoco es un político consecuente.

ALBAREDA.

Lo mismo dá una leccion de toreo fino que pone banderillas de fuego al ministerio más reacio. Tiene gracia y talento para todo, hasta para escribir *El Contemporáneo*.

Creen muchos que D. José Luis es un escritor de punta nada más, y están en un error. Es tambien un parlamentario de bríos, elocuente, de sales que no hay más que pedir. Cada dia hace más progresos. Ayer no hablaba tan bien como hoy, mañana hablará mejor que hoy. Tiene intencion, calor, mucha trastienda, sus ribetes de poético y atractivos para hacerse oir con verdadero placer. Su mismo *ceceo* le dá simpatías.

No es un sábio; pero posee una buena ilustracion constitucional y parlamentaria. Conoce al dedillo la historia contemporánea, y cuando *vuelca el puchero* salen de él ejemplos, recuerdos y citas que maneja con habilidad y donaire.

Castelar combatió el 69 los ejércitos permanentes. Albareda contestó á Castelar diciéndole que si los federales seguian otra conducta, tal vez aquéllos no hicieran tanta falta.

Pero escuchad con qué gracia redondeó el período:

«Si vuestros amigos no siguiesen esa conducta; si probasen con sus actos que era posible que la nacion española diese el asombroso ejemplo de ser el primer pueblo en que se realizara esa propaganda pacífica, de que las fuerzas intelectuales pudiesen realizar sus más altas concepciones, es muy posible que los que creen, como yo, que la quinta, que el ejército forzoso es una buena institucion, eminentemente salvadora, estariamos derrotados, y quizás entónces tendriais derecho para pedir que no existieran ejércitos permanentes; pero si mañana mismo estamos en peligro de que se repitan sucesos como los pasados; si vuestros amigos han dado pruebas de que son enemigos del ejército y de defender, no la monarquía, sino la voluntad de la Asamblea, y en cambio crean ejércitos por donde quiera que van, mil veces más forzosos que los que nosotros queremos formar para realizar, no una forma de gobierno, sino el imperio de su voluntad; si esas ideas triunfasen, la palabra del señor Castelar se perderia entre los suyos como los armoniosos sonidos del violin de Paganini se perderia en medio de una inmensa cencerrada. (*Risas.*)»

La figura de Albareda es digna y varonil; sus manos no dejan el guante ni á tres tirones.

Ha sido embajador, aunque no ministro; pero lo será ó no hay justicia en Sagasta.

Es un gran periodista, un orador notable. En toreo y carreras de caballos raya á mucha altura.

ARDANAZ.

No hablaba mal; pero tenia más talento é ilustracion que palabra.

Su fuerte eran la Hacienda y el italiano.

Dicen que valia bastante como ingeniero.

ALVAREZ

(D. CIRILO).

Fué muy bonito y habló muy bien en sus buenos tiempos. Ultimamente era feo y no hablaba como ántes.

Fácil y erudito, hacíase oir con respeto por su profundo saber y su notoria ilustracion. Como jurisconsulto podia ser maestro de Calderon Collantes.

En las Córtes del 69 discutió con Pí el principio de la soberanía nacional, y aunque decadente el aprovechado D. Cirilo, mantúvose á la altura de las circunstancias, digno de su reputacion.

En política sirvió á todo el mundo. La misma Federal utilizó su nombre y sus conocimientos en la presidencia del Supremo.

Perteneció á la gran generacion de los liberales del 37.

BALAGUER.

Poeta catalan con pluma de gacela, trovador catalan, orador catalan, diputado catalan, persona digna y honrada.

Habla con energía y entusiasmo; defendió el 69 la monarquía federativa; es liberal, consecuente y proteccionista.

No tiene enemigos por lo recto de su proceder; dánle la mano hombres de todos los partidos.

Como literato lo es de punta; como orador es una de las lenguas del partido constitucional.

Se pelea por Sagasta y Sagasta peléase por él.

BARCA.

Habla bien. Tiene arte, gracia é ilustracion; pero habla poco no sé por qué. Si se decidiera á romper su silencio, quizá medrara más.

Es pájaro de cuenta, y á propósito para ganar elecciones desde la subsecretaría de Gobernacion.

BÁRCIA.

¡A dos cuartos el papel que acaba de salir ahora con la última chifladura de Roque Bárcia!

BECERRA.

El vulgo dice que Becerra ha sido ministro porque su popularidad de demócrata de pelo en pecho le impuso en momentos determinados. Becerra posee una ilustracion poco comun, es un matemático notable, habla casi todas las lenguas vivas y conoce bien el griego y el latin. No es poeta, es razonador. Polemista de lógica inflexible, cuando se propone estrechar al adversario, difícil es que no lo consiga.

El 69 tuvo que habérselas con Manterola y Cuesta defendiendo la libertad de cultos. Hé aquí un párrafo de su intencionado discurso:

«Se quejaba S. S. de que yo le habia llamado blasfemo. Declaro como hombre de honor que si esa palabra ha salido de mis lábios dirigida á S. S., hablando genéricamente, no ha sido de ninguna manera para ofenderle ni lastimarle. ¿Sabeis cómo usaba esa palabra, señores diputados? Pues hacia el raciocinio siguiente: el Sr. Manterola habia dicho en el dia anterior:—«habeis permitido la libertad de cultos, y eso es el ateismo.»—Estas eran, ó muy parecidas, sus palabras. Y decia más tarde:—«Dios ha dado condiciones tales al entendimiento, que la verdad posee una fuerza irresistible.»—Y yo decia lo siguiente: si el entendimiento es obra de Dios, si lo ha hecho de manera que se apodere de la verdad y de la luz donde se encuentren, y sin embargo, la fé católica es tal que cuando el Estado no la protege, cuando la fuerza secular no emplea sus medios coercitivos, se dice que eso es el ateismo, deducia, repito, creo que lógicamente, hablando en el terreno de la lógica. una cosa, aunque resulte y parezca algo dura, á saber: que la religion católica no era la luz, no era la verdad. Más todavía: que Dios se desconocia cuando el Estado no empleaba los medios coercitivos de que puede disponer; y digo sobre esto lo que decia un filósofo: que Dios no se demuestra, que á Dios se le siente. Pues bien: en este sentido, y colocándome bajo el punto de vista de S. S., decia que al manifestar eso prorumpíais en una blasfemia. Las religiones tienen su orígen en las profundidades de la conciencia humana; y si no es así, no son nada, y no hay poder humano coercitivo que pueda obligar á un hombre á otra cosa que á sufrir el martirio si es alma de gran temple, ó á convertirle en un mísero hipócrita por causa de la peor de las pasiones que puede tener el hombre, que es el miedo. En ese sentido, pues, empleé la palabra *blasfemia.*»

Becerra es un gallego de mucha travesura, gran conocedor de los hombres, de buen sentido práctico.

Es una lástima que su acento galáico sea tan rebelde.

BENOT.

Excelente gramático, profesor ilustrado, lingüista notable, científico de mérito, político imposible, orador mediano y frio.

BUGALLAL.

¡Al fin fué ministro!

Lo merecia porque es jurisconsulto de nombre, conservador consecuente, orador de fondo y de doctrina.

No es fácil ni galana su palabra, no seduce ni es irreprochablemente correcta y literaria. Le gusta más la esencia que la forma, la sustancia que el aparato.

Su aspecto es severo, si bien se le van pegando poco á poco los guiños y extremecimientos nerviosos de su apóstol Cánovas.

Bugallal es un político sério á quien las travesuras de Romero Robledo han puesto más de una vez en berlina. Pero como hombre de mérito las ha vencido con paciencia y saliva hasta llegar á la codiciada poltrona.

El 69 hizo buenos discursos bajo la inspiracion y auspicios de su maestro D. Antonio.

Es un galleguito aprovechado.

CALA.

Barba de carbonario, cabeza de conspirador tremebundo, aspecto de filósofo griego, ilustracion revolucionaria, inflexibilidad de sectario, palabra razonadora y lógica.

Es un soñador que quiere llevarlo todo á punta de lanza, resultando que la lanza se clava en el corazon del país.

Cala morirá siendo federal, socialista, sombrío y sin una peseta.

CALDERON COLLANTES.

¿Cómo le quieren Vds., como abogado ó como ministro? ¿Cuál de estas dos naturalezas les gusta más? Porque supongo que como marqués de Reinosa no les hará maldita la gracia.

Unos le llaman *Fernando IV el Emplazado*, otros *Fernando el Patibulario*. Por mi parte no sé cómo llamarle.

Es un notable orador, si bien se irrita y exalta á lo más leve. Su voz parece que sale del fondo de un sepulcro; su cuerpo cuando perora, que está empalado. Tan rígido se presenta. Diríase que es una figura que sólo gira á derecha é izquierda. La vulgar patilla que adorna su cara seca y huesosa dále aspecto de mozo de café.

En la oposicion es un orador de brios; en el banco azul, un ministro que se defiende. En la presidencia del Supremo resulta inferior á sus ilustres antecesores.

El 69 pronunció varios discursos. Combatiendo el matrimonio civil decia:

«Nunca los filósofos antiguos habian llegado ni podian llegar á la perfeccion que dió al matrimonio la verdad católica: le hizo ante todas cosas indisoluble: *Si quis vivente uxore alliam duxerit, mecatur.*

»Y no son palabras de ningun Concilio, ni de ningun Pontífice, ni de ningun Santo Padre, que siempre serian respetabilísimas; son palabras de Jesucristo: «Viviendo la mujer, nadie puede tomar otra.» Hé ahí establecida la monogamia, uno de los dos grandes principios; la monogamia, y á la vez la indisolubilidad del matrimonio. Estos dos grandes principios constituyen la organizacion de la familia católica, la más perfecta; lo reconoce así el proyecto de ley. El proyecto de ley, señores, acepta todos los fundamentos, todas las condiciones esenciales del matrimonio católico. Llega el siglo XVI, y se publica la famosa protesta religiosa; ejerce, sin embargo, sobre la institucion del matrimonio mucho ménos efecto del que podia esperarse, porque era tal la raíz que habia echado el sentimiento católico, el dogma del Evangelio, en la conciencia humana, que en la cuna misma del protestantismo siguió todavía el matrimonio casi en la misma situacion; sólo varió un tanto en los Países Bajos; pero en Alemania, en la verdadera Alemania, cuna del protestantismo, ni ántes ni despues han cambiado la índole, la esencia, ni las formas del matrimonio. Estaba reservado á otros poderes, á otros grandes errores el cambiar la faz del matrimonio católico. Esto fué obra exclusivamente de la revolucion francesa, no de la revolucion francesa de 1789, diré yo á mi querido amigo el Sr. Madrazo. Los principios de la revolucion de 1789 yo los respeto, yo los venero, yo los aplaudo, porque ellos son el orígen de las libertades políticas que disfruta hoy toda la Europa moderna. ¿Pero qué tienen que ver los principios de la revolucion de 1789 con los deletéreos, con los disolventes que se proclamaron despues en 1791, 1792 y 1793? No sólo no son una misma cosa, sino que son la antítesis: los unos fueron la luz que alumbró al universo; los otros fueron el incendio que le abrasó.

»Vino la Convencion. ¿No habia de poner las manos sobre el matrimonio? ¡Pues si las puso en todo, si fué el poder más tiránico que ha existido en la tierra! Tal vez con esa tiranía salvó la Francia la unidad que otros ménos expertos querian romper, y que hoy pretenden tener imitadores en España. Eso tiene que agradecérselo la Francia; pero la humanidad no tiene que agradecerle más que el recuerdo de sus crímenes execrables, por los patíbulos que levantó para castigar, no delitos, sino meras sospechas, opiniones ni siquiera emitidas por la prensa ni por la palabra. No es, pues, digno de imitacion el ejemplo del poder más tiránico que ha existido en los tiempos modernos, y no es propio de buenos liberales, de verdaderos liberales, en el buen sentido de la palabra, el aceptarlos como ejemplo, ni tomarlos como modelo. Pues este es el modelo que se toma.»

Calderon Collantes no es fácil ni siempre elocuente. El mérito de su palabra es la energía, la intencion, el arte parlamentario con que dice. En frente de un ministerio cumple bien su papel.

Como político fué consejero de Estado con Ruiz Zorrilla despues de haber sido moderado y unionista, y despues de defender los derechos individuales en el Senado radical de 1872 ha renegado de ellos en 1878.

Es un político de dos naturalezas distintas y ninguna verdadera.

No puedo decir más del moderno *Licenciado Vidriera*.

CANTERO.

Todos le respetaban y querian por sus virtudes é inteligencia.

Era orador de mérito, liberal templado, hacendista de profundos conocimientos.

Ultimamente dedicóse al Banco de España, en cuya direccion le respetaron todos los partidos.

Cantero fué siempre más práctico que teórico.

CHAO.

En 1870 las mujeres de Madrid hicieron una manifestacion ruidosa contra las quintas. El espectáculo fué curioso. Agolpáronse á las puertas del Congreso é interrumpieron la sesion. Los diputados federales salieron á calmar los ánimos. Los ánimos no se calmaban; ciudadana habia que queria comérselos crudos; ciudadanos que, revueltos con las mujeres, gritaban desaforadamente pidiendo la cabeza del tirano.

Ví á Chao asomarse por una de las ventanas del Congreso que dan á la plaza de Cervantes, sacar irritado la espiritual cabeza y aprostrofar así á los patriotas que tenia más próximos:—«¡Cobardes! ¿dónde estabais cuando hacia falta vuestra presencia y vuestro enojo? Sois unos miserables que vais á perder la libertad con vuestras imprudencias.»

Desde entónces tiene Chao mis simpatías.

No es orador; carece de voz, de energía, de vuelos, de apasionamiento.

Tiene de filósofo y de literato lo que le falta de parlamentario y de tribuno.

Oyesele con gusto porque es hombre de talento; mas nunca será un buen orador.

Como político es tambien de los que sueñan despiertos, aunque sin dar las voces que dan otros que no discurren tanto como él.

CORONEL Y ORTIZ.

Facciones casi bellas; cara llena, sonrosada; abdomen, terrible; palabra, fácil; memoria, prodigiosa; aptitudes, diferentes; archivo de nombres, años, sucesos y libros.

Distinguíase por su laboriosidad, por su apetito y por los muchos vasos de agua que necesitaba para decir un discurso.

Era el cimbrio de más peso.

CUESTA.

Este es el Cardenal.

Cura pretencioso; palabra violenta, cruda; acometedor, audaz, despreciativo, antipático.

Habló, y dijo... vulgaridades.

Monescillo y Manterola lo hicieron mucho mejor.

Su discurso fué un verdadero *cardenal.*

¡Oh eminencia de la Iglesia española! ¿quién te habia de conocer tan ramplona y desfigurada?

ELDUAYEN.

José, Elduayen, Marqués, Pazo, de la Merced, ingeniero, hacendista y ultramarino. Tambien es bizco, y gasta unas pipas que no hay más que pedir ni que prolongar.

No es un orador adocenado, aunque no es un buen orador. Su palabra es áspera, difícil, incorrecta; su voz cascada, altisonante, desagradable. Violento y enérgico, siempre que habla produce ó rumores ó protestas. Tiene más intencion que elocuencia, más veneno que formas.

Sabe bastante, especialmente de Hacienda, de cuyo departamento fué ministro del rey D. Amadeo cuando la minoría conservadora de la revolucion no sabia á qué carta quedarse y quedóse con un pié en cada campo.

Afirman que no vale mucho como ingeniero; pero yo aseguro que es hombre de pesqui é ingenioso.

Se las mantiene tiesas con todo el mundo. El mismo Cánovas se vé en la precision de nombrarle ministro de Ultramar y director del Banco para evitarse disidencias y malos ratos. Elduayen es de los que no perdonan así como así.

El 69 pronunció algunos discursos, siendo los que más gustan por su plausible resolucion los referentes á las alhajas de la Corona.

Tiene pocos amigos; pero son muchos los que le

temen y miran con recelo. El mira á todo el mundo torcidamente, pues es sabido que el señor marqués es de lo más bizco que entra en el Congreso.

Dicen que tiene mal génio.

Seguirá, pues, haciendo fortuna y fumando en pipa.

FIGUEROLA.

No le levantaremos una estátua como á Mendizábal; pero poco á poco se le hará justicia. El 68 y 69 realizó milagros en Hacienda, acometiendo á la vez reformas que ahora empiezan á dar sus frutos. Entónces nos pareció un ministro detestable, hoy nos parece un buen ministro.

Figuerola no es orador. Habla mucho y mal, si bien su palabra tiene fondo, sustancia, miga. No habla por hablar, sino que siempre dice algo ó bueno ó nuevo. La palabra sale de su boca cortante y desabrida; más de cuatro veces lastima por lo crudamente que manifiesta las cosas. Sus adversarios no se retiran sin llevar en la cara un arañazo ó un golpe.

No declama; pero se altera y descompone. Como se proponga decir una claridad ó una fresca, la dice á pesar de todos los pesares, arrostrando desde luego las consecuencias. No brilla por su dulzura ni su diplomacia. Terco como buen catalan, paréceme que tiene eso que llamamos carácter. Difícilmente se le hará retroceder de un propósito. Se sale con él sin consideraciones á partidos ni conveniencias. Su voluntad debe ser como su palabra, de hierro.

Es un sábio economista, superando en él la teoría á la práctica. Gusta oir y aprender de sus lábios bellas teorías; como práctico no suele hacer gracia á las gentes.

Su manía son los curas; sus patillas, una bendicion del cielo.

Me felicito cordialmente porque escapara con pellejo el año 73.

FUENTE-ALCAZAR.

Cuando era apenas mayor de edad sentó plaza de subsecretario del ministerio de Gracia y Justicia. No hay, sin embargo, que alarmarse. Por desgracia suya y de sus amigos no ha seguido progresando hasta llegar á ministro.

El 69 habló varias veces defendiendo con discrecion los principios y procedimientos de la union liberal. Casi siempre lo hizo con los guantes puestos.

Es persona de trato distinguido.

GARCIA BRIZ

(D. JOAQUIN).

Malagueño, buen abogado, consecuente y hombre de talento.

Habla bastante bien.

GARCIA LOPEZ

(D. FRANCISCO).

Ya se sabia. Cuando García Lopez tomaba la palabra, la borrasca era segura, inevitable, y peligroso no estar preparado para librarse de los rayos y las centellas.

Si la minoría intentaba promover un alboroto, nadie mejor que él para producirlo á las primeras palabras que pronunciara.

De buena y extensa voz, de aspecto severo, de cachaza para no perder el equilibrio, de intencion amarga y terrible, de apóstrofes tribunicios, en diciendo que García Lopez hablaba el presidente cogia el Reglamento y la campanilla poniéndose en condiciones de defensa.

Era algo declamador, algo hueco; pero no carecia de elocuencia política ni de notables aptitudes oratorias. Sobre todo, ninguno como él para llamar *faccioso* al presidente de la Cámara, *facciosa* á la mayoría, y al gobierno decirle que abrigaba *pensamientos criminales*, *proyectos deshonrosos*, *miras indignas*, *ideas de despotismo vergonzoso y cobarde*.

Más de una vez quisieron expulsarle de las Córtes por su lenguaje apasionado, acre, virulento.

Fué un jurisconsulto de nota, un demócrata consecuente, un propagandista incansable.

Pudo ser ministro, y no quiso por no abandonar á sus amigos los federales intransigentes.

GARCIA SAN MIGUEL.

Derrotó en su distrito nada ménos que al duque de Montpensier, á la sazon protegido por el gobierno.

Esto se llama tener influencia, prestigio en el país.

Es jóven, rico y atrevido.

En las Córtes es un buen guerrillero.

GARRIDO

(D. FERNANDO).

Uno de los socialistas más ilustrados y funestos de España. Por lo mismo que sabe y tiene una palabra popular y elocuente, es peligrosísimo. Por un quítame allá esas pajas promueve un motin, pone en conflicto á un Gobierno.

Su palabra es apasionada, áspera, cruda; su voz, recia, varonil; sus ademanes, resueltos, poco parlamentarios; su figura parece la de un apóstol que cojea. Tambien es de los que en un instante producen una tempestad en el Congreso.

No es correcto, y mucho ménos puro ni castizo; pero es fácil. Oidle. Pedia el 69 la supresion del presupuesto del clero como una consecuencia de la libertad de cultos, y añadia:

«Imaginaos, señores, que fuera á la inversa, y que á vosotros, los católicos, los que lo seais, se os obligara á mantener la Iglesia de Moisés ó de Lutero: ¿no os indignaria, no sublevaria vuestra conciencia el ver que además de pagar vuestra Iglesia teniais que pagar la Iglesia de otro culto, la que creiais que conducia á la perdicion de las almas, la que reprobabais, la que creiais que era la perdicion de la humanidad? Pues bien: vosotros, si sois católicos, debeis poneros en el mismo punto de vista, debeis mirar bajo el mismo aspecto la cuestion para los que no profesen la religion católica. Es un acto de equidad y de justicia: nosotros estamos aquí para realizar la justicia, y no para servir intereses de partido y mucho ménos intereses de clérigos; nosotros no debemos hacer una transaccion con mengua de la justicia y en favor de intereses del momento; porque creamos que el clero tiene todavía influencia en ciertas provincias, no debemos los liberales dejar de atacarle de frente en sus privilegios.

»No haciéndose así, nos condenamos además á sufrir otras consecuencias, nos condemos á las consecuencias de una nueva revolucion: cuando la justicia no se realiza por aquellos á quienes los pueblos han dado el encargo de realizarla, sucede que los encargados del poder se desacreditan y pierden todo su prestigio, y los pueblos concluyen por decir:—«no es para esto para lo que os hemos mandado, que era para establecer y consolidar la justicia, y por lo tanto, nosotros recurriremos á otros medios.»—¿Y qué es lo que sucede en los casos en que la justicia no se ha establecido, en que la igualdad no ha existido para todos, y en que la libertad no ha sido la norma general á que se han sujetado pueblos y gobiernos? Que han venido hechos terribles y deplorables, como los que han tenido lugar en España contra los inquisidores y la Inquisicion, echando abajo á viva fuerza aquella odiosa tiranía, y contra las intituciones monásticas, asesinando á los frailes é incendiando los conventos. Y esto que ha pasado en España, ha pasado en todas partes, porque si son temibles é inevitables los excesos de los enemigos del progreso cuando recurren á la fuerza y provocan la guerra civil para salvar sus privilegios, son tambien inevitables los excesos y luchas cuando no se establecen principios justos y de igualdad entre los ciudadanos, terribles revoluciones que vengan á castigar las grandes iniquidades, las grandes maldades cometidas durante siglos, y que no supieron reparar á tiempo los que estaban, como nosotros hoy, encargados de ello.»

Su fuerte son los curas, contra los cuales ha publicado libros con estadísticas muy curiosas.

Un Gobierno que se estime en algo no debe, en época de libertad, perder de vista á Garrido.

Es agitador temible.

GIL SANZ.

Un erudito que sabe mucho.

Como orador vale poco.

GIL BERGES.

Templado, prudente, instruido y aragonés.

No habla mal del todo; pero no es un buen orador, aunque sí un abogado de mérito y de conciencia.

Es persona de ideas moderadas, de trato llano, de condiciones muy estimables.

Como ministro de Fomento demostró que era discreto á la par que enérgico.

Ha renegado de la populachería.

GONZALEZ MARRON.

Muy alto, muy corpulento, casi gigante.

Dicen que es un buen letrado.

Yo afirmo que es un mal orador.

GONZALEZ

(D. VENANCIO).

No ha sido ministro; pero lo será si la soga no se rompe.

De poco tiempo á esta parte y con gran sorpresa de Camacho y Angulo, viene tratando con lucidez las cuestiones de Hacienda, en las que se ha metido como en su casa.

Sagasta le hará ministro. Por mi parte no puedo hacerle nada, ni siquiera lo que se llama en el arte un buen orador.

No habla mal, no, señor; tiene calma, intencion,

cierta facilidad, dominio de sí mismo, y no se cansa ni cansa mucho á los que le oyen. Es hombre que consume él solito dos sesiones quedándose tan fresco.

Como es algo manco, la accion de sus manos no puede ser viva ni expresiva.

No enciende ni arrebata: razona y persuade.

En fin, que le hagan ministro de Hacienda.

No pide más un padre español para un hijo *idem*.

HERRERO

(D. SABINO).

Ilustrado comentarista de nuestro derecho civil, laborioso, minucioso, estudioso; pero orador vulgar.

He sentido su muerte.

HERREROS DE TEJADA.

No habla mal.

Es persona entendida y de juicio.

JOARIZTI.

Fué jóven, alto, seco, escuálido, declamador, díscolo, catalan, federal rabioso.

Habló siempre con las manos metidas en los bolsillos del pantalon, los ojos encendidos de coraje, la fisonomía contraida y sudosa.

Era tremendo para atacar y pelearse con los monárquicos, tiranos abominables de su Aldonza Lorenzo.

Peroraba con dificultuad por lo premioso de su elocucion y lo débil de su salud.

Cuando presidia el club de la Yedra los más fuertes temblaban, los más altos caian, los más puros eran hipócritas, mistificadores, retrógrados, pasteleros, tibios, agentes miserables é instrumentos indignos de la reaccion. Alguna vez impúsose á la minoría desde su célebre club.

Era un fanático honrado.

LASALA.

Es un publicista ilustrado.

Como orador le puede cualquiera.

Habla mucho; pero mal.

LLANO PERSI.

De puro hidalgo que es, algunos le llaman *El caballero de la tabla redonda*. No hay nada tan escrupuloso, tan consecuente, tan digno, tan mirado, tan espiritual como el antiguo redactor y director de *La Iberia*.

No es camorrista; pero si se ofrece le pega un tiro ó una estocada al más terne. Despues le dá la mano y siéntalo á su mesa.

Llano Persi debió nacer en el siglo XVI. Su aspecto y su conducta están pidiendo á voces una espada al cinto, y un laud para trovar cuitas dulces y secretas al pié de torre encantada ó de palacio misterioso que guarde los primores de esquiva y hermosa castellana.

Pudo ser ministro cuando el célebre gabinete Malcampo-Candau. No quiso. Contestó que era radical.

Tiene imaginacion; su palabra es fácil y abundante.

Fué vicepresidente del Congreso en 1872.

LOPEZ DOMINGUEZ.

¡Jóven general, yo te saludo, tuyo es el porvenir!

Pero además del porvenir tiene aptitudes oratorias que le permiten terciar dignamente en los debates del Congreso. No lo hace con frecuencia, y esto dá más prestigio á lo que dice.

Acciona con soltura, habla con desembarazo, tiene energía para hacer confesiones como ésta:

«Yo no puedo negar que carezco de la fé monárquica del Sr. Cánovas del Castillo, que no tengo tanta fé monárquica como S. S.»

Educado en la diplomacia de su ilustre tio, promete ser con el tiempo su heredero en todo, por todo y para todo.

Ha hecho buena carrera; pero es uno de los generales más ilustrados de nuestro ejército.

En suma, es sobrino de su tio.

MADOZ.

Feo como él sólo, ilustrado, terco y progresista.

Distinguíase su elocuencia por lo enérgicamente patriótica.

Quejándose en tiempo de la primera guerra civil

de la situacion general de España, exclamaba con furia:

«¡El Gobierno es el que tiene la culpa de todos los males! La primera reforma que se debia hacer era *volar todos los ministerios.* Los jefes cobardes han sido absueltos: los valientes no han sido empleados por no tener un entorchado. Pero, ¿hay más que dárselo? Las causas de los males son bien conocidas: hemos prescindido de que estamos en revolucion, y hemos querido marchar *por el carril de la legalidad*; en cuanto á los militares, debemos decir como en la revolucion francesa:—«Tal dia bata Vd. á la faccion.»

En otra sesion fueron acogidas con murmullos algunas de sus palabras. Volvióse airado á los interruptores apostrofándoles con esta frase oportunísima:

«Me importan muy poco los murmullos. Yo pereceré por la causa de la libertad; y como dije en una ocasion célebre en 1837, cuando ella peligre, de seguro no encontraré á mi lado á los que ahora me interrumpen.»

Madoz era la irritabilidad personificada. Nervioso en extremo, lo más leve encendia su ánimo, alteraba su naturaleza. Duro, violento, jamás retrocedió ante ningun obstáculo ni peligro.

Su accion era poco artística, aunque expresiva; su palabra, correcta y á las veces elocuente. No carecia de gracia ni de oportunidad cuando el caso lo demandaba.

Fué un hacendista distinguido, un ministro íntegro, puro.

En los últimos años de su vida flaqueáronle el carácter y la energía. Habíase cambiado en otro hombre, en otro político.

No quiero hablar de la historia de su magnífico *Diccionario geográfico*; ménos aún de *La Peninsular*.

Respetemos el sagrado de la muerte.

MAISONNAVE.

Es un jóven orador de administracion.

Su palabra es fácil; su figura, distinguida; su talento, claro y modesto.

Gustóme como ministro en 1873. Hizo entónces discursos y actos dignos de un político sensato. Colocado frente á frente del cáos, supo en la medida de sus fuerzas mostrarse á la altura de las circunstancias.

Es uno de los niños mimados de Castelar.

Yo me atreveria á recomendarle mucho estudio y más intencion.

Sólo así podrá conservar lo ganado en 1873.

MALUQUER.

Persona apreciable, abogado catalan de pleitos, político consecuente, proteccionista decidido, orador hábil é intencionado.

Lo peor que tiene es el acento catalan. Cuando habla conócese á cien leguas que es del Principado.

Repito que la persona de Maluquer cuenta con todas mis simpatías.

Es un catalan de lo más fino.

MATA.

Fué profesor insigne, médico eminente, poeta inspirado, filósofo de miga, político progresista, orador de punta, gobernador detestable.

Mata era un gran filósofo y una buena persona más que otra cosa.

Pronunció, sin embargo, en 1869 discursos notabilísimos defendiendo el proyecto constitucional.

Despues de decir que los republicanos se daban al calor de la revolucion

Como en espeso matorral los hongos,

añadia dirigiéndose á los federales:

«¡Desgraciados de vosotros si pudiera hacerse un ensayo sin perjuicio del país! Desgraciados de vosotros si hoy pudiera decirse: venid aquí; sentaos como Gobierno republicano en este banco; sed vosotros Gobierno; dirigid esas masas, á las cuales habeis enseñado de una manera tan empírica lo que es la república. Mañana mismo veríais á vuestros oradores, á vuestros Tiberios, á vuestros Cayos Gracos, que despues de haber dado la ley Agraria, despues de haber dado al pueblo toda clase de bienes, irian á parar, ¿sabeis á lo que irian á parar? A que, vencidos por tribunos pagados por los reaccionarios, como los de Roma por los patricios y senadores, los Tiberios Gracos fueran arrojados al Tiber, y á que los Cayos Gracos se hicieran atravesar el pecho por un criado en el bosque de las Furias, y perecieran horriblemente sus amigos á centenares en otro monte Aventino. Y poco importaria que me recordárais aquella magnífica frase de Mirabeau: que del polvo arrojado á los dioses vengadores por el último de los Gracos al caer moribundo, nació Mário, porque la historia nos dice que despues de Mário vino al fin César, y despues de César, todo lo que vosotros sabeis, funestamente destructor de la república romana. Este es el órden, y esta es la conservacion que nos prometeis y que podeis prometeros hoy vosotros mismos con vuestra república federal. Si me hablais para más tarde, yo estaré con vosotros; pero en estos momentos no lo estoy ni puedo estarlo.»

Contéstale Castelar diciéndole, no sin motivo, que, como el capitan Araña, habia embarcado los soldados quedándose en la playa:

Mata le replica:

«Yo que he nacido para ser independiente, demócrata y republicano; yo que no tengo rodillas para ningun ídolo ni popular ni régio; yo que llevo en todos mis actos los sentimientos de libertad, igualdad y fraternidad, que están grabados en mi conciencia, si he hecho republicanos, ha tenido que ser con mis actos, no con mis ideas. Lo primero que les enseño á mis discípulos el dia que se sientan en los bancos de mi cátedra, es que allí hay libertad de pensamiento, que allí cada cual puede emitir sus opiniones aunque sean contrarias á las mias, sin que por esto tengan que temer animadversion ni rigor alguno de mi parte; ántes me merecen consideracion y estima, porque en el sólo hecho de disentir de mis ideas, me dan prueba de independencia y de dignidad.»

En esto no tenia razon el ilustre autor de la *Medicina legal*. El fué uno de los que más republicanos hicieron con sus ideas y sus actos. ¿Quién no recuerda que era el ídolo de la juventud escolar republicana?

Su mejor discurso es, sin duda, el que pronunció discutiendo con Pí la libertad de cultos consignada en el art. 21 del Código del 69. Hé aquí uno de sus párrafos, filosófico y profundo como todos los suyos:

«Esto sentado, ya que es un error en filosofía y una herejía en el dogma el negar el libre albedrío al hombre, veamos en qué consiste este libre albedrío dentro y fuera del hombre.

»Tiénese por libre albedrío ó libertad moral una fuerza autonómica, una potencia personal, íntima; y aquí, señores, por lo mismo que las Córtes no son una academia, siquiera en esto disienta con disgusto de mi amigo el Sr. Valera, no agitaré la cuestion psicológica ó metafísica sobre si esa fuerza autonómica es única ó múltiple. Bastará decir que para mí es múltiple, como múltiple es la inteligencia, como múltiple es la sensibilidad, como múltiples son otros conjuntos de facultades que hay en el hombre: prescindiendo de eso, juzgaré esta potencia como la juzgan la generalidad de los psicólogos.

»Pues bien: cuando esa fuerza se realiza en el exterior siempre es particular, siempre es concreta, siempre se reduce á un órden de hechos ó á un hecho especial, nunca se realiza de una manera sintética y general como se puede considerar dentro del individuo; y cada vez que se ejerce ese libre albedrío en un órden de hechos, va tomando nombres diferentes, que son los que constituyen las distintas libertades políticas que se conocen. Así, por ejemplo, cuando el libre albedrío se ejerce en la industria, es la libertad de industria; cuando se ejerce en el comercio, es libertad de comercio; cuando se ejerce en las Bellas Artes, es libertad artística; cuando se ejerce en la enseñanza, es libertad de enseñanza; cuando se ejerce por medio de la palabra hablada ó escrita en libros ó periódicos, es la libertad de la oratoria y de la prensa; cuando se ejerce asociándose á otros individuos de la especie ó reuniéndose con ellos, es libertad de asociacion y de reunion, y por último, cuando se ejerce por medio de la manifestacion de las creencias ó de un culto, es libertad de cultos.»

Fué D. Pedro Mata hombre dignísimo en todos conceptos; sábio más que político.

Repito de nuevo que como gobernador civil de Madrid no ha habido ni habrá nada tan incapaz.

Sucedió con él lo que sucederá siempre que se saque de su terreno á los sábios y teóricos.

MARTIN HERRERA.

La pesadilla de Sanchez Ruano, su rival, su tormento.

Protegido á capa y espada por Rios Rosas, bien pronto llegó á ministro, y habiéndolo sido una vez tuvo ya altura para serlo otras.

Era notable jurisconsulto, político de ocasion, orador campanudo, premioso é incorrecto. Pero tenia fama de hombre sério, de hombre grave, y el éxito acompañóle hasta morir.

Debo ser justo. Declaro que, si bien valia ménos de lo que le hicieron valer, era uno de los jóvenes de más provecho, más sobresalientes de la España contemporánea.

Su figura era gallarda, simpática; su voz algo hueca; su tono, pretencioso; su accion, monótona; sus golpes en el banco, muchos y fuertes; pero no carecia por entero de elocuencia.

Como político fué inconstante é indisciplinado.

MONCASI

(D. MANUEL LEON).

Alto, fornido, bien plantado, buen mozo, cazador y aragonés.

Sus patillas, hoy algo canas, son de picador; su aspecto, noble; su trato, cariñoso; su consecuencia, inquebrantable.

Prim le llamaba *El justicia mayor de Aragon.*

Es político recto, de buena fé, liberal á marcha martillo, valiente, incapaz de hacer nada que no sea á derechas.

Habla con energía y entusiasmo. Siendo vicepresidente de las Córtes del 69 cumplió su deber con discrecion.

Es el mejor mozo que ha tenido el partido progresista.

Y el cazador más apasionado de sus perros.

MONESCILLO.

Vino á defender la unidad católica, defendióla con talento, con elocuencia, y marchóse á su diócesis llevándose las simpatías personales de todo el mundo.

Dulce y hábil, desde sus primeras palabras hizo el efecto contrario que Manterola y Cuesta.

No quiero privar á Vds. del placer de leer el exordio de su notabilísimo discurso:

«Verdaderamente, al leer el proyecto que discutimos, lo primero que me ocurrió decir fué: ¡cosa grande, cosa magnífica, aspiracion verdaderamente nobilísima de parte de los señores de la comision!

»Por cierto se extrañará que teniendo yo la palabra al parecer en contra, haga este elogio del trabajo de la comision; todo lo merece: la fatiga que se ha tomado para concluir este trabajo verdaderamente penoso, es digna de los mayores elogios; siento que no se halle presente el Sr. Mata, á quien especialmente me dirijo con esta observacion: no ya ocho dias; ni ocho años creo yo que serian bastantes para dar por concluido un trabajo de tanta consideracion; yo tambien extraño mucho que hayamos entregado estas cuestiones tan trascendentales para el país á una que me permito llamar, sin ofensa de nadie, verdadera improvisacion. Y á este propósito, debo advertir al señor diputado que nos ha honrado á los prelados considerándonos como los consultores de la comision (sintiendo mucho la ausencia de este sitio del señor cardenal Cuesta, que en este momento es una verdadera desgracia para mí), que nosotros no hemos sido tales consultores: los señores de la comision no necesitaban consultores: los señores de la comision no necesitaban nuestra consulta, ni áun siquiera nuestro consejo. Quiero hacer brevemente la historia de nuestra llamada al seno de la comision.

»Se dignaron estos señores contar con los prelados,

no con ánimo ciertamente de consultarlos, pero sí de oirlos: los oyeron, en efecto, y esté tranquila la Cámara: yo ruego á los señores de los bancos de enfrente (*la izquierda*), á los señores de la derecha, á todos, que son mis hermanos, que son españoles, que tengan la generosidad, que tengan siquiera el sentimiento de la justicia que siempre les distingue, y me hagan á mí la de creer que les voy á decir la verdad: estén tranquilos y satisfechos todos los señores diputados; podeis todos estar seguros de que los prelados no han tenido ni la más mínima influencia en el proyecto que se discute: los señores de la comision nos han oido con deferencia, sí, con respetuosa consideracion; pero, señores diputados, nos han despedido tambien con mucha política. No aparecen en el proyecto ninguna de las consideraciones que nosotros hicimos sobre él: los señores de la comision tienen la bastante independencia, y yo respeto la independencia de todos los hombres, porque yo tambien soy independiente, y recuerdo á este propósito lo que decia San Pablo: *civis romanus sum* (*Muestras de aprobacion*); tambien yo soy ciudadano romano, yo que me precio de ser ciudadano español, reconozco esta independencia, esta noble, esta santa, esta gloriosa independencia en los señores de la comision.

»Los prelados han agradecido las atenciones de la comision, como han agradecido las atenciones de toda la Cámara y del Gobierno provisional. Jamás, lo declaro altamente, y creo que con esto contraigo méritos para que se me crea, nunca en los ocho años que llevo de prelado he recibido tantas atenciones del poder como desde que se estableció el Gobierno provisional. ¿Os basta esto, señores diputados? ¿Reconoceis en mí la buena fé? (*Muestras de adhesion.*) Yo tengo el consuelo y además la satisfaccion de que los señores de la comision han visto mi corazon en la mano. ¡Ojalá que lo viérais vosotros tambien! (*Bien, bien.*)»

Esto es lo que se llama meterse al auditorio en el bolsillo, conquistarlo, ganarlo, seducirlo.

¡Díjolo tan bien, con palabra tan dulce, tan cariñosa, tan elocuente! Pareció que el Congreso habíase convertido en templo. Todos le escuchaban con respeto, con agrado, con veneracion, sin duda. Él, reposado y tranquilo, sonreia alguna vez para matar el último recelo.

Suñer y Capdevila no cesaba de moverse en su asiento; como que le sorprendia un prelado tan digno, tan prudente, tan sábio como Monescillo.

Todas las miradas estaban fijas en el sacerdote católico, todos los oidos atentos, todas las simpatías con él.

Pero quedaba aún otra sorpresa. Monescillo declaróse liberal, periodista é hijo del siglo.

Escuchad cómo:

«Vais á extrañar, señores diputados, y va á extrañar el pueblo que me escucha, lo que voy á decir: yo no temo los escándalos cuando son la gloria del género humano, cuando son la gloria de la personalidad humana. ¿Querreis creer que tambien yo vengo del campo de la libertad? Vosotros direis: ¿y cómo viene este obispo del campo de la libertad? ¿Cómo? Cuarenta años hace discutiendo, cuarenta años hace definiendo, cuarenta años hace argumentando en el periódico, porque yo tambien he sido periodista, pobre periodista, miserable periodista, he venido del campo de la libertad peleando sin cesar en el periódico, en el libro, en el folleto, en la controversia. No he disimulado ninguna clase de argumentos, no sé si he respondido á todos, porque no me considero con capacidad suficiente para ello; pero yo os aseguro que lo he procurado, que vengo del campo de la libertad, y tal vez el haber vivido en el campo de la libertad, de la discusion, de la enseñanza, de la controversia, el haber vivido entre hombres de todas clases, ha hecho que una persona que debiera ser desconocida por su insignificancia, haya llegado á estos bancos, y sobre todo lleve una mitra que es indigna de llevar.

»Vengo, pues, del campo de la libertad y no temo la libertad; yo quiero la consagracion de las libertades, pero no quiero la impunidad de la culpa ni del *pecado*; y digo el *pecado*, porque lo mismo en lo criminal que en lo moral, el pecado, como el delito y la falta leve, es la trasgresion, es un apartamiento de la ley: por manera, que al hablar de una trasgresion cualquiera, sea crímen ó sea falta, puedo llamarla con el nombre genérico de pecado. Este pecado lo tenemos todos. ¡Ah, con qué hermosa frase lo decia mi querido amigo, pues le amo de todo corazon, el Sr. Moret: «hay una culpa comun á todos!» Y en efecto, yo veo que todos estamos inficionados de esa culpa comun; y cuenta que ahora no hablo del pecado de orígen.

»¡Qué desgracia para vosotros, entendimientos generosos, qué desgracia para vosotros, corazones magnánimos, qué desgracia para mí el vernos en diversos campos, unos que piensan de una manera, otros que pensamos de otra! Y cuando somos intolerantes unos respecto de otros, y la intolerancia está en habernos dividido, ¿no es verdad que con dolor señalamos á unos bancos en excision con otros y que con profundo pesar hacemos mil apartes? Pues bien, cuando los partidos son intolerantes y se excluyen, no queramos que la verdad sea tolerante y que se amase con el error. Yo pienso, señores, que lo que es permitido para aquellas cosas en que los hombres somos falibles y podemos engañarnos, no debemos pasarlo á las altas regiones de la revelacion, de los misterios, de las grandes cuestiones trascendentales, y bien sabeis vosotros á qué llamo cuestion trascendental.»

Paréceme que no es posible hablar mejor, sortear más hábilmente las circunstancias, presentarse más digno ni más simpático. Monescillo logró lo que queria: cautivar á las Córtes y á las tribunas.

Su accion expresiva, digna; su cabeza inteligente y venerable; su postura severa, pero sencilla como su palabra; su acento vibrante y sonoro; sus ojos despidiendo luz, tolerancia y respeto, impresionaron de tal manera á la Cámara, que las muestras de agrado fueron espontáneas en todos los bancos.

Alentado el cauteloso sacerdote por estas deferencias á su persona, entró de lleno en la cuestion:

«Tratemos ya de la unidad religiosa. Sabeis, señores, que además de diputado soy obispo, y no puedo ni quiero desprenderme de este carácter. Hice cuanto estaba de mi parte para no admitir el cargo que aquí ejerzo; rehusé, no se aceptó la renuncia; no hubo más remedio que admitirlo, pero al desempeñarlo procuro ser ministro y procuro ser prelado.»

. . . .

»Pues bien: yo, partiendo del mismo argumento, lo amplío diciendo: si creeis que todas las religiones son iguales, ¿por qué no proclamais el indiferentismo? Y vosotros, los de ardiente corazon, los de cabeza escudriñadora de las cosas altas, ¿estareis por el indiferentismo en religion cuando no lo estais respecto á nada de lo demás que os atañe? Yo no os haré la injusticia de creer que si en las cosas naturales de la vida no sois indiferentes, habriais de serlo en materia de religion. Entónces habria que declarar la no existencia de religion, y esto no debe declararlo una sociedad, porque la traeria funestas consecuencias: la historia lo demuestra: cuantas naciones se han regocijado con semejante idea, han visto pronto su perdicion. Yo no quisiera que se regocijara en este sentido nuestra patria, que hartos conflictos y hartos quebrantos tiene que deplorar. Pero se dice que algo hemos llegado á establecer en el proyecto. Verdad es que en el proyecto se consigna un hecho, á saber: que la nacion española, ó el Estado, se obliga á mantener el culto y los ministros de la religion católtca. Es decir, que se supone existente la religion católica; que hay una religion, que es la católica, cuyo culto y ministros se obliga á mantener la nacion. Pero, señores, ¿no está ya obligada la nacion á este sostenimiento? Pues si lo está, no tiene para qué obligarse. Pero ya que se dice que la nacion se obliga á mantener el culto y los ministros de la religion católica, ¿por qué no añadir la frase *que profesan los españoles*? No creo que pudiera calificarse esto de prodigalidad de palabras. Y además, que esto es una verdad: que los españoles profesan la religion católica. Yo no veo que haya ninguno que no sea católico, por la misericordia de Dios; y si lo hubiera, yo le llamaria para atraerle, que tengo corazon y voluntad bastante para darle vida de mi vida, sangre de mi sangre, y daria cuanto soy para atraer al buen camino al extraviado. (*Bien, bien.*)

»Pero áun suponiendo que haya alguno, ¿son tantos que sea necesario garantirles el culto de otra religion distinta? Yo, tal vez por ser eclesiástico, no veo realmente la necesidad de establecer esa libertad religiosa.

»Se ha indicado tambien que el hombre es religioso por temor. No: oid lo que ha dejado consignado un escritor á quien no desdeñará la Cámara: «el hombre, ha dicho, no es religioso porque sea tímido, sino porque es hombre.» ¿Y sabeis quién es el que ha dicho esto? Pues es Benjamin Constant. El hombre es religioso porque es hombre. Yo por temor no seria católico; la religion católica no intimida, no amenaza, ni, ¿cómo? si es todo amor. El hombre es religioso porque es hombre; y el que diga que no tiene religion, le faltará la caridad, pero estad seguros de que tendrá supersticion. El hombre, naturalmente, por más que sueñe en un delirio noble, por más que tenga altísimas aspiraciones, por más que se crea soberano, ya sabe al fin que es miserable.»

Con estos bellísimos párrafos puso término el hábil Monescillo á la primera parte de su discurso, dejando para el dia siguiente la segunda. Y así como ántes no he escatimado elogios, por lo que respecta á la segunda parte de su oracion—¡nunca segundas partes fueron buenas!—merece algunas censuras.

Decayó en ella de un modo lastimoso. Parecíanos imposible á los que le oíamos que fuera el mismo orador, el mismo hombre, el mismo sacerdote del dia antecedente. Ni en la forma, ni en el tono, ni en la mansedumbre, ni siquiera en los ademanes correspondió á lo que se esperaba. Dijéronle los neos, sin duda, que debia ser más fuerte, más apasionado, y nuestro hombre la echó á perder. Estuvo algo violento, algo difuso, quizá desconcertado porque hablaba bajo la exigencia de sus amigos.

Todavía, sin embargo, produjo las risas de la Cámara con este ejemplo lleno de gracia é intencion:

«Una vez que he dicho que no tengo miedo á las palabras, ¿he de ser ménos animoso, ménos valeroso que vosotros? Por cierto que no.

»Y yo que no tengo miedo á la palabra reaccion, ¿por qué he de creer que vosotros le teneis? Pues qué, ¿no puede haber una reaccion de libertad contra una tiranía? Y en este caso, ¿renegariais de la reaccion? La sociedad está enferma y perturbada, y para recobrar la salud debe rehacerse. Cuando el médico visita al enfermo no dice al mal: ¡avanza, avanza, avanza! sino que para consolar al enfermo, le dice: ya vendrá la reaccion, ya vendrá la reaccion. (*Grandes risas, sensacion.*)»

En resúmen; Monescillo demostró en la primera parte de su discurso ser un gran orador, hábil, fácil, dulce, elocuente, intencionado. En la segunda apenas rebasó la altura del cardenal Cuesta.

Me han dicho que su eminencia, que parece tan dócil y blando, tiene el geniecito bastante fuerte.

MONTEJO ROBLEDO.

Abogado de mérito, buen gobernador de Sevilla en 1869, hombre de integridad, consecuente, orador que cumple, persona muy apreciable, ex-ministro de Fomento.

Se mira en los ojos de Sagasta.

MONTERO RIOS.

Mirad, mirad cómo hace equilibrios... Es su flaco y su fuerte. Como buen gallego se escurre por entre los agujerillos de la red más tupida, más apretada. No hay quien le coja: ni su cariñosísimo amigo y paisano Becerra.

Siempre está vacilando, dudando, recelando, dando quiebros y capeos. Jamás le vereis con los piés en firme.

Un dia es monárquico del rey X, otro republicano, el siguiente otra vez monárquico, el cuarto republicano decidido. Es la disidencia consigo mismo. Sus distingos, sutilezas y habilidades le han dado fama de astuto. Por mi parte sé decir que siempre que le veo me acuerdo de Arrazola. Se parecen mucho, como un huevo á otro huevo.

Yo lamento su política de triquiñuelas, porque Montero Rios es uno de los hombres más ilustres de la revolucion, un ministro de poderosa y fecunda iniciativa, un jurisconsulto eminente. ¡Cuántas leyes y reformas le deben la libertad y la democracia! Sin su paso por el ministerio de Gracia y Justicia, quizá la revolucion no hubiera dejado huella tan profunda, tan luminosa en la historia.

Pero soy franco, y declaro que no me gustan sus meticulosidades, reservas y melindres. Parece mentira que sean de un hombre de su gran talento. Alguna vez he pensado si tendrá la ambicion de formar iglesia y ser su Pontífice sumo. Otras héme dicho si será la fuerza misma de su inteligencia perspícua la que le traiga en tales desasosiegos. La verdad es que no sé qué pensar. Será mucho si él sabe hoy lo que pensará mañana.

De todos modos, y sea lo que fuere—el tiempo y los sucesos dirán—Montero Rios es un orador notable. Lo que más le distingue es la intencion y la dialéctica. En este terreno hay pocos que le aventajen. Su voz es poco extensa; su cuerpo, endeble y pequeño; su fisonomía, varonil y expresiva; sus ojos, inteligentísimos; su accion, mediana; su palabra, premiosa, enérgica, algo galáica, silba al salir y agradan su rapidez y sobriedad. No entusiasma, convence; no seduce, ilustra; no fascina, se hace escuchar con gusto.

Vais á ver cómo defendió la libertad de cultos contestando á Monescillo. Este art. 21 fué el que dió á conocer á todos los oradores del 69, como que era el más importante del proyecto constitucional:

«Afortunadamente para mí, señores, yo no habré

de herir vuestro sentimiento, que tan vivamente han herido los elocuentísimos acentos del señor obispo de Jaen. Yo considero como una de las primeras dichas de mi vida el ser el más humilde, el más leal, el más ardiente hijo de la Iglesia; yo me precio de católico; yo conservo todavía en mi corazon con toda su pureza la ardiente llama de la fé que me inspiró mi madre, llama que no han debilitado mis estudios, y que procuro infundir en el tierno corazon de mis hijos, como una de las más gratas esperanzas de su felicidad doméstica, como la prenda más preciosa que podré legarles, como el asilo más seguro que podrán tener en su dia, cuando en el tempestuoso mar de la vida se vean rodeados de los contratiempos y desgracias que constantemente la rodean.

. . . .

»Yo no he podido jamás comprender cómo un obispo de la Iglesia católica, cómo un representante de esa purísima doctrina, cómo un apóstol de esa verdad religiosa, de esa verdad absoluta, de esa verdad divina, pudiera ponerse en contradiccion con esa misma doctrina, que ha proclamado siempre la libertad del individuo en todos los órdenes de su manifestacion exterior: yo no he podido nunca comprender, ni cuando me he entregado á mis estudios en la soledad de mi gabinete, ni meditando sobre la doctrina católica, ni cuando tenia esta tarde el placer de oir al señor obispo de Jaen, no he podido comprender nunca, repito, cómo tan venerable prelado podia conciliar sus doctrinas con las doctrinas que inspiraban á los primeros padres de la Iglesia, cuando en nombre de esa personalidad humana, en nombre de esa libertad moral y en vindicacion de su ejercicio, no en nombre de la verdad revelada, ni en el de su Divino Autor, reclamaban la libertad de conciencia ante los despóticos poderes del caduco imperio romano. Yo no he podido comprender cómo el señor obispo de Jaen podia conciliar sus doctrinas con las doctrinas del ilustre San Martin de Tours, que rehusaba comunicar con los obispos españoles Idacio é Itacio de Estoy, que no satisfechos con la sentencia canónica dictada contra Prisciliano, habian acudido ante el emperador, el tirano Clemente Máximo, impetrando la sancion civil en un asunto esencialmente religioso.

»Y si entónces esa libertad religiosa era el gran principio político de la Iglesia católica, si era la base de su existencia social, si era el fundamento sobre que pretendia legítimamente subsistir y ser contada entre las instituciones humanas, ¡cómo es posible que haya cambiado de tal manera el pensamiento de la Iglesia que venga á proclamar hoy como legítimo y bueno lo mismo que entónces anatematizaba como abusivo y pernicioso! ¡Cómo es posible que el señor obispo de Jaen, en nombre de la Iglesia, venga á proclamar hoy aquí lo contrario á lo que sostuvieron en nombre de la misma sus ilustres padres de los cuatro primeros siglos!»

La verdad es que Montero Rios no era conocido, ántes de pronunciar este profundo discurso, sino como catedrático de la más pura ortodoxia. Despues de este discurso fué cuando adquirió notoriedad, nombre, verdadera importancia. Prim le hizo ministro, y en el ministerio de Gracia y Justicia robusteció su prestigio dando á conocer su fecunda laboriosidad é iniciativa. Afiliado al partido radical—que así quedó bautizada por Prim la noche célebre de San José la union de progresistas y cimbrios—Montero Rios no tardó en ser uno de sus individuos más caracterizados y de más mérito.

El debate habido para plantear los proyectos de ley de Gracia y Justicia, proyectos suyos, dióle ocasion para pronunciar nuevos notables discursos.

Copio á continuacion algunos períodos del en que defendió el matrimonio civil:

«Pero avancemos más: entremos en el fondo de esta cuestion gravísima. O yo no he comprendido bien á los eminentes oradores que han combatido el proyecto, ó toda su impugnacion descansaba en la siguiente teoría. En la Iglesia católica no hay más matrimonio que el sacramental. En él, el contrato ha sido absorbido por el sacramento, y no se concibe otro matrimonio que no sea el religioso. El proyecto que se discute establece otro que no es el sacramental; por consecuencia, establece una institucion que no es la de la Iglesia católica. Por de más será decir que esta teoría tiene numerosos partidarios, y que merece todo respeto por los distinguidos oradores que en esta Cámara la han sostenido. Pero por más respetable que sea esta teoría y el saber de sus sostenedores, ¿se deduce de ella algo contrario al proyecto que nos ocupa? Pues qué, ¿se opone éste al matrimonio sacramental? ¿Crea el proyecto algun obstáculo por ventura á la celebracion del matrimonio religioso, ó la hace más difícil de lo que es hoy? ¿Establece el proyecto alguna traba nueva para que los ciudadanos españoles que sean católicos puedan celebrar este sacramento con arreglo á las disposiciones de la Iglesia? Pues si no pone trabas á la amplísima libertad de los fieles, no puede combatirse bajo este punto de vista; y ni hoy, ni al dia siguiente de promulgado como ley este proyecto, se verán lastimados los intereses y las conveniencias de la Iglesia católica ni de sus hijos.

»¿Pero es que lo que pretenden sus adversarios es declarar civilmente obligatorio el matrimonio católico? Pues eso constituye un ataque al principio de la libertad de conciencia consignado en la Constitucion. Por otra parte, ¿no es una de nuestras más profundas convicciones, y no decimos todos que la nacion española es eminentemente católica? Pues si lo es; si la mayor parte de nuestros conciudadanos son sinceramente católicos, ¿cómo puede decirse que se lastiman por el proyecto los intereses y las conveniencias religiosas de esos ciudadanos, cuando nosotros no les prohibimos hacer lo que vienen haciendo hasta la fecha? ¿Son ó no son católicos los ciudadanos españoles? Si hay que responder afirmativamente á esta pregunta, no será nuestra la coaccion para celebrar el matrimonio religioso; si hubiera que contestarla en sentido negativo, obligarles á celebrar el matrimonio católico valdria tanto como violentar sus conciencias. Me es igual que acepteis cualquiera de ámbos extremos. ¿Admitís la creencia de que los ciudadanos españoles son católicos? Pues ellos cumplirán á fuer de tales con los deberes que su conciencia de católicos les impone, sin necesidad de que el Estado intervenga en ello. ¿No son católicos los ciudadanos españoles? Pues no podeis violar el art. 21 de la Constitucion.

»¿Pero es cierto que en la religion católica no hay más matrimonio que el sacramental? Vais á permitirme que en breves momentos os recuerde ciertos precedentes históricos que habrán de servir para el mayor esclarecimiento de este punto.»

Y empezó á citar bulas, concilios, ejemplos y antecedentes con los cuales confundió á Gonzalez Marron y á Calderon Collantes.

Como político, Montero Rios carece de resolucion, de energía. Quiere, mas no se atreve; no quiere, pero se lo calla. Parece como que le gusta tener varios caminos á mano para escoger el que á su tiempo considere mejor.

Para mí, con ser hombre tan respetable por todos conceptos, tiene un defectillo que no le perdono.

¡Oye misa todos los domingos y fiestas de guardar!

MORENO NIETO.

Mi presidente... en el Ateneo; fuera del Ateneo, mi amigo; yo, su discípulo y admirador en todas partes.

Enseña como pocos y sabe como ninguno, decia Martos de él no há mucho tiempo.

Habla como nadie, añado yo por mi cuenta.

Moreno Nieto es lo que hay que oir. Parece mentira que haya en su lengua tanta facilidad, tan prodigiosa facilidad, y en su clarísimo entendimiento tantas contradicciones. Es un caudal de palabras que corre, que se precipita, que salta, que inunda, que se atropella, que se confunde en su velocidad sin ejemplo. Los taquígrafos no pueden seguirle, el auditorio se marea y encanta, él no sabe cuándo ni dónde va á terminar.

Empieza con cierta pereza, como si le costara trabajo echar la palabra del cuerpo; pero á los cinco minutos, ántes de los cinco minutos, es imposible detenerle ni seguirle. Es una máquina que no se cansa de hablar, y de hablar bien, con poesía, con talento, con pasmosa erudicion, con magnífica elocuencia. No es puro ni correcto; pero es galano, abundantísimo, elevado, profundo, universal. De todo sabe, de todo habla, siempre está dispuesto, no se fatiga nunca.

No busqueis en sus discursos una doctrina, un principio, un ideal, una política, una filosofía. Seria inútil. Todo lo confunde, todo lo baraja en desórden que sólo él comprende, y hoy afirma lo que mañana niega, y mañana niega lo que pasado afirma. Es el siglo. Tiene de católico y de volteriano, de realista y de idealista, de monárquico y de republicano, de liberal y de conservador, de tomista y de hegeliano, de individualista y de socialista, de filósofo y de niño. Pero hay en todo él un candor, una buena fé, una generosidad, un apasionamiento, que es preciso no tener corazon para dejar de admirarle y de quererle.

Es modesto, estudioso, honradísimo, afable, sencillo como la sabiduría.

Su figura es simpática. Tiene grandes y serenos los ojos; calva la ancha frente; largo y rubio el cabello; la nariz recta y firme; los lábios, como modelados para arrojar grandes borbotones de palabras; la tez, blanca y picada profusamente de viruela; el cuerpo, endeble; la cabeza, grande; su aspecto en conjunto, digno, agradable, comunicativo.

De algun tiempo á esta parte los conservadores le tienen en reserva para utilizarle cuando hay que contestar á Castelar. Moreno Nieto corresponde, sin duda, á este honor; pero concluye poco ménos que dando la razon al contrario, haciendo la oposicion á sus amigos. No lo puede remediar, dice en aquel momento lo que siente, sentándose tranquilo y satisfecho. Alguna vez, como al discutirse la ley de enseñanza de Toreno, el gran orador reivindica su personalidad, truena contra los suyos, se declara independiente proclamando con patriótica y entusiasta elocuencia el espíritu, la sustancia, la esencia, la médula de la Revolucion de Setiembre. Entónces sus correligionarios le censuran. Él contesta que su pensamiento y sus convicciones no pertenecen á nadie, sino á la libertad, al profesorado, á la ciencia.

En las Córtes del 69 combatió el matrimonio civil.

No es esto decir que no le defienda jamás, por el contrario, el dia ménos pensado saldrá á su defensa y lo hará como nadie. Moreno Nieto, como quiera que no conoce el egoismo ni la política de provechos personales, en la hora que cree conveniente para su país lo que ántes consideró perjudicial, se presenta noble y decidido pidiendo lo que le dicta su conciencia.

Allá vá un trozo, largo como todos los suyos, del discurso que pronunció combatiendo el matrimonio civil.

«Sí: el matrimonio religioso es la alianza del hombre y la mujer, como piden su naturaleza racional y sus grandes destinos; el matrimonio civil tiene un recuerdo y como dejo de impiedad que le hará siempre abominable á los ójos de las almas religiosas. Nació del ódio al cristianismo y de la aversion á todo lo moral y divino, y sus frutos, si algunos dá que le sean propios, serán frutos de corrupcion y de ruina. Con ésta, que es en mí firmísima creencia, ¿no he de extrañar las declaraciones que ayer hacia el señor ministro de Gracia y Justicia, empeñándose en probar que el matrimonio civil no era contrario, más aún, que era conforme á las miras y la doctrina de la Iglesia? Yo comprendia que á nombre de la libertad moderna y de tales ó cuales intereses de la civilizacion pudiera defenderse el matrimonio civil; pero no podia sospechar en manera alguna que quisiera defenderse á nombre del interés y las doctrinas del catolicismo. Pues qué, ¿es posible que lo que ha nacido de ideas y propósitos hostiles á la Iglesia fuese acogido y aceptado por ella? Y sin esto, ahí están las solemnes declaraciones de Pio VI y Gregorio XVI en la bula *Auctorem fidei* y la Encíclica *Mirari vos*, y las dos alocuciones de 1851 y 52 del gran Pontífice Pio IX, en que, en términos claros y explícitos, se condena la doctrina del matrimonio civil y se confirma de nuevo la constante doctrina de la Iglesia de que el matrimonio es un sacramento y que está sometido por su carácter á la legislacion y á la jurisdiccion de la misma. Pero decia el señor ministro de Gracia y Justicia: «La Iglesia ha declarado válidos los matrimonios civiles que se contraigan por los católicos en la Sérvia, en las provincias prusianas del Rhin y en algun canton suizo, y no sabemos que haya condenado los que se celebren en Francia entre católicos.» ¡Hasta dónde puede llevar un primer paso dado en una direccion equivocada! La Iglesia, ya lo habeis visto, condena al matrimonio civil; es decir, condena que los Estados que eran cristianos, renegando de su fé y rompiendo la alianza que con ella habian contraido, se pongan á organizar esa institucion sacramental fuera de la idea y del sentimiento religioso: ella mantiene su doctrina y su jurisdiccion de tal manera, que los matrimonios que son nulos segun los impedimentos por ella declarados, nulos continúan: si la ley admite el divorcio, ella le condena; pero si el Estado, respetando estos impedimentos y la indisolubilidad del vínculo legisla sobre el matrimonio y no da efectos civiles á los casamientos de los católicos si no se juntan segun la forma por él establecida, ¿quereis que la Iglesia vaya á anular los matrimonios de millones de católicos ó poner á éstos en la alternativa de vivir en eterno celibato, ó ver privadas sus uniones de efectos civiles? Ella lo que hace es no aprobar, sino tolerar el mal que no puede remediar.»

Moreno Nieto es un gran orador, el orador más fácil, más abundante que hay en España; un filósofo sin filosofía concreta; un catedrático eminentísimo; un caballero en toda la acepcion de la palabra; una conciencia pura y recta; un presidente del Ateneo á quien todos queremos mucho y admiramos más.

Como político... ¡es un bendito de Dios!

MORENO RODRIGUEZ.

Uno de los posibilistas más simpáticos, ilustrados, elocuentes y ricos.

Fué ministro. Pocos lo han sido con más justicia.

Hombre de órden, rechaza, como su amigo Abarzuza, la demagogía y los demagogos. Le gusta la camisa limpia, escoge las formas, no declama, no grita, no echa á perder la libertad.

En 1869 pasó como uno de tantos oradores de mérito; pero el discurso que hizo cuando la célebre *trasferencia* de los dos millones, acreditóle de orador elocuente y de abogado que sabe derecho y sirve como cualquiera para acusar.

Tiene talento y dinero.

Todo lo que se debe tener en política.

MOSQUERA.

Fué protegido de Montero Rios. Dicen que ahora campea por sus respetos de ex-ministro.

Es gallego, sutil, lince, aprovechado, cauteloso; sabe donde le aprieta el zapato.

Buen jurisconsulto.

Mediano orador.

Pescador que coge las truchas á bragas enjutas.

MOYA.

(D. FRANCISCO JAVIER).

Entusiasta por la libertad, por el progreso y por Sagasta.

Cara de señor de horca y cuchillo, carácter dulce, trato simpático, quizá demasiado modesto.

Tiene grande aficion á los pájaros y á las flores.

Es persona ilustrada, orador que cumple y amigo mio.

MUZQUIZ.

Hizo buena campaña carlista en 1869. Su fuerte es la Hacienda, en la que tiene conocimientos no vulgares.

Habla bien.

Es rubio como las candelas, elegante y enamorado.

Hace tiempo que no suena.

Rompe-cabezas:—¿Dónde está Muzquiz?

NAVARRO RODRIGO

(D. CÁRLOS).

Nuevo Demóstenes, ha tenido que vencer defectos de la naturaleza. Era un poco tartamudo, y apenas se le conoce ya cuando habla. Se vé todavía, sin embargo, que su lengua es gruesa, algo difícil de mover. Pero es un orador elocuente. Tanto pueden la fuerza de voluntad y el talento.

Hasta hace poco no ha pasado de ser un guerrillero de mérito. Desde la restauracion se ha puesto á la altura de los buenos oradores parlamentarios. Nótase á mucha distancia que sus discursos están hechos á fuerza de quitar y de poner, de insomnios y esmeros y á la luz de la lámpara. De aquí que no sea un orador repentista; sino un orador de estudio, pulimentos y preparacion.

Pero vencida la tartamudez, aprendidos sus discursos, pronúncialos correcta y elocuentemente, alternando en ellos lo hábil con lo enérgico, lo ático con lo profundo, lo erudito con lo oportuno y lo mordaz. Navarro Rodrigo es hoy dia uno de nuestros más distinguidos oradores parlamentarios.

El discurso que pronunció en 1878 tiene pocos lunares. Es una magnífica oracion política.

Vean Vds. con qué valentía empezó al contemplar los bancos casi desiertos:

«Señores diputados, un ministro que no es diputado, en el banco azul; ocho diputados, alguno de ellos dormitando, en los bancos de la mayoría... ¡Grande estímulo para un orador que tiene que dirigir la palabra al Congreso, si no tuviera presente el interés del país! Si hubiera hoy una votacion nominal que pusiera en peligro la existencia de ese Gobierno que tan satisfechos os tiene, no faltarian ministros que excitaran vuestro entusiasmo; pero hoy se trata del interés del país, hoy se trata de la cuestion de presupuestos, se trata de un debate que tiene una doble solemnidad: la solemnidad de los debates del Mensaje y la solemnidad de los debates del presupuesto, que son la coronacion de la legislatura. Así me explico yo esa ausencia. Pero se van poniendo de tal manera las cosas, que debe importarnos poco la ausencia de los diputados de la mayoría; hasta debe importarnos poco la ausencia de los señores ministros, porque nosotros podemos creer que ha llegado la ocasion de protestar, no ante vosotros del ministerio, sino del ministerio y de vosotros á la vez ante la nacion y ante los altos poderes del Estado.»

Despues arremete contra el ministerio Cánovas-Romero Robledo hasta no dejarle hueso sano. Todos los cargos de la opinion, todas las quejas del país, todas las censuras de la prensa las recoge y compone en un período elocuente que sale de su boca en estos términos enérgicos, precisos:

«No importa que el país sufra; no importa que en Madrid se cierren á centenares los establecimientos industriales; no importa que se embarquen para Africa como rebaños humanos millares de braceros de Almería, Múrcia, Alicante y las islas Baleares; no importa que en el distrito del Centro de Madrid; el más rico, por primera vez en el último trimestre se hayan incoado 268 expedientes por falta de pago de la contribucion; no importa que la industria minera perezca; no importa que los navieros agonicen; no importa que se cierren las fábricas en Béjar, en Alcoy, en Valencia, en Barcelona; no importa que la contribucion de consumos en Madrid y en otras capitales llegue á un punto insoportable, estimule el contrabando y acarree la muerte de pequeñas industrias que con el contrabando no pueden luchar, y lleve en sí el gérmen de grandes tumultos sociales. ¡No importa! ¡Aquí somos felices! ¡Todo va bien, muy bien, ricamente bien!

»Vosotros prodigais mientras tanto á centenares las distinciones nobiliarias, es decir, estimulais los vicios ingénitos de este país, porque por desgracia las duquesas de Medinaceli son una rara excepcion en nuestra aristocracia; vosotros otorgais premios y recompensas en grandes proporciones á todas las clases del ejército, singularmente á clases superiores; vosotros manteneis todos los vicios y defectos que el Sr. Salamanca ha demostrado que tiene nuestra organizacion militar, á pesar de que el señor ministro de Hacienda se quejaba en las Córtes de no haber podido hacer todas las economías á que era justo aspirar, equivocando S. S. el camino de alcanzarlas, que no es el de venir á esta Cámara con lamentaciones estériles y femeninas, sino el de imponerlas con la dimision en la mano en los Consejos de Ministros; vosotros creais embajadas donde no son siempre necesarias, para curar á vuestros amigos de la nostalgia del poder cuando el poder dejan; vosotros creais la embajada de Lisboa para el Sr. Castro; la de París para el marqués de Molins; la de Roma para el señor Cárdenas; mañana la de Berlin para el Sr. Silvela; ayer la de San Petersburgo para el marqués de Bedmar; embajadas que luego suprimís cuando la conveniencia de los interesados los llama á la madre patria. Vosotros creais la escuadra del Mediterráneo, de puro lujo, para otro de vuestros ministros dimisionarios. Manteneis, despues de hecha la paz, los ejércitos del Norte y Cataluña, y suprimís el de Cataluña cuando necesitais llevar á Cuba al general Martinez Campos, con lo cual demostrais que el ejército de Cataluña no era necesario. Vosotros publicais cartas de Indias que son un estéril monumento de vanidad bibliográfica que cuesta algunos miles de duros, en momentos de verdadera angustia; costeais hipódromos que cuestan algunos millones, para que proporcionen éxitos ruidosos á la musa juguetona de los bufos. Vuestros altos dignatarios pasean en momentos de ócio sus ilustres personas en lujosos carruajes en la Castellana y en el Retiro. Vosotros, en momentos en que hay una verdadera lucha entre dos ministerios, los de la Gobernacion y Gracia y Justicia, para saber cuál de los dos ha de pagar la miserable luz que ha de alumbrar al juzgado de guardia, constituido en el piso bajo del ministerio de la Gobernacion, y cuando entablais esa lucha entre dos ministerios para pagar esa miserable luz, vosotros tolerais que se acumulen en una persona, bien que sea honra de la pátria por su ilustracion, las dotaciones de dos supremas gerarquías, y soleis encontrar ingeniosas maneras de proporcionar coche á algunos de vuestros amigos para que no se fatiguen en el desempeño del destino de visitadores de la cárcel-modelo, que se encuentra á las puertas de Madrid.»

Notad que están bien escojidos los colores, el efecto oratorio perfectamente combinado para impresionar al público.

Hé aquí ahora el intencionado párrafo con que puso remate á su peroracion. Alude á la retirada de Posada Herrera, que él interpreta como una protesta muda contra la política del primer ministerio de la restauracion, y dice:

«Yo espero que esta protesta silenciosa no tendrá las consecuencias que la protesta silenciosa que tuvo la ausencia en otros tiempos; yo espero que el señor Cánovas del Castillo, á solas con su fervoroso patriotismo, á solas con su razon de hombre de Estado, aspirará á algo más que á ser el primero y el más ilustre de los oradores parlamentarios de nuestros tiempos. Yo, por más que el señor presidente del Consejo de ministros se presente tan iracundo en esta lucha, en las postrimerías de mi discurso, no por eso he de dejar de hacerle plena justicia. El Sr. Cánovas, lo digo con orgullo para mi pátria, ilustra el puesto que ocupa con su elocuencia y con su talento, como no lo hace tal vez ningun jefe de gabinete de Europa; pero demasiado sabe el Sr. Cánovas que á los hombres de Estado no se les juzga sino por los resultados definitivos que obtienen para la política de su país, para su prosperidad, para su grandeza, para su tranquilidad, como juzga Inglaterra al hijo de lord

Chatham y á Robert Peel, como juzga Italia á Cavour y á Ratazzi, como juzga Alemania al baron de Stein y al príncipe de Bismark, como juzga Francia á Casimiro Perier y á Thiers; pero yo temo, por las razones que he tenido el honor de exponeros esta tarde, que los resultados definitivos de la política del Sr. Cánovas del Castillo sean estériles, cuando no funestos, para la monarquía y para la pátria.»

Navarro Rodrigo es muy aficionado á sacar ejemplos, alguna vez oportunos, de la historia constitucional y parlamentaria de Francia é Inglaterra. Diríase que esta historia constituye el arsenal de sus estudios, experiencias y meditaciones, que todo lo busca y aprende en ella.

A lo mejor apela á esta erudicion, lanzando sobre sus adversarios palabras tan intencionadas y amargas como las siguientes, dirigidas á Cánovas:

«Y aquí, ya para concluir, vuelvo á rogarle que medite un poco entre el papel de Roberto Peel en Inglaterra y de Guizot en Francia. S. S. no se cansó de admirar á Guizot en la última sesion; enhorabuena, no le envidio el gusto, porque Guizot, siendo verdaderamente incorruptible, corrompió la Francia, porque se valia de sus periódicos, del *Journal des Debats* entre otros, para irritar á los irreconciliables con los liberales dinásticos; porque él fué el que decia constantemente á las oposiciones dinásticas que mientras no lo derribasen, mientras no estuviesen en mayoría, su deber era resistir, porque esa era la regla en todas partes, en Lóndres como en París; porque Guizot, en fin, tuvo el triste privilegio de concitar los ódios, de concitar las antipatías, de concitar las prevenciones de todo lo que habia de liberal en la Francia de entónces, empezando por los individuos de la familia real y siguiendo por Odilon Barrot, Thiers, Dufaure, Tocqueville y Remusat.

»Dejo á S. S. en esa admiracion interesada por Guizot, admiracion en que no le acompaña ningun grande hombre de Estado, ningun historiador ilustre, y yo al'ménos me quedo en la compañía de uno de esos hombres de Estado oscuros que la Providencia coloca al lado de los tronos como ángeles de luz para salvarlos, así como coloca á otros como ángeles de soberbia y de perdicion; me quedo al lado del baron de Stockmark, que ve en Guizot el hombre más funesto para la Francia, para la moralidad, áun siendo incorruptible; para la monarquía liberal y parlamentaria, áun siendo parlamentario y monárquico; para la Europa, en fin, porque áun siendo conservador, es el hombre de las catástrofes del 48 y hasta el predecesor fatal de las catástrofes que han sobrevenido despues. ¿Sabeis quien es el baron de Stockmark? Pues es el consejero íntimo, el ilustre consejero de los Reyes de Inglaterra y del rey Leopoldo de Bélgica, quizá el consejero tambien en determinados instantes del que es hoy emperador de Alemania.

»Pues este hombre ilustre vé la mayor calamidad europea en Guizot. Y todavía estoy en compañía de otros hombres ilustres que alcanzan la memoria más pura y más envidiable en Inglaterra, al lado de Roberto Peel. Cuenta Cobden que cuando fué á ver á Roberto Peel y le dijo que Luis Felipe habia caido en Francia, le contestó con la melancolía propia del hombre de Estado que ha visto muchas cosas en este mundo: «Guizot creia tenerlo todo cuando tenia la mayoría legal; pero ignoraba que no se tiene nada cuando está en frente la opinion pública.»

La voz de Navarro Rodrigo no es hermosa, ni su timbre electriza; pero es recia, igual. Es premioso para la enunciacion. A las veces tartamudea algo. Repito que su lengua debe ser muy carnosa, muy pesada, pues no obstante la educacion á que, sin duda, ha sido reducida por el talento y el amor propio, rebélase en ocasiones desobedeciendo al orador.

El diputado constitucional acciona bien, aunque en ciertos momentos debiera tener más calor, más fuego, más entusiasmo.

Su figura en general es proporcionada; su fisonomía parece la de un africano: morena subida, correcta, varonil, enérgica.

Dicen que representa en el constitucionalismo la tendencia de Ulloa, que es el heredero de éste. No carece de talento ni de condiciones para ello.

Procure, sin embargo, no extremar dicha representacion, porque el constitucionalismo no está para melindres ni disidencias.

Procure asimismo—permítame que se lo diga—no echar tanto incienso á Cánovas. Nadie admira más que yo al *mónstruo* de la edad presente; ¿pero no se corre el peligro de dar pávulo á su soberbia poniéndole á cada instante por las nubes?

Como literato Navarro Rodrigo es ménos afortunado que yo, que es cuanto hay que decir. En la última féria no ví uno sólo de mis libros (señal de que se han vendido ó se venden en las librerías á su justo precio), y por la corta cantidad de una peseta compré nada ménos que tres obras suyas: *O'Donnell*, *Itúrbide* y *Cisneros*.

A treinta y tres céntimos de peseta cada una.

NUÑEZ DE ARCE.

La última lamentacion del partido constitucional.

Cuando todo el mundo volvia la espalda á Sagasta, Nuñez de Arce dedicóle *El haz de leña*. Esto es noble, digno. Ahora que se me presenta la ocasion envióle mi aplauso. A Dios lo que es de Dios, y al César lo que es del César.

Como poeta es cosa de aprender de él, y de admirar su nervio y su inspiracion.

Como orador tiene su mérito: es enérgico, correctísimo, audaz, amenazador, bilioso.

Pero no le acompaña la figura.

Parece el alma de un jigante en el cuerpo de un enano.

Supongo que llegará á ministro, y me alegraré por la cesantía que tanta falta nos hace á todos.

OCHOA

(D. CRUZ).

De nada á soldado; de soldado á Guardia civil; de Guardia civil á estudiante; de estudiante á abogado; de abogado á carlista; de carlista á diputado; de diputado á orador; de orador á faccioso; de faccioso á fraile.

Rubio, simpático, resuelto, casi elegante, decididamente audaz.

Fué el carlista más hablador, más revoltoso de la minoría del 69. Muchos sabian más que él. Pocos eran tan atrevidos, tan acometedores como él.

Manteníaselas tiesas con todo bicho viviente: con Rivero, con Sagasta, con Prim, con Serrano, con Romero Ortiz, con todo el que se le presentaba. No conoció el miedo.

Tenia facilidad, buenos golpes, cierta elocuencia. Sin saber nada discutíalo todo; cuando se atascaba, que fué no pocas veces, metíalo á barato echando por la calle de enmedio.

Por su carácter vivo é inquieto conquistóse las simpatías personales de los mismos revolucionarios, á quienes agradaba su juventud, su entusiasmo y su fé.

Era incorrecto, atrabiliario, desigual.

Dicen que se ha hecho fraile.

Que es lo último de lo último, esto es, lo peor.

ORENSE.

Como hombre, simpático.
Como político, funesto.
Como orador, chistoso.

ORTIZ DE ZARATE.

Carlista.

Hombre profundo y de saber; pero de poca palabra. Distinguíase por su seriedad en las cuestiones en que tomó parte. Hablaba medianamente, si bien sostenia los asuntos en la esfera del derecho y de la ciencia.

Sus discursos son mejores leidos que oidos.

Era monótono, pesado.

PALANCA.

A dos dedos estuvo de ser presidente del Poder ejecutivo de la república. Pavía evitó que lo fuera.

No es hombre que suena como Huelin y el doctor Garrido; pero es hombre que vale.

En Málaga goza fama de buen abogado, entre los suyos de profundo y filósofo.

Es bajo de estatura, moreno, de ojos vivos é inteligentes.

En 1869 conquistóse un puesto de honor entre los buenos oradores combatiendo el artículo 33, la monarquía.

Vais á oirle.

«Yo estimo que la política no es la realizacion absoluta é inmediata del ideal filosófico, sino el tránsito constante y progresivo de las sociedades humanas, subordinadas á las condiciones generales de tiempo y de espacio, hácia la consecucion de ese ideal que es el término del progreso, y por lo tanto el término final de la vida. Así, pues, no condeno siempre la institucion monárquica, pero la rechazo con relacion al estado de la civilizacion europea y á las circunstancias actuales de nuestra patria. Sí; la monarquía en nuestra época es un anacronismo, y en la España revolucionaria será un movimiento de reaccion, una victoria alcanzada por el doctrinarismo contra la democracia, por el empirismo contra la razon filosófica. Yo os hago la justicia, señores de la comision, de creer que así lo pensais tambien vosotros, porque mucho de esto se nota en vuestro célebre y nunca bien ponderado Manifiesto de conciliacion; pero si no lo pensáseis así, tendria derecho para estimaros, segun mi conciencia, víctimas del error, y de un error que rayaria en lo invencible.

»Las instituciones sociales, señores diputados, son las fórmulas, las revelaciones externas del espíritu de la humanidad; toda institucion responde á una idea, á un estado del espíritu humanó: por eso en las instituciones se estudia la historia mejor que en ninguna otra parte, mejor que en los hechos aislados, mejor que en las batallas, mejor que en las emigraciones invasoras de unos pueblos ó en las formidables defensas de otros, mejor que en el nacimiento, progresos materiales y ruidosa caida de los imperios que han sojuzgado la tierra. Bajo este punto de vista, pues, la monarquía, que no es más que la absorcion del poder público por una persona, la vinculacion en una familia de toda la conciencia social, ha tenido razon de ser, ha correspondido á una situacion del género humano, ha desempeñado fines importantísimos. Los pueblos se constituyen siempre con arreglo á su ideal filosófico, y conocido éste, determinado éste, conocido queda y determinado tambien *á priori* su estado político.

»Así, pues, yo comprendo, y todos vosotros sin duda comprendereis tambien, no como conveniente, no como útil, sino como de todo punto necesaria, la institucion monárquica en los tiempos antiguos, en aquella edad en que, segun dice Hegel, el alma del mundo se manifiesta de un modo sustancial, idéntico, inmóvil. Dominado el hombre por las fuerzas naturales que obran sobre él de una manera irresistible y salvaje, sucumbe, y en la postracion de su espíritu, que aún está en la infancia, apenas alcanza á concebirse cómo parte de un todo inmenso que obra por sí en virtud de fuerzas que le son congénitas. Esta idea universal, esta absorcion del hombre por la naturaleza, este panteismo material, dá por resultado en el órden político una organizacion fundada en la fuerza, en la unidad absoluta, en la monarquía. Consultad la historia, interrogad los hechos, y vereis á las sociedades antiguas organizarse en grandes imperios, como los de Nembrot, Asur, Sesóstris, Salomon y Ciro, imperios absolutos y teocráticos que se presentan á la imaginacion como inmensos gigantes, cuyas moléculas orgánicas son hombres y cuyas almas son los autócratas que los presiden.

»La monarquía, como institucion de carácter esencial y permanente, es, permitidme la frase, señores diputados, el panteismo político. El rey es el propietario eminente del suelo, el señor absoluto de las vidas de sus súbditos, el orígen y el dispensador de la justicia; en una palabra, el representante de toda la conciencia social. *En todo está el rey, y el rey lo es todo.* Esta es la fórmula definitiva y dogmática del sistema monárquico.»

Palanca es más filósofo que político, más abstracto que práctico, más científico que parlamentario. Lo habreis conocido leyendo su notable manera de expresarse y de discurrir.

No tiene arranques sublimes ni apóstrofes brillantes, ni siquiera la fantasía, la imaginacion propias de su país; pero razona bien, argumenta lógicamente, penetra con segura audacia en las entrañas de los grandes problemas, elevándolos con su dialéctica y su talento. Es un profundo pensador, un polemista que no deja ningun cabo suelto al adversario.

Mirad cómo define la democracia:

«¿Qué es la democracia? La democracia, á mi parecer, en sentido meramente político, es el gobierno del pueblo; en su sentido social, la democracia es aquel sistema de vida que, arrancando del hombre, consagra al individuo, haciendo inviolable todo aquello que es necesario y esencial á su naturaleza y á sus fines. La democracia tiene dos aspectos: uno individual y otro social. Bajo el aspecto individual consagra, como ántes he dicho, al hombre. Su razon es soberana, sus derechos naturales, aquellos que van inherentes á su persona, son inalienables é imprescriptibles: es decir, que ni el hombre mismo, en uso de su libertad, puede enagenarlos, puede privarse de ellos; y si lo hiciera, si los enagenara, no por eso prescribirian, sino que, por el contrario, la enagenacion se consideraria como nula y de ningun efecto.

»La democracia en su sentido social considera al hombre como exclusivo elemento de la sociedad política, y de él deriva, por consiguiente, la regla de vida de la sociedad. La democracia, como doctrina social, únicamente reconoce la soberanía del pueblo, soberanía que viene á constituirse con las soberanías parciales de todos los ciudadanos, de todas aquellas personas que se hallan en la plena posesion de su personalidad. La democracia, como doctrina social, consagra tambien los derechos del pueblo, consagra la soberanía popular, y los consagra lo mismo que ha consagrado los derechos del hombre, como inalienables y como imprescriptibles.»

Hay algo de utópico, de soñador, en este discurso notable.

Parece la bella quimera de un filósofo al tenor de Salmeron y de Pí.

Por eso he creido siempre que Palanca, una de las

inteligencias más cultas de la democracia, no hará milagros en política.

Es modesto, poco aficionado á que le traigan y le lleven.

En Málaga se está; allí espera los sucesos.

PAUL Y ANGULO.

El presidente: Señor diputado, descúbrase V. S. ante la representacion nacional.

Paul y Angulo: Pero, señor presidente, ¿qué más tiene que me cubra dos dedos más acá que dos dedos más allá?

El presidente: Que se descubra V. S., se lo mando.

Paul y Angulo: Pues bien, presidente reaccionario y abominable, no me dá la gana.

PEREZ ZAMORA.

Se dice que Castelar es un ruiseñor que canta en la tribuna.

Perez Zamora es un canario que canta en la mano.

Se dice que hay quien oye crecer la yerba.

D. Feliciano oye más que eso: oye en 1879 el rumor de una crísis en 1890.

¡Vaya un peje!

RAMOS CALDERON.

Ex-radical, ahora posibilista; ayer de Rivero, hoy de Castelar; siempre de la democracia.

Habla con cierta sal andaluza; es ilustrado, sobre todo, en Hacienda. Le perjudica mucho su lengua, que debe ser bastante pesada, y su pronunciacion, que es notoriamente incorregible.

Es un andaluz muy cerrado.

RODRIGUEZ PINILLA.

Cabeza de fraile capuchino con gafas.

Poeta, publicista, buen abogado, político consecuente, orador que puede pasar.

RODRIGUEZ.

(D. GABRIEL).

¡Este es, este es el que no ha querido ser ministro! Ustedes no lo creerán, dirán que me burlo, que no hay en nuestra política semejante fenómeno. Pues es lo cierto y lo honroso. Gabriel Rodriguez, que vive de su trabajo, no ha querido ser ministro, ha tirado por la ventana la cómoda y codiciada cesantía.

Decididamente tendremos que levantarle una estatua para colocarla en medio del salon de conferencias á fin de que sirva de ejemplo y resucite la dignidad y el pudor.

Pero, vamos ¡si parece mentira!... Aquí donde por una cartera se ven los milagros más estupendos, las apostasías más desvergonzadas, las flexibilidades más indecorosas; aquí donde hay ciudadanos que no viven sino para ser ministros, donde hasta por una direccion se anda á cachetes y por un gobierno civil á sablazo limpio; aquí que debia haber tantos ministerios como españoles, un hombre se alza sobre los demás y afirmando sobre sus orejas las doradas gafas, grita incomodado furioso:—«¿Lo oyen Vds.? Que no quiero ser ministro, que no me dá la gana ser ministro.»

¿Quién es este fenómeno imprevisto?

Uno de los caracteres más puros de la España moderna, un hombre de gran talento, un economista eminente, un orador notable, un músico que hace vender buenas entradas á la Institucion libre de enseñanza: Gabriel Rodriguez.

Y cualquiera, sin embargo, se llama aquí Gabriel y Rodriguez. Lo que no puede cualquiera, ni todos los Gabrieles y Rodriguez juntos, es llegar á donde llega el verdadero, legítimo é infalsificable Gabriel Rodriguez.

Su oratoria es lógica, sobria como pocas. A las veces es tambien demasiado cruda, es decir, clara, que no se anda por las ramas. Dice todo lo que siente caiga quien caiga. Parece como que se atropella al hablar, pues no deja de ser fácil y abundante. Su frase es correcta, propia, enérgica. Carece de follage y de poesía. Vá á persuadir, á convencer, á probar, y lo hace con una dialéctica de hierro. Nada perdona ni nada se le olvida. Reduce, estrecha, aprisiona, vence con toda las reglas del arte.

En 1869 combatia así la república federal:

«Y si no es así, señores republicanos, si no es este vuestro procedimiento, insisto en ello, venga la Constitucion de la república federal, sepamos cuál es, yo os ruego en nombre de la mayoría de la Cámara, en nombre del país, que nos presenteis esa Constitucion, porque esta es la ocasion más solemne y oportuna para hacerlo. Y si no la presentais, os diré: ¿Para cuándo la guardais? ¿Es de legisladores sérios cuando vamos á votar la forma de gobierno el guardar reservado aquello que más interesa y conviene saber al país? Si no podeis traernos vuestra fórmula, me creo autorizado para deciros que no la teneis, que, como os dije ántes, no sois un partido político, ni una escuela; que no teneis más que ideas vagas é indeterminadas y una negacion, con la cual sois fuertes para destruir, pero no podeis crear absolutamente nada. (*Bien, bien.*)

»No teneis, pues, señores diputados republicanos, más que una idea vaga respecto de la forma de ese organismo político, de esa república federal; y os sucede otra desgracia más, y es que esa idea no corresponde al ideal político; porque la república federal no es la forma definitiva del Gobierno, no es más que un procedimiento para llegar á esa forma definitiva. La federacion no es más que un medio para llegar á la unificacion del derecho entre los pueblos; la federacion no ha sido nunca un estado definitivo, final, de las sociedades; ha sido el medio por el cual Estados que vivian en condiciones diferentes de derecho, que tenian diferentes condiciones económicas y sociales, han podido defenderse y darse mútuamente fuerza para ir cada uno dentro de sí realizando la elaboracion del derecho y la unificacion política de todos los Estados, llegada la cual, señores republicanos, es ya completamente inútil la federacion.

»Así, pues, la federacion no es un ideal político; habeis confundido un procedimiento político con una forma definitiva de Gobierno, y en ese procedimiento político puede haber un carácter progresivo ó un carácter reaccionario, segun se adopte, y vosotros habeis adoptado ese procedimiento político en su sentido reaccionario.

»Yo comprendo, en efecto, la federacion entre España y Portugal, entre esas dos unidades políticas, para ir adelante; comprendo la federacion entre todos los pueblos latinos para ir adelante; la comprendo entre todos los pueblos de Europa y luego entre todos los pueblos del mundo para unificar el derecho, para realizar un sólo derecho en todos los pueblos del mundo con un sólo Estado. Pero el tomar la federacion á la inversa, de arriba á abajo, en vez de abajo á arriba, tratando, no de crear Estados superiores, sino de deshacer los Estados que han ido unificándose á fuerza de luchas, de lágrimas y de desastres en el curso de los tiempos, esto es ser un partido reaccionario. Representais, por lo tanto, una idea de reaccion en esta Cámara y en la política general del país. (*Aplausos.*)»

Se habrán convencido Vds. de que la lógica y la sobriedad son los caractéres más salientes de la oratoria de Gabriel Rodriguez.

Ved ahora cuán graciosamente se burlaba de una inocentada del viejo Sorní:

«Hay, pues, solamente en España enfrente de la forma monárquica, la forma republicana federal, y con la república federal hemos de comparar la monarquía, batallando, no como decia el Sr. Sorní, para morir mañana como cristianos; no tenga cuidado el Sr. Sorní, no tratamos de matar á S. SS.; morirán de enfermedad ó de vejez, ó como quieran, y como cristianos ó de otra manera; y digo esto, no sea que vaya á pedir tambien la palabra para una alusion el señor Suñer. (*Risas.*)»

Figurando entónces en la fraccion de los cimbrios, parecióle mal no afirmar nada en defensa de la monarquía democrática, y dijo al concluir:

«Y ya que he hablado tanto de la república federal, voy á decir algo sobre la monarquía. No debo prescindir de lo que estais diciendo y repitiendo todos los dias, del argumento, contestado ya por la comision hasta la saciedad, de que la monarquía que establecemos es igual á la anterior. ¿Qué tiene que ver esta monarquía con la otra? En la otra monarquía habia un resto de derecho divino, vivia por una especie de tratado de paz con la soberanía popular; pero ese tratado de paz se rompia con frecuencia, porque el derecho divino trataba de sobreponerse á la soberanía de la nacion, y ésta á su vez trataba de impedir que aquél lograra sus fines. Esta es la historia política de España desde 1812: los golpes de Estado del derecho divino contra la soberanía popular, los pronunciamientos de la soberanía popular contra el derecho divino. Pero la Revolucion de Setiembre ha acabado con el derecho divino: el rey que venga no tiene otro derecho que el que le dá nuestra Constitucion: el rey que venga es un magistrado, es un poder que creamos nosotros mismos: el absolutismo de su orígen, como decia el Sr. Gil Berges, radica en nuestra soberanía, y por consiguiente, en nosotros está el límite de sus atribuciones, el límite de sus ambiciones, el límite de su voluntad.»

En resúmen: Gabriel Rodriguez es un gran orador, si bien creo yo que sirve más para atacar que para defender; un hacendista eminente, un político que está de non.

Su cara es severa, simpática, barbuda; la accion corresponde á su palabra; sus giros y movimientos cuando se acalora dan más fuerza á sus razones y argumentacion.

¡Pero cuidado con no haber querido ser ministro!...

Lo mismo que Fabié.

ROJO ARIAS.

¿Se acuerdan Vds. de los *sábados negros* de Romero Robledo?

Rojo Arias es un buen jurisconsulto. Como político no goza de buen golpe de vista. Se equivoca á menudo.

Hablaba bastante, de todo, y con los guantes puestos. No entró un sólo dia en el Senado de 1872, que no los luciera para regocijo de los periodistas que le veíamos desde la tribuna. ¿Qué inspiracion espera rán de los guantes tantos oradores que no se los quitan ni siquiera distraidos?

Rojo Arias no es un buen orador, cumple nada más.

Sin embargo, á las veces se excede á sí mismo.

ROMERO GIRON.

Es buen orador, y en pocas ocasiones pierde la serenidad. Es de los que se van al bulto á vuelta de algunas proligidades.

Sabe mucho derecho, posee la necesaria ilustracion para no quedar mal en ninguna parte, no le falta travesura y hasta hace pinitos en filosofía.

Sigue á Martos como la sombra al cuerpo.
La gratitud.
Será ministro.

ROMERO ORTIZ.

No puedo remediarlo: D. Antonio Romero Ortiz tiene todas mis simpatías.

La pureza de su conciencia; la integridad de sus convicciones liberales; su perseverancia política; el calor de su patriotismo; la seriedad de todos sus actos; la buena fé con que aceptó la revolucion llevándola al departamento de Gracia y Justicia en 1868 y 69; hasta su figura severa y respetable producen en mí profundas simpatías hácia el orador constitucional.

Cuando le veo en la tribuna tronar contra las mistificaciones y el rebajamiento de los caractéres, paréceme que contemplo á un legislador de 1812. Tanta bondad, energía y entusiasmo revela su palabra.

No es Romero Ortiz un orador fácil, poético, arrebatador; pero tiene la elocuencia del sentimiento y áun del arte; agrada, entusiasma, conmueve en ocasiones. Sus apóstrofes, aunque estudiados como sus discursos, son concluyentes, magníficos, no admiten réplica ni defensa. El tono, la voz, la accion de su palabra revisten cierta solemnidad que guarda armonía con su figura de doceañista. Fuera de la tribuna no cuida mucho de su aspecto ó formas exteriores: en la tribuna se presenta erguido, severo, acusador.

En 1869 discutió con el cardenal Cuesta la libertad de cultos, expresándose en estos términos enérgicos y contundentes:

«El señor cardenal nos recordaba hoy, y yo recuerdo tambien, los primeros siglos del cristianismo. En ellos lo que yo veo es la razon, una de las más poderosas razones con que hoy se defiende la libertad de conciencia: en cada uno de aquellos mártires del cristianismo, sacrificados en los primeros tiempos á la barbárie, es donde veo yo una gran defensa de la necesidad de la tolerancia. El mundo antiguo creyó que podia exterminar por el terror á aquellos cristianos austeros que predicaban la fraternidad universal y la igualdad de todos los hombres ante Dios, y lo que consiguió fué presentar de relieve la impotencia de la fuerza bruta delante del espíritu, libre y soberano como emanacion que es de Dios.

»Señores, verdad es que es un bien inexplicable para los pueblos la unidad de creencias; pero no conozco nada más lúgubre, no conozco nada más pavoroso que la historia de la intolerancia en España y en todos los países del mundo: á mí me bastaria recordar los hechos que ha enunciado hoy y que ha procurado disculpar con gran talento, con más talento que fortuna, el señor cardenal: me bastaria recordar esos hechos que parecen como columnas miliarias en medio de la historia. La Saint Barthelemy, primer hecho que ha procurado disculpar S. S., atribuyendo ese horrible suceso á los que ha llamado agresores; la Francia toda de los siglos XVI y XVII; la Inglaterra de María y de Isabel, y aquí, en nuestro país, señores, la historia de la intolerancia, ¿qué es más que la historia de nuestra decadencia, de nuestra esclavitud, de nuestra degradacion y de nuestro envilecimiento? ¿Qué nos ha traido aquí la intolerancia? No he de hablar de las hogueras del Santo Oficio, á las que tambien, sin duda, en la gran piedad de su alma ha querido disculpar el señor cardenal. ¿Qué necesidad tengo de apelar á esto?

»Me basta recordar nuestra industria aniquilada, los talleres de Toledo desiertos, la agricultura muerta y todo lo que en este país habia de noble, de grande y de generoso desapareciendo, mientras que las muchedumbres embrutecidas acudian á llenar esos alcázares que entónces se erigian á la holganza, al resplandor de las hogueras del Santo Oficio.»

Y concluia con este período entusiasta:

«Dicho esto, yo, que, como ven los señores diputados, no puedo continuar porque el estado de mi salud no me lo permite, concluyo como ha concluido el señor cardenal. S. S. os rogaba, señores diputados, que no votáseis la libertad religiosa. Yo, por el contrario, me dirijo á la Cámara y le ruego que cuando llegue la oportunidad, vote los artículos que ha formulado la comision, es decir, la libertad religiosa, como único medio de hacer que la España pueda entrar digna, solemne y magestuosamente en el gran concierto de las naciones europeas, de donde hasta ahora ha estado excluida; que voten la libertad religiosa, en la seguridad de que haciéndolo así, los diputados españoles prestarán el más grande, el más importante, el más trascendental de todos los servicios que pueden prestar á la Iglesia católica.»

Romero Ortiz tiene una naturaleza política semejante á la de su amigo Rios Rosas. Es revolucionario sin saberlo, quizá sin quererlo.

«Promulgada la ley de matrimonio civil—decia desde el banco azul dirigiéndose á los carlistas:—Todos los matrimonios que se celebren únicamente ante la Iglesia, serán otros tantos concubinatos.»

Hubo aplausos, protestas, gritos, interrupciones, desórden. Romero Ortiz repetia solemnemente levantando el brazo derecho:—«Serán otros tantos concubinatos, serán matrimonios nulos, serán actos sin fuerza ante la ley.»

En el dia Romero Ortiz representa en el partido constitucional la tendencia más avanzada. Es dentro de él, como el depositario del espíritu y de los compromisos de la revolucion de Setiembre.

Por su gusto no se harian ciertas cosas.

Es fieramente liberal y conserva algo de progresista.

ROMERO ROBLEDO.

El Gran Elector de la restauracion, el príncipe de los pollos, el más indómito de los gallos, el general de los *húsares*, la pesadilla de Silvela menor y Bugallal.

El político que tiene más amigos personales.

El único que se atreve con Cánovas.

No es un gran orador; sólo tiene gracia, facilidad, recursos. Más práctico que teórico, pocos hay que manejen tan bien como él una mayoría haciéndola votar que quiera que no quiera. En Gobernacion ha dado pruebas de ser habilísimo contentando á moderados, unionistas y constitucionales disidentes, sosteniendo así la unidad del partido mientras convenia á sus intereses de lugar-teniente de Cánovas.

Como voluble no hay por dónde cogerle; como travieso dá quince y raya al que lo sea más.

En cinco minutos promueve una crísis, hace saltar á un ministro y lleva el desórden á todas partes.

Su palabra es atrozmente incorrecta.

Dotado de simpática figura, con su charla andaluza y su carácter cariñoso y espansivo consigue tener grandes amigos á poco de abrirse un Congreso. Para Cánovas hay admiradores; para Romero Robledo apasionados que derramarian por él «hasta la última gota de su sangre,» como me decia exagerando su gratitud un gobernador húsar no hace mucho tiempo. Es hombre que se juega la cartera por un amigo.

Afirman algunos que no tiene talento.

Su historia, sus actos, la importancia que ha sabido conquistarse, arguyen que lo tiene. Dígase que carece de estudios políticos y literarios, y esa será la verdad. Pero no hay que negarle talento ni ingénio.

Romero Robledo es de los que no abandonan la risa ni un instante.

Debe ser de los que se rien hasta de su sombra.

RUBIO

(D. FEDERICO).

Médico eminente, político incapaz, orador como hay muchos, persona modesta y digna.

Gasta unas barbas que meten miedo.

RUIZ GOMEZ.

Conocido por Servando el consecuente.

Ha leido mucho, mucho. Su cabeza es una olla de grillos. Habla de todo y todo lo involucra, confunde, tergiversa y embarulla.

Las circunstancias hiciéronle un buen ministro de Hacienda del rey D. Amadeo; su propia voluntad le ha hecho consejero de Estado y senador vitalicio del rey D. Alfonso.

Puede ilustrar una cuestion cualquiera; pero tápesele en seguida la boca para que no acabe por echarla á perder.

Es alto, buen mozo, barbudo, y asturiano que no pierde ripio.

Más perdia Felipe II, que perdió la ocasion oportuna de poner para-rayos en el Monasterio del Escorial.

SALMERON

(D. FRANCISCO).

Orador progresista.

Tenia cierta elocuencia lúgubre y tremebunda.

De su boca no salian más que sombras, ruinas, desolaciones, peligros, temores, augurios, horrores que ponian los pelos de punta.

Era el encanto de la tertulia progresista.

SANCHEZ RUANO.

El sólo era un partido: el partido republicano unitario. Los federales le temblaban, el gobierno le temia, Rivero que era su presidente no podia hacer carrera de él.

Fué vivo, díscolo, inquieto, ilustrado, mordaz, elocuente, brillantísimo. ¡Qué lástima de jóven, muerto cuando el porvenir le sonreia, cuando su gran talento asegurábale los honrosos provechos de una vida consagrada al trabajo y al estudio!

Sanchez Ruano fué una de las inteligencias más agudas y perspícuas de las Córtes del 69, quizá la primera.

Como escritor lo era notable, como abogado pasaba por uno de los mejores.

Era su palabra acerada, venenosa, correctísima, castiza como pocas. Tenia la vanidad, en otros ménos disculpable que en él, de ser un buen purista. Lo era ciertamente, así como un gran latino.

Mirad con qué sal se burlaba del adjetivo federal, y con qué terrible intencion aludia á algunos cimbrios:

«Pero al fin se me ha de permitir, porque es la conclusion, decir una cosa muy sencilla: recordaré á la Cámara que Cervantes deja á su héroe en lo más áspero y crudo de unas montañas, en donde se entrega á dulces pensamientos, á deliquios tiernísimos sobre la señora de su corazon, y pone en su boca unos versos, cuya primera estrofa voy á referir. Dice así:

«Arboles, yerbas y plantas
Que en aqueste sitio estais
Tan altos, verdes y tantas,
Si de mi mal no os holgais
Escuchad mis quejas santas.
Mi dolor no os alborote
Aunque más terrible sea,
Pues por pagaros escote
Aquí lloró D. Quijote
Ausencias de Dulcinea
del Toboso.»

»Dice despues Cervantes que este *del Toboso* lo ponia á la conclusion de todas las estrofas para que no se confundiese á su Dulcinea con ninguna otra de las Dulcineas habidas y por haber. Y digo yo: ¿qué empeño hay, qué fin, qué objeto por parte de algunos de los que nos sentamos aquí en poner siempre el adjetivo federal tras del sustantivo república? Pues qué, lo que se defiende, lo que ha defendido con tanta energía el decano de la democracia española Sr. Orense, ¿puede confundirse con ninguna de las repúblicas pasadas, con ninguna de las repúblicas presentes, ni con ninguna de las repúblicas venideras? Por lo demás, yo celebro en el alma ver al Sr. Rodriguez con algunos de sus amigos y colegas de porta-estandartes de la democracia, como me hubiera alegrado, como me hubiera felicitado en el fondo de mi corazon de verlos á nuestro lado en los dias del peligro y de las tribulaciones.»

La palabra acudia á los lábios de Sanchez Ruano con mucha facilidad, y salia de ellos con brillante elocuencia.

Hubiera sido ministro en 1873.

Sus camaradas en las Córtes del 69 eran los demócratas Abarzuza y Moreno Rodriguez. Formaban una trinidad llena de juventud, de talento y de entusiasmo.

Sin Sanchez Ruano el partido unitario no habria tenido nunca verdadera importancia. Él fué el principal autor de la célebre *Declaracion* de la prensa republicana.

¡Pobre Sanchez Ruano!

SANTA CRUZ

(D. FRANCISCO).

En 1854 era ministro de la Gobernacion por obra y gracia de Espartero.

Un diputado preguntóle por no sé qué ley ó reglamento.

—¿*Cuala?*—le interrumpió Santa Cruz.

Hubo un desmayo general.

Pero sabe mucha gramática parda.

SARDOAL.

¡Cómo se ha crecido el ilustre marquesito!

Antes de la restauracion era un jóven disidente que prometia; despues de la restauracion es uno de los oradores más cáusticos y temibles de nuestro Parlamento. ¡Infeliz del que se le ponga por delante! No conoce la misericordia ni el perdon. Frio como la nieve, sereno cual no otro, sonriente, burlon, hiere al más fuerte y coge prisionero en la red de su lógica al más hábil y sutil. El mismo Cánovas tiene que reducirse y huirle el bulto cuando le prueba haber sostenido que un rey puede pecar.

Sus últimas campañas son un modelo de ironía, de talento, de recursos parlamentarios, de poco comun habilidad. Nada le arredra ni detiene; desafia desde su escaño todas las iras y todas las tempestades. Vá á su objeto como la bala al blanco, sin que ni el presidente ni nadie logre atajarle en su camino.

Es mordaz. Un dia se propuso llamar loco á Diaz Quintero, que tenia tanta fama de chiflado como de hombre de bien, y discutiendo con él la ley electoral de la revolucion díjoselo en esta forma:

«A buen seguro que el Sr. Diaz Quintero, que ha profundizado estos estudios y que se ha dedicado con especialidad á la filosofía y al derecho natural, sólo en un momento de pasion política, sólo arrastrado por la fuerza de determinados principios, se atreverá á sostener que, racionalmente considerado, el sufragio es un derecho individual; sériamente hablando, en una discusion formal, no se hubiera atrevido á sostenerlo: yo tengo la evidencia de que el Sr. Diaz Quintero, discurriendo en una reunion de sábios, que en otro tiempo frecuentaba y que se llamaba el *Manicomio*, no se hubiera atrevido á sostener el sufragio tal y como la Constitucion lo reconoce, como un bello ideal en todos tiempos y en todas las circunstancias: S. S. hubiera por lo ménos establecido ciertas limitaciones, las limitaciones que establece el jefe de su escuela, las condiciones de independencia y de capacidad; hubiera fijado como condicion necesaria para el ejercicio de esta funcion política (no quiero llamarla derecho), por lo ménos el saber leer y escribir. Verdad es que el saber leer y escribir, por sí sólo, no indica mucha instruccion; verdad es que en el trato y en el comercio social puede un hombre adquirir conocimientos que no adquiera delante de una muestra litografiada que copia en un papel; pero tambien es verdad que en estas materias sólo se puede apreciar por manifestaciones exteriores la capacidad individual.»

Repito que Sardoal en la tribuna es frio como ninguno. Quizá sin esta condicion de su naturaleza valdria ménos. Dice con la mayor frescura y naturalidad las cosas más graves y difíciles. Como diputado de oposicion pocos son los que dan tanto juego como él. Es delicioso cuando le oimos como amigo, implacable y sangriento cuando le oimos como adversario.

Tiene poca voz, y su figura parece la de un niño crecidito.

Su palabra es tarda, perezosa, indolente para el arranque.

Sus impaciencias no le han hecho ministro; pero debe serlo ántes que otros si llega la ocasion de repartir carteras segun méritos.

Pero ¡ay! ese dia promoverá una disidencia cada cuarto de hora.

SERRACLARA.

Es un orador facilísimo y distinguido.

Lo acreditó el 69 como individuo de la minoría federal.

Si no supiera que goza de escasa salud, diria que es un jóven de brillante porvenir.

Disfruta en Barcelona de lisonjero concepto como letrado.

SILVELA

(MAYOR).

Tieso como él sólo, fachendon y diplomático.

Cuando leo ¡*Sin nombre*! Velisla me regocija, cautiva y enamora; cuando oigo á Silvela mayor quédome tan fresco y como si tal cosa.

Lo mejor de su palabra son la correccion y la pureza. Es un hablista irreprochable; pero como orador resulta frio, desgarbado.

Es jurisconsulto de mucha suerte, político que no conoce la desgracia. Estad tranquilo, que ninguna ruina le cojerá debajo. A través de sus quevedos distingue lo más remoto y procura ponerse en paraje de salvacion.

Pertenece á la primera rama de la dinastía de los Silvelas.

SILVELA

(MENOR).

Este vale más, tiene más intencion y veneno que toda su dinastía junta.

Habla muy bien, es un orador de formas escogidas, de arte, de talento, de tonos y colores, de elocuencia parlamentaria. Mantiene todo lo que dice, no se retracta ni á tres tirones aunque haya dicho una atrocidad. No le falta travesura para habérselas con Martos y Sagasta, ni brios para responder y desconcertar al mismísimo Romero Robledo, su cariñoso y queridísimo amigo.

¡Como que no se pueden ver!

Silvela menor—pertenece á la segunda rama de su dinastía—pronunció buenos discursos en 1869 bajo el amparo y la advocacion de Cánovas del Castillo, á quien tanto y de tan diversas maneras ha auxiliado en muchas ocasiones. En las Constituyentes ganóse desde luego un puesto de honor entre la juventud de brillo y provecho.

Su figura es esbelta, morenita, simpática; su accion, algo embarazosa; su frase, correcta; sus períodos, cortos, intencionados, sabrosos. Nada se le escapa ni desdeña; de todo saca partido para atacar al contrario.

Combatiendo la disolucion de las Constituyentes

del 69, escuchad con qué ingenio resucitaba y exponia el cargo de la célebre *Partida de la Porra*:

«Todos vosotros sabeis que por mito no se entiende una fábula ó un pensamiento que no tenga relacion ninguna con la realidad, una cosa que sea hija pura y exclusivamente de la imaginacion del poeta, como los programas del Sr. Zorrilla, no; por mito se entiende en la filosofía de la historia la representacion de un gran período histórico, de una trasformacion genesiaca. Hércules, venciendo los mónstruos, es el hombre sucediendo á los grandes períodos zoológicos. Orfeo, cautivando á las fieras con su lira, es la representacion de la fuerza que tuvo el arte y la belleza sobre los hombres primitivos, reduciéndolos á vida social. Mito, elocuentísimo en este sentido, y que pasará á la posteridad, es la *Partida de la Porra*, representacion mítica de la política radical, representacion del medio que el Gobierno radical tiene de resolver por la fuerza las dificultades que suscita en la práctica el ejercicio de todos los derechos individuales en un país mal preparado moral y legalmente para ejercerlos en esos límites.

»Despues que pasó la luna de miel de la revolucion de Setiembre, porque tambien las revoluciones tienen su luna de miel; cuando hubo pasado aquella perfecta armonía, hija en unos de la esperanza, en otros del miedo y en otros de la expectacion, empezaron á surgir las dificultades de la realizacion de los principios absolutos, de la libertad de teatros, de la libertad de asociacion, de la de imprenta, etc. Surgieron estas dificultades, y fueron tomando un carácter grave y alarmante para el Gobierno y para el órden público, yo soy el primero en reconocerlo; pero el Gobierno, insistiendo en el propósito de no reconocer cuáles son las necesidades del estado histórico presente del pueblo español, no quiso modificar ninguno de los principios de la Constitucion y de los programas, y la situacion iba haciéndose insoportable, cuando apareció por suerte del Gobierno español un medio que imposibilitaba los excesos de reaccionarios y republicanos, medio parecido al que se habia usado contra el bandolerismo y respecto del cual tampoco tengo pruebas directas que me permitan formular una acusacion completa y definitiva, pero sí las suficientes para apelar al fallo de la opinion y al jurado del país.

»Vino tan oportunamente esa oficiosa intervencion, como el maná del pueblo de Israel en el desierto. Esa organizacion de la fuerza y de la violencia para reprimir los periódicos que se habian extralimitado en el uso de los derechos individuales á juicio de los amigos del Gobierno, realizó allanamientos de morada, atropellos de varios periódicos, empezando por *El Siglo* y siguiendo por otros satíricos, todos de oposicion por supuesto; se infirieron lesiones graves á varios redactores; hubo robos con violencia en las casas y en las personas, apoderándose los oficiosos protectores de los libros de suscricion, causando así grandes perjuicios en los interéses de las empresas, y en un periódico hubieron de realizar un acto singularísimo, que prueba disfrutaban de una tranquilidad no comun en los que temen el castigo de las autoridades; hubieron de recoger de una redaccion la tirada, que era numerosa, para las provincias y la que al dia siguiente se iba á repartir en Madrid, y metida en un saco la llevaron al Saladero. No creo que ningun juez de Madrid hubiera dictado auto de prision contra aquellos inanimados ejemplares; pero lo cierto es que aquellos individuos realizaron su sarcástica idea, llevando al Saladero la edicion, ya que no pudieron hacerlo con los redactores, á quien no encontraron, y ni el alcaide ni otra autoridad alguna tuvieron nada que oponer á este acto ingenioso de la *Partida de la Porra.*»

En su última campaña como ministro de la Gobernacion demostró tener grandes condiciones para atacar y defenderse.

El sólo ha llevado el peso de los debates. Debe, sin embargo, moderar sus ímpetus acometedores.

Sobre todas las cosas es astuto, intencionado, poco olvidadizo, buen pagador.

Parece de naturaleza fria, y es ardiente.

Como le den mimbres y tiempo irá más léjos de lo que creen los *húsares* y los no *húsares*.

SORNÍ.

Tiene la voz muy cascada.

Como que parece la de una vieja.

SUÑER Y CAPDEVILA.

El solo hizo más facciosos carlistas que Manterola, Nocedal y Cruz Ochoa.

De buena fé, no lo dudo; pero debió callarse y no dar lugar á que el duque de la Torre hiciera uso de la palabra en defensa de «la respetable familia de María Santísima.»

«¡Guerra á Dios, á la tísis y á los reyes!»—gritaba Suñer.—¡Guerra á las indiscreciones!, contesta escarmentado el país.

TOPETE.

. . . .

Tengo presente 1868, y soy hombre agradecido.

TUTAU.

¿Se acuerdan Vds. del ministerio *pajarera*?... Pí, Sorní, Chao, Tutau...

Es entendido en las cuestiones de Hacienda.

Como orador.... *¡Mare de Deu!* no se le puede oir.

ULLOA

(D. AUGUSTO).

Ulloa fué un orador notable por su fondo más que por su forma, con ser ésta correcta y elocuente. No tenia gran verbosidad ni arranques de primer órden. Era metódico, ordenado, poco propicio á las declamaciones, severo como correspondia á su papel de político á la inglesa.

Esta disculpable manía de querer que se hiciera todo con arreglo al patron inglés, si en algun caso pudo ser útil y provechosa, en ciertas ocasiones produjo disidencias y disgustos en el seno del partido constitucional, cuya jefatura compartia con Sagasta representando la tendencia más conservadora.

Ulloa era algo díscolo, algo inquieto sin duda porque tenia la conciencia de su valer. Cuando no lograba imponerse á los suyos, llevar á los constitucionales por el camino que consideraba más oportuno, poníase en frente de Sagasta y luchaba con él hasta vencerle. Sagasta no queria divisiones que debilitaran la unidad del partido, y cedia á regaña dientes las más de las veces.

Persiguió Ulloa una quimera: que los partidos españoles procedieran como los partidos ingleses en el poder y fuera del poder, sin comprender que para llegar á esto es preciso que España lleve de vida constitucional y parlamentaria los siglos, no los años, que lleva Inglaterra. Cuando los altos poderes y la conciencia pública de nuestro país entiendan las cosas políticas como se entienden allí despues de haber pasado por grandes catástrofes, amarguras y experiencias, entónces nuestra conducta podrá ser la de ellos. Mientras tanto se debe hacer política segun las circunstancias, no segun tal ó cual modelo. El platonismo político es una de las candideces más estériles y desdichadas.

Ulloa fué unionista despues de haber sido progresista exaltado. Pero era un verdadero hombre de gobierno, tan distante de las reacciones peligrosas como de las libertades revolucionarias. Representaba en sus últimos dias el justo medio en las monarquías constitucionales y parlamentarias.

En 1869 pronunció, entre otros discursos, uno notable y profundo defendiendo la monarquía. Permitidme que trascriba algunos de sus períodos como tributo á su memoria:

«Contestar á un discurso del señor marqués de Albaida, de cuatro horas, dividido en dos jornadas y tres cuadros, no es obra para españoles, es obra de romanos.

. . . .

»La libertad de Inglaterra es una cosa tan visible y tan de relieve, que no se necesita para comprenderla, ni antecedentes, ni el estudio de sus instituciones políticas: diríase que se siente instintivamente, que se aspira con el aire, que se impregna en nuestro sér á medida que entramos en contacto con ella. Apelo á los que de vosotros habeis vivido en Inglaterra ó al ménos habeis pasado una temporada en Lóndres. Todo allí parece antipático á nuestra naturaleza y á nuestros hábitos: el cielo nebuloso, en oposicion á la claridad del nuestro; un idioma gutural mal comprendido y mal pronunciado por oidos y lábios meridionales; la dificultad grande de las relaciones sociales comparada con nuestra franqueza democrática; el ruido, el verdadero vértigo de la industria y del comercio en frente de nuestra indolencia, por no decir de nuestra holgazanería. Y sin embargo, allí el extranjero se encuentra como en su patria, mejor que en su patria muchas veces; el alma se ensancha, se dilata; el carácter recobra la actividad; y en medio de aquel aislamiento, con la dificultad de entenderse, viendo que uno está solo y que tiene que bastarse á sí mismo, nadie teme que lo insulten, ni que lo engañen, ni que le espíen, ni que le perjudiquen en ningun concepto: todo el mundo sabe que ha de ser respetado. ¿Por qué? Porque sobre aquella atmósfera de niebla amarilla y de carbon de piedra siente uno que le protege con sus magníficas alas el génio de la libertad, y son los primeros que arrojaron en aquel país el verdadero gérmen de la idea republicana bajo el absolutismo nivelador del imperio.»

Ya ven Vds. que no exagero ántes al decir que tenia la manía inglesa. Inglaterra era su modelo, su ideal, la señora de sus pensamientos. Todo lo referia á Inglaterra y queria sacar de Inglaterra; trono, Parlamento y partidos. ¡Noble aspiracion; pero irrealizable aquí donde, dígase lo que se quiera, no somos viejos en la libertad! El árbol de Guernica, llamado por Rosseau el más antiguo de la libertad, no es más que hecho local. España ha sido durante muchos siglos como la escogida del despotismo y la intolerancia.

Empero sigamos oyendo al elocuente orador gallego.

«No creias, señores, que al hacer yo las observaciones que acabais de oirme pretenda sostener que la libertad política es antipática á la república y que no cabe más que en un módelo monárquico; nada de eso. Yo discuto de buena fé, y por lo mismo os diré que lo que he tratado de demostrar, y creo que lo he demostrado con la razon y con la historia, es que la libertad política, para desenvolverse cuando es necesario, no necesita una forma de gobierno determinada, que puede desenvolverse de la misma manera bajo la forma monárquica que bajo la forma republicana. ¿Cómo habia de negar, señores, la libertad de los Estados-Unidos? ¿Cómo habia de negar yo la libertad de Suiza? ¿Cómo habia de negar que allí se desenvuelve la personalidad humana y es libre en todas sus manifestaciones? Pero si esto confieso porque es la verdad, tendreis que convenir conmigo en que si la libertad vive y florece bajo la égida de la república americana, bajo la égida de la confederacion helvética, tambien vive y florece al amparo, al al abrigo de la monarquía secular de la Gran Bretaña.»

¡Otra vez Inglaterra!

Dirigiéndose luego á todos los federales, pronunció estas oportunas palabras á modo de aviso y recuerdo:

«Si, pues, la forma de gobierno monárquica no

perjudica en nada al desarrollo de la libertad; si por otra parte la forma de gobierno no implica en el carácter esencial de éste, pregunto yo á los señores de enfrente: ¿á qué ese empeño de hacernos caer en la república, en esa planta exótica en nuestro país, y que tantos y tan malos frutos ha dado áun en los pueblos más civilizados del mundo? Si el objeto principal de las instituciones es asegurar la mayor suma de libertades; es demostrar con los derechos las facultades físicas é intelectuales, ¿á qué ir á buscar en una forma extraña el resultado que podemos encontrar en la monarquía sin ninguno de los inconvenientes de la república?

»No lo comprendo. ¿Es que debajo de esa pretension republicana hay algo, hay el deseo de traer al poder supremo del Estado algo más que la democracia? ¿Es que ha llegado á picar en la minoría el áspid del socialismo? Señores, puedo creerlo así; y puedo creerlo así, porque las masas populares que S. SS. representan, así como las masas populares de toda Europa, no son exclusivamente republicanas, son principalmente socialistas.

»¡Señores, qué leccion y qué enseñanza para los verdaderos demócratas ha dado hace veinte años el socialismo! A los señores de enfrente especialmente les ruego que no pierdan de vista la leccion del año 48. Alguna semejanza, bastante semejanza hay en la posicion de S. SS. y la que tenian en Francia otras personas importantes, patriotas distinguidos, inteligentes, como son los jefes que se sientan enfente. Algunas veces he estado yo en este Congreso meditando silencioso sobre los discursos que aquí se pronunciaban, y he encontrado algunos rasgos parecidos entre los señores de enfrente y los que se encontraron á la cabeza del movimiento de 1848. Veo aquí en el Sr. Figueras, con sus maneras insinuantes y su táctica parlamentaria, algo de parecido á Armand Marrast: el señor marqués de Albaida, salva la edad, porque es más jóven, tiene una semejanza con Dupont d'Heure, que era el patriarca de la democracia, y claro es que el Sr. Castelar es el Lamartine de nuestra Cámara, es la lira de la república poeta y socialista.

»Yo les conjuro con la buena fé de un liberal honrado á que no pierdan de vista el ejemplo del año 48. El socialismo entónces fué la levadura mala de aquella revolucion, el socialismo fué el puñal que asesinó la libertad en Francia, el socialismo fué lo que trajo la reaccion en toda Europa, el socialismo trajo la dictadura de Cavaignac primero, la dictadura de Bonaparte despues, y por último, el imperio.»

D. Augusto Ulloa tenia buena voz, noble presencia, cara ancha, colorada é inteligente; aspecto de acaudalado banquero, aunque no era ninguna su fortuna; ademan distinguido, tono algo pretencioso, palabra correcta, ilustracion bastante honda.

No era verboso ni brillante. Gustaba oirle por su autoridad, por su templanza, por sus buenas formas parlamentarias.

Mucho pesó, que no fué hombre de poco peso, en la conducta del partido constitucional, al que puso en apurado trance y prematuro compromiso en la famosa asamblea del Circo de Rivas.

VALERA

(D. JUAN).

Prosista inimitable, académico de gran erudicion, crítico sin ideas fijas, filósofo escéptico, político que no sirve, orador de mucha sal, profundo ingenio y forma correctísima.

D. Juan Valera escribiendo *Pepita Jimenez* dá el tono á la novela contemporánea: haciendo política métese en libros de caballería que no armonizan con sus aptitudes de crítico y literato.

Es tan hábil y afortunado político como Moreno Nieto. Los dos saben muchísimo más que casi todos los que han sido ministros, y ninguno de ellos ha pasado de director de Instruccion pública. No les dá el naipe por la política.

Valera sostiene hoy lo mismo que niega mañana nada más que por llevar la contra. Es la contradiccion en figura de cordobés. Pero lo hace tan bien, con frase tan pura y castiza, con ingenio tan sutil, con sal ática tan irreprochable, que nadie le excede, ni siquiera le iguala.

Lo más venerable cae triturado á los golpes de su crítica incompasiva, irrespetuosa, demoledora.

Una noche dijo en el Ateneo en medio de la risa del auditorio, que el Cid no fué, despues de todo, más que un caballero particular que anduvo por estos mundos de Dios buscando lanza en ristre príncipes con quienes casar á sus hijas.

Como religioso parece engendrado en el molde de Voltaire.

Como político en teniendo un distrito no se acuerda de nada más, ni áun de los electores.

Como hombre de principios algunos le lleman *el socialista de corbata blanca* por el discurso que pronunció en 1871 combatiendo la Internacional, pues resultó que en lugar de combatirla casi habíala defendido.

Como prosista es el primero, el más eminente de nuestro tiempo.

VEGA ARMIJO.

No es lo que se llama en retórica un buen orador; pero es audaz, intencionado, enérgico.

Tiene talento, mucha travesura, mucha actividad, mucha ambicion, mucha conciencia de sí mismo.

Es el que más vale de todos los centralistas. Sin él éstos no tendrian la importancia que han alcanzado. Vega Armijo viene á ser entre ellos como el fuego entre la pólvora. No está quieto un segundo, no perdona nada, no se contenta con cualquier cosa. En la punta de un rumor arma un caramillo, un conflicto, un zipizape de dos mil demonios.

Siendo embajador en París en 1874 descubrió de grandes condiciones de carácter. Estuvo á la altura las circunstancias y ganóse el aplauso de los liberales.

Es amigo queridísimo y apasionado por todo extremo de Cánovas del Castillo.

Media vuelta á la derecha es lo mismo que media vuelta á la izquierda, solo que es todo lo contrario.

VILDÓSOLA

(D. ANTONIO JUAN).

Ayer dirigió *La Esperanza*, hoy *La Fé*, mañana quizá dirija *La Caridad*. Tales pueden ser los tiempos y las circunstancias.

En 1869 no habló mucho ni bien. Las pocas veces que lo hizo fué para defender á los obispos.

Orador detestable, político sin desmayos, literato eminente, periodista como pocos.

Su palabra, aunque pura y escogida, parece tener beleño.

Es cosa de dormirse oyendo el llanto de Jeremías de este carlista viejo que no puede ver á los neos ni pintados.

Puede enseñar gramática—por lo ménos—á un Ceferino Suarez Bravo que garrapatea en *El Fénix*.

VINADER.

Los notables de un pueblo enseñaron á un inglés inteligente en pintura un lienzo de mérito restaurado por un principiante. Lo examinó el inglés, y nada dijo. Los notables interpretaron su silencio en buen sentido, y un dia presentáronle el satisfecho restaurador.

—¿Qué opinion le merece á Vd.?—le preguntaron luego al hijo de la Gran Bretaña.

—Buen hombre; pero mal pintor—contestó éste friamente.

Lamento no poder decir más ni ménos del activo é infatigable católico D. Ramon Vinader.

Buen hombre; pero mal orador.

ÍNDICE.

PÁGS.

PRIMERA PARTE.

BUSTOS PARLAMENTARIOS.

PÁGS.

SEGUNDA PARTE.

PERFILES PARLAMENTARIOS.

PÁGS

ERRATAS.

PÁGINA.	LÍNEA.	DICE.	DEBE DECIR.
19	10	honda oscura,	honda, oscura,
20	12	ternura	tersura
32	1	llamasen	llamara
91	4	*va*	*á*
96	10	producia	producian
113	9	horror	tristeza
118	16	gusta	gustan
130	32	ser	serlo
135	5	el	al
135	28	el	al
138	12	falta	faltan
235	22	murióse	murió se
305	12	condemos	condenamos
329	22	es poco	no es
350	21	agradaba	agradaban

Educacion de las madres de familia, por Aimé-Martin. Obra coronada por la Academia francesa. Dos tomos en uno, 23 rs.
El materialismo desenmascarado, por Simonin. Un tomo cuarto, 16 reales.
Emilio, por Rousseau. Dos tomos octavo, 12 rs.
Episodios nacionales, por Perez Galdós. Van publicados veinte tomos. Se venden juntos ó separadamente, á 8 rs. cada tomo.
Escándalo (El), por Alarcon. Un tomo octavo, 16 rs.
Estudios sobre la historia de la humanidad, por Laurent. Traduccion por Lizárraga. Diez y ocho tomos en cuarto. Van publicados catorce tomos, que se venden juntos ó separadamente, á 24 rs. uno.
Exámen crítico del gobierno representativo, por Taparelli. Dos tomos cuarto, 30 rs.
Exámen de la legislacion antigua, de la moderna y de la legislacion de la revolucion, por Caldas y Castillo. Un tomo cuarto mayor, 24 rs.
Expropiacion forzosa por utilidad pública. Leyes españolas comparadas y comentadas, por el abogado Sr. Argullol. Un tomo octavo, 16 rs.
Manual de logismografía, teoría y aplicaciones, por E. Chiesa, traduccion del italiano. Un tomo octavo, 12 rs.
Mar (El), por Michelet. Un tomo octavo mayor, 10 rs.
Montaña (La), por Michelet. Un tomo octavo, 10 rs.
Mujer (La), por Michelet. Un tomo octavo mayor, 12 rs.
Mujer (La), en el siglo XIX, por Llanos y Alcaráz. Un tomo octavo mayor, 12 rs.
Nacimiento (El) de un pueblo, por Pelletan. Un tomo octavo, 10 rs.
Novelas de Voltaire, con un estudio crítico de D. Juan Valera. Dos tomos cuarto, 48 rs.
Novelas de D. Pedro A. de Alarcon. Un volúmen octavo, 10 rs.
Obras dramáticas, por Nuñez de Arce. Un tomo cuarto, 30 rs.
Obras de Gustavo Becquer, segunda edicion. Dos tomos octavo, 32 rs.
Obras de Fernan Caballero. Dos tomos cuarto, 40 rs.
Ocaso (El) de la libertad, por Castelar. Un tomo cuarto, 20 rs.
Orígen de las naciones, por Bagehot. Un tomo octavo, 12 rs.
Pasarse de listo. Novela por D. Juan Valera. Un tomo octavo, 14 rs.
Pepita Jimenez, por Juan Valera. Un tomo octavo, 8 rs.
Ultimo dia de un sentenciado á muerte, por V. Hugo, y el reo de muerte y el verdugo, poesía de Espronceda. Un tomo octavo, mayor, 4 rs.
Un año en París, por Castelar. Un tomo octavo, 24 rs.
Viaje á Oriente, por Lamartine, Dos tomos octavo, 24 rs.
Castelar. Fra Filippo Lippi. Novela histórica. Tres tomos en uno, 60 rs

Y otras muchas obras nacionales y extranjeras.